Zu diesem Buch

Terroristen waren die Nazis schon viele Jahre vor der Machtergreifung 1933, Staatsterror übten sie aus vom ersten Tag ihres Regierungsantritts. Der Staatsterror gegen die Demokraten und gegen die Demokratie konnte von jedermann seit 1933 wahrgenommen werden. Für viele Demokraten gab es nicht erst nach der Reichskristallnacht 1938 «ein Aufwachen», sondern viele wurden vom ersten Tag an verfolgt. Dieses Buch schildert

- wie die Anti-Nazis den Widerstand organisierten, ihre Erfolge, ihr Scheitern,
- wie die Juden aus dem öffentlichen Leben verdrängt und erniedrigt wurden und wie sie damit fertig wurden,
- wie die Verfolgten in den Konzentrationslagern lebten und wie sie sich wehrten,
- wie die Polen versklavt wurden und was sie dem entgegensetzten.

Dieses ist der zweite Band einer Serie der beiden Studienräte Harald Focke und Uwe Reimer, die ihre Arbeiten als Vermittlung von wissenschaftlichen Arbeiten, Quellenwerken und Erinnerungen an eine breite Öffentlichkeit verstehen. Der dritte Band soll zeigen, wie

- Pfarrer ihre Gemeindearbeit verrichteten,
- Richter zu ihren Urteilen kamen,
- Redakteure ihre Zeitungen füllten und
- die Kultur braun gefärbt wurde.

Harald Focke (geb. 1950) und Uwe Reimer (geb. 1947) studierten Geschichte und Germanistik. Sie sind Lehrer an einem Hamburger Gymnasium und geben die historische Schriftenreihe «ergebnisse» heraus.

Harald Focke / Uwe Reimer

Alltag der Entrechteten

Wie die Nazis mit ihren Gegnern umgingen

«Alltag unterm Hakenkreuz»
Band 2

rororo

Rowohlt

rororo aktuell – Herausgegeben von Freimut Duve

Originalausgabe
Redaktion Klaus Humann

Veröffentlicht im Rowohlt Taschenbuch Verlag GmbH,
Reinbek bei Hamburg, Oktober 1980

Quellennachweise über die einzelnen Beiträge auf Seite 249
Die Rechte der Zeichnungen von Kurt Halbritter (aus: «Adolf Hitlers Mein Kampf») liegen beim Hanser Verlag, München
Umschlagentwurf Werner Rebhuhn (Foto: Dr. Spiegel)
Satz Times (Linotron 404)
Gesamtherstellung Clausen & Bosse, Leck
Printed in Germany
680-ISBN 3 499 14625 8

Inhalt

Konzentrationslager

Besatzung

Vorbemerkung

Bei den Nazis gab's nie Frieden. Längst ehe Panzer rollten, Kanonen donnerten und Juden in den Gaskammern starben, hatte sich der menschenfeindliche Charakter des Regimes offenbart. Dies gilt es jenen zu verdeutlichen, die Schrecken allein nach Millionen von Toten messen. Notwendig erscheint uns eine *Vorverlegung des Interesses am Nationalsozialismus.* Nur wer den Nazi-Terror der frühen Jahre nicht verharmlost, schärft seinen Blick für Gefährdungen bürgerlicher Freiheiten.

Notwendig ist auch eine *Verbreiterung des Gesichtskreises:* Nationalsozialismus war nicht ausschließlich Judenverfolgung. Diese Einengung unterschlägt das breite Spektrum der Nazi-Gegner, vom politischen Widerstand der ersten Stunde bis zum Schicksal der im Krieg besetzten Völker. Das betrifft besonders die Polen, die am längsten und ärgsten unter den Deutschen litten. Solange unser Beitrag zur Aussöhnung so kümmerlich ausfällt wie bisher, darf sich niemand über die skeptische Haltung der Polen wundern. Hier besteht ein Nachholbedarf an «Trauerarbeit» – der bundesrepublikanische Antikommunismus hat lange genug die «volksdemokratische» Regierungsform dieses Landes als Vorwand für erfolgreiche Verdrängung benutzt.

Unser Buch schildert, wie

- die Anti-Nazis den Widerstand organisierten, ihre Erfolge, ihr Scheitern,
- die Juden aus dem öffentlichen Leben verdrängt und erniedrigt wurden und wie sie damit fertig wurden,
- die Verfolgten in den Konzentrationslagern lebten und wie sie sich wehrten,
- die Polen versklavt wurden und was sie dem entgegensetzten.

Dies ist ein *Lesebuch.* Es enthält keine kontinuierliche Darstellung der Entrechtung, sondern ein vielfältiges Angebot anschaulicher Geschichten. Im Mittelpunkt stehen Menschen, an deren privatem Schicksal sich das ihrer politischen, sozialen oder nationalen Gruppe ablesen läßt. Das Echo auf unseren Band «Alltag unterm Hakenkreuz» zeigt, daß diese Darstellungsform für Schulen geeignet ist: Gerade Jugendliche können Geschichte aus Geschichten lernen.

Dies Buch ist auch ein *Vermittlungsbuch*:

- Wissenschaftliche Arbeiten, die nur von dem engen Kreis der Fachleute benutzt werden,
- Quellenwerke, zu denen der ungeschulte Leser keinen Zugang findet,
- Memoiren, die in den Bibliotheken verstauben und
- Erinnerungen «kleiner Leute», die bisher nicht zu Wort kamen, sollen einer breiten Öffentlichkeit bekannt werden.

Wir erheben nicht den Anspruch, eine eigenständige Forschungsleistung vorzulegen; ohne die wissenschaftlichen Untersuchungen der Fachhistoriker hätten wir dies Buch so nicht schreiben können.

Wir wollen unsere Darstellung des Alltags im Nationalsozialismus mit einem dritten Band abschließen, in dem wir zeigen, wie

- Pfarrer ihre Gemeindearbeit verrichteten,
- Richter zu ihren Urteilen kamen,
- Redakeure ihre Zeitungen füllten und
- die Kultur braun eingefärbt wurde.

Focke/Reimer, im Juni 1980

«Widerstand»

«Herr Weilburger, da möchten Sie zwei Herren sprechen.»
(Aus: Kurt Halbritter: Adolf Hitlers Mein Kampf)

Die «Einheitsfront» kam viel zu spät

Kommunisten im Widerstand

Die Überraschung war perfekt. Hilflos stand die KPD der Machtübernahme Hitlers gegenüber. Weder war sie auf einen aktiven, gewaltsamen Massenwiderstand vorbereitet noch auf eine längere, konspirative Tätigkeit im Untergrund. Die Hamburger Staatspolizei rühmte sich in einem Bericht aus dem Jahre 1934: «Nach der Machtübernahme wurde durch schnelles und außerordentlich rücksichtsloses Zugreifen der staatlichen Organe unter Einbeziehung der SA und SS dieser Apparat vollständig zerschlagen ... Es kam hinzu, daß die ehemaligen radikalen Führer der KPD ... zum größten Teil ergriffen, in Haft gesetzt und abgeurteilt wurden, zum kleinen Teil sich der Verfolgung durch die Flucht über die Grenze entzogen, so daß die kommunistischen Massen vollkommen führerlos waren.»[1] *

In Bayern sah es nicht viel anders aus. Die KPD sei «mit einer von ihr niemals erwarteten Wucht getroffen worden», heißt es im Bericht der Politischen Polizei: «Es schien zunächst, als habe die Partei aufgehört zu existieren. Fassungslos erkannten die noch auf freiem Fuß befindlichen Parteiführer, daß ihre vermeintlich wohlorganisierte und wohlvorbereitete illegale Klassenbewegung gleichsam hinweggefegt war. Die Ursache für diesen fast totalen Zusammenbruch lag vor allem in dem Umstand begründet, daß in den ersten Tagen der nationalen Revolution fast restlos die mittleren Funktionäre in Schutzhaft genommen werden konnten. Dadurch fehlte der (für die illegale Weiterarbeit) vorgesehene organisatorische Zusammenhang zwischen den Spitzenfunktionären und den unteren Parteiarbeitern.»[2]

Die scheinlegale Grundlage für diese Verhaftungswelle war die sogenannte «Reichstagsbrand-Verordnung» vom 28. Februar 1933, ausführlich: Notverordnung «zum Schutz von Volk und Staat» gegen angeblich drohende «kommunistische staatsgefährdende Gewaltakte».

Trotz brutaler Verfolgung schossen Tausende von illegalen Gruppen wie Pilze aus dem Boden, gefördert von hitzig-kurzsichtigen Parolen, die das NS-Regime als «vorübergehende Erscheinung» bagatellisierten: Es müsse nur die «breiteste Gegenoffensive gegen den faschistischen Massenbetrug» eröffnet werden, dann bleibe die Hitlerherrschaft ein kurzer Spuk. Diese trügerische Hoffnung kostete unnötig Opfer.

Symptomatisch für die Frühphase sind die «Organisatorischen Anweisun-

* Quellenhinweise siehe S. 249

gen zum 1. Mai», die der Unterbezirksleiter Paul Salemka aus Hamm bei sich hatte, als er verhaftet wurde. Darin wurde empfohlen

- «am Vorabend (des 1. Mai) überraschend mit Sprechchören» aufzutreten,
- «das Straßenbild in der gleichen Nacht durch unsere Losungen in das Zeichen des revolutionären proletarischen Internationalismus zu stellen»,
- «besondere Bravourstücke (rote Fahnen hissen, Schornsteine und Brükken bemalen usw.) zu liefern»[3].

Erfolgversprechender wäre der Widerstandskampf gewesen, wenn KPD und SPD zu einer geschlossenen Abwehrfront zusammengefunden hätten. Selbst jetzt aber, als sie in die Fänge der braunen Häscher gerieten, sahen die Kommunisten in den Sozialdemokraten, die sie seit Jahren als «Sozialfaschisten» verunglimpft hatten, schlimmere Gegner als in den Nazis. Die SPD als «Hauptstütze» des Kapitalismus abzuqualifizieren, gehörte noch zu den eher harmlosen Etiketten. Nur zu verständlich, daß die KPD bei den angefeindeten Sozialdemokraten kaum auf Resonanz stieß, als sie am 30. Januar 1933 zu einem Generalstreik aufrief.

Seit 1935 wurde die Einheitsfrontpolitik zur neuen Richtlinie. «Aktionseinheit» lautete die Weisung aus Moskau. Bisher war diese Politik gescheitert, weil die KPD in erster Linie das Ziel verfolgt hatte, die Anhänger der Sozialdemokratie von ihren «reformistischen» Führern zu trennen und sie «auf unsere Seite herüberzuziehen». Durch die neue Rechtstaktik hoffte die KPD endlich ein «breiteres Feld» für die Beeinflussung der Arbeiterklasse zu erhalten.

Die neue Politik kam um drei Jahre zu spät: Zu tief war die Kluft geworden, die der ständige Mißbrauch der Einheitsparole aufgerissen hatte. Auf sozialdemokratischer Seite mißtraute man nicht ohne Grund der Schwenkung und vermutete ein bloß taktisches Manöver. Auf eine Massenbasis war nach den schweren Verlusten der Linken und der völligen Konsolidierung des Regimes eh nicht mehr zu rechnen. So blieb es, von gelegentlichen Kontakten abgesehen, bei getrennten Aktivitäten.[4]

Geringe Wirkung, hohe Verluste

Die schweren Verluste der Anfangszeit erzwangen eine Änderung der Widerstandsarbeit: In den Betrieben und NS-Massenorganisationen (zum Beispiel der Deutschen Arbeitsfront – DAF) sollten illegale Zellen geschaffen werden, zum Schutz vor Überwachung strikt voneinander getrennt. Taktik des «Trojanischen Pferdes» nannte sich diese Praxis: scheinbare Mitarbeit, tatsächlich aber oppositionelle Tätigkeit. Das war freilich ein Kurs, der im eigenen Lager Verwirrung stiften mußte. Außerdem flog der taktische Schwenk schnell auf, da die Spitzel, die die Gestapo zuhauf in den kommunistischen Gruppen plaziert hatte, ihren Auftraggeber immer auf dem laufenden hielten. So wurden auch diese Bemühungen 1936/37 durch neue Verhaftungswellen durchkreuzt; jahrelange Prozeßserien vor dem Volksgerichtshof, der obersten Instanz in politischen Strafsachen, schlossen sich an.

Von 1936 bis 1939 kochte der kommunistische Widerstand auf ganz kleiner Flamme. Das weiter perfektionierte Überwachungssystem, aber auch der wirtschaftliche Aufschwung waren die Ursache: Die Wiedereingliederung der bisher bis zu 90 Prozent erwerbslosen KP-Mitglieder ins Arbeitsleben verbot allein schon aus Zeitgründen die Fortführung jeder aufwendigen Untergrundtätigkeit.

Lähmend mußte auf den kommunistischen Widerstand der 1939 geschlossene Freundschaftspakt zwischen Sowjets und Nazis wirken. Die NS-Führung fühlte sich jetzt so sicher, daß sie sogar kommunistische Funktionäre aus den KZ entließ. Innenpolitische Opposition, nach außen aber Bejahung der Nazi-Politik: Moskau machte es den deutschen Genossen nicht leicht. Erst der Überfall auf die Sowjetunion 1941 befreite die Kommunisten im Reich aus ihrer ideologischen Zwickmühle: Antifaschistisches Feindbild und Machtinteresse des «Großen Bruders» stimmten wieder überein.
Das Kriegssystem brachte noch schärfere Überwachung und Verfolgung aller Nazigegner. Der kommunistische Widerstand hatte jetzt erst recht keine Chance. Durch Flugblätter, Mauerinschriften oder gelegentliche Sabotageakte ließ sich keine Volkserhebung auslösen. Ohne das Verdienst der vielen einzelnen zu schmälern: Gegen den allmächtigen Staat konnte Widerstand mit Aussicht auf Erfolg nur leisten, wer eine starke Organisation hinter sich wußte oder selbst eine Schlüsselposition im Staatsapparat innehatte.

Geringe Wirkung, hohe Verluste: auf diese Formel läßt sich der kommunistische Widerstand bringen. Etwa die Hälfte der 300000 KP-Mitglieder von 1933 verbrachte lange Jahre in den Gefängnissen, Zuchthäusern und Konzentrationslagern der Nazis. Die Zahl der ermordeten Kommunisten dürfte bei etwa 20000 liegen: mehr als die Hälfte aller Deutschen, die wegen ihrer politischen Überzeugung hingerichtet wurden.

Zwangsläufig Nazi-Gegner

Zwei Frauen berichten

Wie Kommunisten selbst ihre Widerstandstätigkeit einschätzen, ihre Erfolge und ihre Fehler, läßt sich aus den Erlebnisberichten der beiden Hamburgerinnen Anita Sellenschloh, Jahrgang 1911, und Emmi Biermann, Jahrgang 1904, ablesen.[5] Für Anita Sellenschloh war es geradezu zwangsläufig, daß sie Nazi-Gegnerin wurde: «Ich stamme aus einer Arbeiterfamilie. Mein Vater war aus dem Ersten Weltkrieg mit einer sehr schweren Kopfverletzung lange nach Beendigung des Krieges nach Hause gekommen. Sein Gesicht war völlig entstellt. Eine Folge dieser Gesichtsverstümmelung war eine stark nässende Fistel, die bis zu seinem Tode nicht heilte. Wegen dieser Fistel fand er in seinem Beruf, er war Bäcker, keinen Arbeitsplatz und mußte als Packer oder Gelegenheitsarbeiter im Hafen arbeiten. Sehr oft war er arbeitslos. Er bekam nur 28 RM Rente, weil ja seine Hände gesund waren. Meine Mutter weinte viel. Das elende Dasein meines Vaters und damit auch das meiner Mutter und meines war für mich ein lebendes Beispiel dafür, wie unmenschlich der Krieg und seine Folgen sind.

Während meiner letzten Schulzeit besuchte ich eine Reformschule in der Telemannstraße, wovon es in den zwanziger Jahren einige in Hamburg gab. Hier fand ich fortschrittliche Lehrer, die arbeiterfreundlich und gegen Kriegstreiberei waren.»

Im Januar 1927 schloß sich Anita Sellenschloh der Kommunistischen Jugend an:

«Meine Eltern waren mit meiner Organisiertheit nicht einverstanden. Sie holten mich aus den Demonstrationen und ließen mich nicht zu den Versammlungen. Nicht so sehr, weil sie meine Meinung nicht teilten, sondern weil sie Angst um mich hatten. Die Angst war berechtigt; es war schon damals gefährlich, links zu sein. So bekam ich 1928 keine Anstellung bei der Sozialbehörde. Ich hatte dafür eine Aufnahmeprüfung mitgemacht, dabei eines der besten Ergebnisse erzielt und fest damit gerechnet, bald zu den ‹Eleven› der Sozialarbeiter zu gehören. Später erfuhr ich von einem Arbeitskollegen meines Vaters, wie es dazu gekommen war, daß ich nicht eingestellt wurde. In der Fabrik, in der mein Vater arbeitete, war er als gelegentlicher Leser der kommunistischen *Hamburger Volkszeitung* bekannt, und man wußte, daß er einen kommunistischen Betriebsrat gewählt hatte. Das war auch der Behörde bekannt.»

Wie waren die Kommunisten gegen die Nazi-Herrschaft gewappnet? Anita Sellenschloh: «Wir waren seit Jahren mit der Brutalität der Nazis konfrontiert, und unüberhörbar waren die Mahnungen: ‹Der Nationalsozialismus zerschlägt die Arbeiterbewegung›, ‹Hitler bedeutet Krieg›. Dennoch war es für uns unfaßbar, wie schnell und ohne gesetzliche Grundlage nach dem 30. Januar 1933 Massenverhaftungen, Folterungen und Morde erfolgten.

Wir diskutierten mit sozialdemokratischen Jugendlichen in kleinen Cafés, Eisdielen und Kneipen stundenlang über die Ausrufung eines Generalstreiks. Wir und alle Splittergruppen, die links von der SPD angesiedelt waren, waren dafür, die SAJ nicht oder nur zu einem kleinen Teil. Wir sangen damals oft: ‹*Auf, auf, zum Kampf sind wir geboren*›, eines der populärsten Lieder der Arbeiterjugend, und waren bedrückt darüber, daß nicht alle Antifaschisten auch zu dem schweren Kampf bereit waren. Es stimmt nicht, daß Kommunisten gesagt haben sollen: ‹Laßt den Hitler nur machen, der hat ja doch bald abgewirtschaftet.› Dann hätten wir ja ruhig unsere Hände in den Schoß legen können und keine Opfer auf uns nehmen brauchen.

Gleich nach dem 30. Januar bereiteten wir uns verstärkt auf den illegalen Kampf vor. Es galt, Quartiere für Übernachtungen, Wohnungen für Zusammenkünfte und kleine Druckereien ausfindig zu machen. Sympathisanten aufzusuchen, die nicht bekannt waren, aber vielleicht bereit waren, mitzukämpfen, war allein schon sehr gefährlich.»

Die Gestapo genasführt

Im Mai 1933 wurde Anita Sellenschloh verhaftet:

«Die Gestapo hatte einen unserer Verteiler festgenommen, der verschlüsselte Einladungen zu einer Zusammenkunft bei sich trug. Die Gestapo hatte den Jugendlichen so geschlagen, daß er meinen Namen preisgegeben hatte. Ich hatte die Einladungen geschrieben.

Als die Gestapo kam, Männer in Zivil, war meine Wohnung blitzblank. Nichts Verdächtiges war zu finden, kein Heine, kein Thomas Mann, marxistische Schriften schon gar nicht. Ein Blaustift wurde mir trotzdem zum Verhängnis. Als die Gestapoleute unseren Küchenschrank durchsuchten, fanden sie in einem Messerkasten den Stift, mit dem ich die Einladungen an die Genossen geschrieben hatte. Dieser Stift hatte nicht die übliche, einfache dunkelblaue Farbe, sondern war etwas türkis getönt. Das war mir gar nicht aufgefallen. Die Schrift auf den Einladungen hatte diese Farbe.

Ich mußte mit ins Stadthaus, die Zentrale der Hamburger Gestapo. Jeder, der nach einem vergeblichen Verhör von der Gestapo wieder entlassen wurde, mußte unterschreiben, daß er nichts über die Vorgänge während der Haft erzählen würde. Diese Schweigepflicht wurde natürlich durchbrochen, und wir bisher nicht Verhafteten wußten, daß gefoltert wurde.

Die erste Begegnung mit der Gestapo im Stadthaus überstieg aber meine schlimmsten Vorstellungen. Ich kam an einer geöffneten Tür vorbei und

Verpflichtungserklärung.

Ich, Heinrich Krausch

geb. 15. 4. 1901 aus Radbod (Bez.

) verpflichte mich hierdurch, in Zukunft jeden Verkehr mit Angehörigen oder Anhängern der Kommunistischen oder Sozialdemokratischen Partei Deutschlands aufzugeben und mich jeder staatsfeindlichen politischen Betätigung oder Propaganda, insbesondere jeder Teilnahme an hoch- oder landesverräterischen Umtrieben, zu enthalten. Mir ist bekannt, daß meine Freilassung aus der Haft nur unter diesen Voraussetzungen erfolgt, und daß ich eine erneute Freiheitsbeschränkung zu gewärtigen habe, wenn ich dieser Verpflichtung nicht nachkomme.

Gleichzeitig erkläre ich hiermit, daß von mir irgendwelche Ansprüche auf Grund der gegen mich getroffenen polizeilichen Maßnahmen nicht erhoben werden.

Brauweiler, den 23. Dezember 1933

Heinr. Krausch
(Vor- und Zuname)

Beglaubigt!

(aus: Klein, Arbeiterwiderstand, S. 97)

sah, wie ein wenig bekleideter alter Mann geschlagen wurde. Im Nebenraum begann das Verhör mit mir. Auf einem Schreibtisch lagen die chiffrierten Einladungen. Ich sollte zugeben, daß ich diese Einladungen geschrieben habe; man wollte wissen, wer die Angeschriebenen waren und wo der Treffpunkt sei. Man brüllte mich an und schlug mir ins Gesicht. Ich sagte nur immer: ‹Ich war es nicht, ich weiß es nicht.›

Um mich zum Reden zu bringen, wurde mir der Verteiler gegenübergestellt. Sein Gesicht war ganz geschwollen und kaum wiederzuerkennen. Er konnte nur noch stammeln, so hatten die Nazis ihn zugerichtet. Er entschuldigte sich bei mir, daß er mich angegeben hatte. Die Nazis schrien uns an und drohten mit weiteren Schlägen. Von nebenan hörte man das Stöhnen des alten Mannes. Inzwischen hatte man auch meine Mutter schon geholt, und man drohte mir, daß es ihr schlecht ergehen werde, wenn ich nicht sofort gestehen würde.

Jetzt mußte ich irgend etwas sagen. Damals lief gerade der Film ‹*Emil und die Detektive*›. Ich dachte mir einen ‹Edu› aus, der so gekleidet war, wie der Kriminelle in dem Film, mit einem hellen, kurzen Mantel und Hut. Ich erzählte den Gestapo-Männern, daß ich mich in den Edu verliebt habe, er habe mir auch die Zeichen für die Umschläge diktiert. Was sie bedeuteten, wüßte ich nicht. Am übernächsten Tage sollte ich mich mit ihm um 14 Uhr in der Feldstraße treffen. An dem betreffenden Tag sind dann sechs uniformierte SS-Männer mit entsicherten Revolvern mit mir zu der U-Bahnstation Feldstraße gefahren. Sie versteckten sich in den umliegenden Hausfluren, und ich ging mit zitternden Knien auf und ab, auf und ab. Von Edu natürlich keine Spur. Fast wäre noch etwas Verhängnisvolles geschehen. Von weitem sah ich eine Bekannte aus der Neustadt kommen. Sie winkte mir zu. Wenn sie mich hier an dem ausgedachten Treff begrüßte, bedeutete das eine Gefahr für sie. Ich drehte mich ruckartig weg, und sie ging ohne mich zu begrüßen weiter. Die Gestapo raste auf mich zu, man glaubte, ich hätte durch meine schnelle Bewegung den Edu warnen wollen.

Während der Verhöre wurde ich im Stadthauskeller in eine sogenannte Mörderzelle gesperrt. Die Bank war rausgesägt, so daß man nicht sitzen und sich kaum hinhocken konnte. Das wenige Essen bekam ich kaum hinunter, an Schlaf war nicht zu denken; ich kann schon sagen, daß mir hundeelend war. Immer wieder wurde ich zum Verhör geholt. Ich gab nur zu, was sowieso nachweisbar war. Außer der Sache mit dem Kurier hatten sie nichts in der Hand.»

So standhaft waren viele politische Gefangene, wie ein Bericht der Hamburger Staatspolizei aus dem Jahre 1934 bezeugt:

«Sie geben nie mehr zu, als ihnen nachgewiesen wird, und insbesondere schützen sie ihre ihnen oft gar nicht einmal persönlich bekannten Mitarbeiter so lange, bis sie wissen, daß diese sich in Sicherheit befinden. Ein besonders erschütterndes Kapitel dabei bilden jene, die zu allem entschlossen sind und sofort nach ihrer Verhaftung getreu der ihnen erteilten Weisung, lieber Selbstmord zu begehen, als Aussagen zu machen, mit allen Mitteln versuchen, nach ihrer Inhaftierung sich selbst den Tod zu geben. Wenn ein Mann, durch das Belastungsmaterial in die Enge getrieben, die Polizei täuscht, indem er Mitarbeit verspricht, um sich dann aber im geeigneten Augenblick lieber vor den Omnibus zu werfen und den Tod zu erleiden, anstatt den Kameraden zu verraten, wenn ein junger Mensch sich in einem günstigen Augenblick bedenkenlos lieber aus dem Fenster eines 4. Stocks auf die Straße stürzt, um so der Notwendigkeit, Verräter seiner Genossen zu sein, aus dem Wege zu gehen, wenn wieder ein anderer trotz gefesselter Hände sich in seiner Zelle mit dem eigenen Stiefelband erhängt, dann darf man m. E. nach an diesen Dingen nicht vorbeigehen, sondern muß aus ihnen erkennen, daß diese Fanatiker bereit sind, alles, aber auch alles für ihre Idee zu tun.»[6]

Anita Sellenschloh wurde bis zu ihrem Prozeß im Untersuchungsgefängnis am Stadtgraben festgehalten:

«Das Gefängnis war überfüllt, die meisten Gefangenen waren Politische. Vierzehn Monate war ich in Einzelhaft; ich bekam keine Bücher und auch keine Arbeit. Es war schwer auszuhalten, fünf Schritte hin, fünf Schritte her. Nach einigen Monaten weinte ich viel. Beim Hofgang war Sprechen nicht erlaubt, aber im Treppenhaus gab es einige Ecken, an denen man mit seinem Hinter- oder Vordermann kurz flüstern konnte. Einmal sagte meine Nachbarin, die auch Einzelhaft hatte: ‹Warum heulst du? Ich bin Kommunistin und finde mich mit allem ab.› Das hat mir sehr geholfen, und es fiel mir jetzt leichter, mich zusammenzunehmen.

Nach acht Monaten bekam ich zum erstenmal Besuch von meiner Großmutter, meine Mutter war krank. Es war ein Aufseher dabei, und über den Prozeß durfte nicht gesprochen werden. Auch über den Verbleib meines Verlobten und anderer Mitkämpfer konnte ich natürlich nichts erfahren. Noch tagelang nach diesem Besuch habe ich die Hand meiner Großmutter in meiner Hand gefühlt.

Im Sommer 1934 war mein Prozeß. Ich bekam nur zwei Jahre. Im Verhältnis zu anderen Urteilen war das wenig. Es waren auch nicht immer die Aktivsten, die lange in Haft bleiben mußten. Ich kenne Kameraden, die 1933 mit zwanzig Jahren inhaftiert wurden, nach ihrer Gefängnis- oder Zuchthauszeit in ‹Überhaft› kamen und bis zur Befreiung, also zwölf Jahre, in den KZ leiden mußten, obwohl ihr Widerstand nicht stärker war als meiner.

Ich hatte keinen Wahl-, sondern nur einen Pflichtverteidiger. Nur wenige Anwälte waren zu einer freiwilligen Verteidigung in politischen Prozessen bereit, die meisten hatten wohl Angst. Für mich war es außerdem eine Geldfrage. Der mir zugewiesene Rechtsanwalt fragte mich einmal ernsthaft: ‹Woran hatten sie mehr Interesse: ihre kommunistische Organisation aufrechtzuerhalten oder die nationalsozialistische Regierung zu stürzen?› Daraufhin habe ich mich mit ihm nur noch zögernd über meine Verteidigung unterhalten. Ich erinnere mich auch noch an eine Bemerkung des Richters während des Prozesses: ‹Das Strafmaß muß hoch sein, denn hier sitzen die zukünftigen Größen von Sowjetdeutschland.› Im Saal wurde gelacht. Wir verstanden diesen Satz so, daß er dieses Regime nicht mehr lange zu vertreten habe.»

Hungerstreik in der Haftanstalt

Anita Sellenschloh wurde ins Frauengefängnis Lauerhof bei Lübeck gebracht.

«Ich wurde mit zwei kriminellen Straßenmädchen in eine Zelle gesperrt. Man wollte nicht, daß wir mit unseren politischen Freunden zusammen sein konnten. Es war sehr unangenehm, ihren Erzählungen zuzuhören. Wir waren ungefähr zwanzig bis fünfundzwanzig Jugendliche in Lauerhof, die aus politischen Gründen einsaßen. Die Jüngste war sechzehn Jahre alt. Sie kam aus Braunschweig, und ihre Eltern waren angeblich beim Sprung aus dem Gefängnis ums Leben gekommen. Wir machten viele Eingaben bei der Oberin und der Fürsorgerin (die es damals noch gab), um nicht während der Arbeitszeit und der Abende mit den Kriminellen zusammenzusein. Wir wurden dann in einem kleinen Jugendbau untergebracht, der später ja nicht mehr ausreichte. Daß wir unsere Forderung durchsetzen konnten, war wohl nur möglich, weil ungefähr ein Viertel der Aufseher schon vor der Naziherrschaft im Gefängnis angestellt war und uns noch schätzte. Sie sagten oft: ‹Ja, wenn alle Kommunisten so wären wie ihr.›

Wir arbeiteten in einer langgestreckten Halle, von der man zu den Zellen Zugang hatte. Es mögen etwa hundert bis hundertzwanzig Frauen gewesen sein, die zum erstenmal im Gefängnis waren. Die Vorbestraften waren in den oberen Stockwerken untergebracht. Unsere Arbeit bestand in dem Sortieren alter Schiffstaue. Einmal fand ich zwischen den Tauresten eine Seite aus dem Feuilleton des *Berliner Tageblatts*. Eine kleine Liebesszene war darin abgedruckt. Ich schmuggelte die Zeitungsseite in die Zelle, und wir haben die Szene dann abends mit verteilten Rollen gelesen. Irgendwie mußte man sich ja beschäftigen. Plötzlich wurde die Tür aufgerissen und drei Aufseherinnen stürmten in die kleine Zelle. Sie hatten durch den Spion geguckt, gelauscht, aber die Zeitung nicht gesehen. So glaubten sie, wir seien lesbisch. (Ich war verlobt!) Zur Strafe bekamen wir drei Tage Essen- und Bettentzug. Wenn wir auch nachweisen konnten, daß ihre Annahme falsch war, so war es doch verboten, irgend etwas mit in die Zellen zu nehmen.

Mir fällt noch ein, daß manche Kalfaktoren, die den Aufseherinnen halfen, oft schlimm mit uns umsprangen. Ich erinnere mich an eine Kalfaktorin, die im Gefängnis war, weil sie ihrem Baby Stecknadeln in den Kopf gebohrt hatte und es so zu Tode quälte. Sie hatte uns im Duschraum zu bewachen, durchsuchte unsere Kleidung nach Kassibern und schnauzte egalweg mit uns herum.»

Hat es auch im Gefängnis Widerstand gegeben? Anita Sellenschloh: «Unsere Arbeit im Gefängnis war schwer. Abends mußten wir die Säcke, in die wir die sortierten Taue gefüllt hatten, zu den Wagen der Fabrikanten vor das Gefängnistor schleppen. Das Essen war in dieser Zeit schlecht und reichte nicht aus, wir fühlten uns schwach, und es graute uns schon den ganzen Tag vor der abendlichen Schwerstarbeit. Wir beschlossen, uns zu wehren. Die Parole lautete: ‹Heute abend tragen wir keine Säcke.› Niemand sollte allerdings ‹wir› sagen, sondern für sich allein die Verweigerung begründen, damit es uns nicht als Meuterei ausgelegt würde. Meuterei wäre mit ‹Überhaft› bestraft worden. Die Kriminellen sagten ihre Teilnahme zu. Es ist schwer zu schildern, wie gespannt die Situation war, als die Tagesaufsicht rief: ‹Säcke tragen!› und niemand aufstand. Man holte alle im Haus anwesenden Aufsichten zusammen, auch Männer. Nachdem fünf oder sechs Gefangene ihre Begründung für die Ablehnung vorgetragen hatten, wurden wir angebrüllt und uns schlimmste Strafen angedroht. Ein Mädchen aus meiner Zelle hat die Spannung nicht mehr ausgehalten, sie stand auf und sagte: ‹Wir können nicht mehr.› Die daraufhin angekündigte Strafe hieß: drei Wochen Essenentzug.

Wir traten dann in den Hungerstreik. Jetzt machten die Kriminellen nicht mehr mit. Zu einer so schweren Solidarität waren sie nicht bereit. Alle Hungernden wurden isoliert in die Keller gesperrt. Nach ungefähr drei Wochen hungerten nur noch eine Mitgefangene und ich. Wir gaben dann auch auf. Das Essen wurde danach tatsächlich etwas besser.

Diese Jahre waren nicht das einzige Mal, daß ich im Gefängnis war. Ich wurde so ziemlich alle zwei Jahre einmal vorgeladen und inhaftiert. Es gab ja regelrechte Verhaftungswellen. Besonders viele Antifaschisten wurden inhaftiert, als Hitler den Befehl zum Überfall auf die Sojwetunion gab. Bei mir war es dann noch so, daß die Gestapo mich jedesmal holte, wenn sie einen ‹Edu› gefaßt hatte. Als ich mir diesen Namen ausdachte, hatte ich natürlich nicht bedacht, daß das einmal solche Folgen haben würde.»

Immer wieder: Flugblätter und Parolen

Nach ihrer Entlassung aus dem Gefängnis Lübeck-Lauerhof resignierte Anita Sellenschloh nicht, sondern leistete weiter Widerstand: «Wir wurden vorsichtiger und nutzten unsere Erfahrungen. Unsere Gruppen wurden kleiner, wir arbeiteten beispielsweise nicht nur mit Eimsbüttlern, Altonaern oder wo wir sonst zu Hause waren, sondern wechselten die Stadtteile oder schlossen uns Betrieben an. Wir stellten wieder Flugblätter her. Darin berichteten wir auch über die verheerenden Zustände in den zahlreichen KZ, die dadurch vielen Menschen bekannt wurden, auch wenn die Auflagen unserer Flugblätter nicht sehr hoch waren.»

Ein Beweis dafür, wie groß der Personenkreis war, der schon 1933/34 vom Ausmaß des Nazi-Terrors wußte, ist ein anonymes Flugblatt, das, wie die Polizeibehörde Hamburg dem Generalstaatsanwalt mitteilte, «an alle Hamburger Rechtsanwälte und Pastoren versandt wurde.» Auszug:

«Liebe deutsche Volksgenossen.

Die Zustände im heutigen Deutschland verhindern, daß das deutsche Volk über die wirklichen Vorgänge unterrichtet wird.

Wir bitten Sie, aufmerksam nachfolgende *wahre* Schilderung zu lesen.

Sie ersehen daraus, wie nach der sogenannten nationalen Revolution deutsche Männer behandelt werden ...

Bei der Einlieferung müssen alle – der Transport besteht aus zwanzig bis vierzig Mann – mit dem Gesicht zur Wand vor dem Wachtlokal Aufstellung nehmen. Es darf sich niemand rühren. Ein oder mehrere SS-Leute gehen hier auf und ab und beobachten jeden einzelnen. In dieser Stellung müssen die Gefangenen vier bis fünf Stunden stehen. Die geringste Bewegung wird sofort mit Mißhandlungen beantwortet. Man schlägt sie ins Gesicht, tritt sie mit den Füßen, befiehlt einem Gefangenen, den anderen zu treten. Ein sehr beliebtes Mittel ist auch, mit dem großen Zellenschlüssel auf die Gefangenen einzuschlagen. Mindestens die Hälfte der Eingelieferten muß im Laufschritt mehrere Male um den Hof herumlaufen: der Hof mißt im Umkreis ca. 350 Meter. Alle diese Mißhandlungen können von den um das Gefängnis herumliegenden Häusern beobachtet werden ...

Dann erfolgt die Verteilung auf die Säle oder Zellen. Hier sind die Mißhandlungen an der Tagesordnung. Einige der *schlimmsten Wachtmeister sind die SS-Leute Zirbitz, König, die Brüder Teutsch und Nussbeck*. Nachts kann man oft nicht schlafen wegen der Schreie der Mißhandelten. Gegen ein Uhr nachts wird damit begonnen und dauert dann bis morgens vier Uhr an. Die Einzelhäftlinge werden bei den geringsten Vorkommnissen blutig geschlagen. Eine ganze Reihe liegt wochenlang in Fesseln, die Hände werden je nach der Laune des Wachtmeisters auf dem Bauch oder auf dem Rücken zusammengeschlossen. Im Keller von A. liegen Gefangene tagelang gefesselt in einer Zelle auf dem Sandhaufen. Will einer dieser Gefangenen seine Notdurft außer der Zeit verrichten, muß er sein Zeug beschmutzen. Da diese Gefangenen überhaupt nichts haben dürfen, sehen sie mit ihren Vollbärten sehr verwildert aus.»

Quälerei bei Orgelklängen

«*Fall Sollnietz:* S. lag längere Zeit im Lager Fuhlsbüttel auf Saal 8 1 in A 1. S. hatte lange Zeit in Einzelhaft gelegen, war dort mehrmals auf die gemeinste Art mißhandelt worden. Auf unserm Saal machte er mehrfach den Versuch, sich erschießen zu lassen. Auf unsere Vorhaltungen, daß er uns mitgefährde, ließ er davon ab. Es bestand nämlich strenges Verbot, an die hinter den Betten befindlichen Fenster zu gehen, da die Posten Auftrag hatten, sofort zu schießen, wenn sich etwas am Fenster zeigte. In A 2 Saal 4 war in den Tagen gerade von einem Posten geschossen worden. Das Ergebnis war ein Toter und zwei Schwerverletzte. Diese Situation versuchte S. für sich herbeizuführen. Er machte mehrere Male den Versuch, auf die Fensterbank zu steigen, wurde von uns aber daran gehindert, er versuchte dasselbe auf der Toilette, deren Fenster nach dem Korridor führte. Einige Tage darauf kam eine Besichtigung. Darunter war der *Senator Schröder aus Lübeck*, der S. kannte. S. war Redakteur an einer soz. Zeitung in Lübeck. Er sprach einige Worte mit S. Am selben Tag wurde S. in Einzelhaft in den Keller gebracht. In der darauffolgenden Nacht wurde er derartig mißhandelt, daß er am Morgen einen durchbluteten Verband um den Kopf hatte. Der Wachtmeister machte sich uns gegenüber darüber lustig, daß der Jude S. heute morgen Kopfschmerzen habe. S. erhielt dann die Mitteilung, daß er drei Tage nichts zu essen bekäme. Er erhielt nur etwas zu trinken. Am anderen Tage war Frau S. beim *Lagerkommandanten Dusendschön* – einem ca. sechsundzwanzigjährigen SS-Sturmführer – um ihren Mann zu holen, da die Staatspolizei seine Entlassung angeordnet hatte. D. weigerte sich, S. zu entlassen. Wahrscheinlich, weil er in dem Zustande nicht herauskommen durfte. Frau S. wandte sich darauf an das Reichsinnenministerium in Berlin und erwirkte seine Freilassung. Als sie darauf im Lager erschien, wurde er [ihr] mitgeteilt, daß ihr Mann sich erhängt habe. Wie ein Beamter uns erzählte, habe er noch drei Abschiedsbriefe geschrieben, die aber den Angehörigen nicht ausgehändigt werden sollen. ‹Dem Schwein geschieht ganz recht› war die Ansicht des Wachtmeisters. Es besteht kein Zweifel, daß die Verschlechterung in der Behandlung des S. mit dem Besuch des Senators Schröder zusammenhing.

Am Montag, dem 4. September, wurden alle Schutzhäftlinge nach dem früheren Frauengefängnis überführt, welches jetzt als KZ-Lager bezeichnet wurde. Die Wachtmeister teilten uns mit, daß niemand aus dem Fenster sehen dürfe, da die Posten Befehl hätten, auf jeden zu schießen, der sich am Fenster zeigte. Zwei Stunden später krachte ein Schuß mit dem Resultat: Eine Schwer- und einige Leichtverletzte auf Station A III.

Am Sonnabend, dem 9. September nach dem Zubettgehen wurden wir Einzelhäftlinge von B I einzeln aus den Zellen geholt und wahllos verprügelt. Mit Knüppeln und Koppelriemen schlug man auf uns ein. In der zweiten Hälfte des Septembers bei Erdarbeiten außerhalb des Zuchthauses am Maienweg wurden viele Schutzhäftlinge, die sich mit den anderen unterhielten, von den Aufsichthabenden ins Gesicht geschlagen. Außerdem wurden sie an die Mauer gejagt mit den üblichen Einlagen: auf, nieder, auf, nieder usw. Der Referendar Oppenheimer erhielt an einem dieser Tage mehrere Schläge ins Gesicht mit der Bemerkung: ‹Du Judenlümmel, du verdammter, dir wollen wir das schon noch beibringen.› Oppenheimer soll mit einem der Gefangenen gesprochen haben. Zu den beliebtesten Methoden der ‹Erzieher in SS-Uniform› gehört, Gefangene im Laufschritt mit vollbeladener Karre herumzujagen. Als in diesen Tagen ein dänisches Flugzeug in kurzer Schleife sehr niedrig über die Arbeitsstelle flog (der Hamburger Flugplatz liegt ganz dicht bei), sagte *Regierungsrat Ellerhusen* einem mit einem Gewehr versehenen Posten: ‹Wenn sie Flugblätter abwerfen, dann schießen Sie sofort.›

Anfang Oktober war bei den Neuzugängen ein Jude, der etwa fünfzig Jahre zählte. Er wurde von einem Wachtmeister empfangen mit den Worten: ‹Aha, da bist du ja, du alte Judensau. Um den freien Platz. Marsch, marsch.› Als der Jude Blumenthal herumge[rannt] war, meldete er: ‹Befehl ausgeführt.› Darauf schrie der Wachtmeister: ‹Du sollst weiterlaufen, du Schwein, bis du umfällst.› Nachdem der alte Jude vollkommen erschöpft war, ließ man von ihm ab. Später erfuhr ich dann, daß er den ganzen Weltkrieg mit Auszeichnungen mitgemacht hatte. Ich war Zeuge des Vorganges, weil ich im Hof mit Gartenarbeit beschäftigt war. *Regierungsrat Ellerhusen* hat solche Vorgänge öfters mit angesehen.

Während der Mißhandlungen am Tage wird durch einen SS-Mann die Orgel gespielt, um das Schreien der Gequälten zu übertönen.»[7]

Trotz dieser bitteren Erfahrungen gab es keine Attentate auf Nazi-Führer. Anita Sellenschloh erläutert warum:

«An Terror haben wir nie gedacht. Das lag daran, daß der Widerstand in erster Linie aus der Arbeiterschaft kam. In der Arbeiterbewegung wurde der Terror immer abgelehnt. Was hätte es auch geändert, wenn zum Beispiel der Hamburger Gauleiter Kaufmann umgebracht worden wäre. Man hätte ihn doch sofort ersetzen können. Wir setzen immer wieder unsere größte Hoffnung auf die Aufklärung, auf die Besinnung darauf, daß Kriege unmenschlich sind und nur die Beseitigung der faschistischen Diktatur eine humane Zukunft garantiert.»

Kaum ein offenes Ohr gefunden

Im Krieg veränderten sich die Widerstandsformen. Anita Sellenschloh:

«Flugblätter für die jungen Soldaten, Sabotage in den Rüstungsindustrien, Hilfeleistungen für die ausländischen Zwangsarbeiter wurden zusätz-

(aus: Altmann, Der deutsche antifaschistische Widerstand, S. 231)

liche Arbeitsgebiete. Als die deutsche Armee ein Volk nach dem andern überfiel und Siegesmeldungen zum täglichen Brot gehörten, fanden die Widerstandskämpfer immer weniger Gehör. In vielen Wohnungen und Betrieben hingen Landkarten, in die biedere Familienväter ausradierte Städte mit kleinen Fähnchen markierten und rasante Vormärsche der Truppen absteckten. Die Rückseiten der Zeitungen mit den Todesanzeigen gefallener ‹Helden› hat sie wohl weniger berührt.

Als es mit dem Siegen vorbei war, wurde die Widerstandsarbeit wieder leichter. Das Zusammengehörigkeitsgefühl aller Antifaschisten steigerte sich. Ich arbeitete in der Zeit in einer Hamburger Farbenfabrik. Der Prokurist, ein ehemaliger Stahlhelmanhänger, der erste Buchhalter, ein ehemaliger Betriebsrat, früher Mitglied der SPD, ich und noch zwei weitere Angestellte der Buchhaltung bildeten eine kleine Gruppe. Abwechselnd hörten wir abends den englischen Sender, zwei- bis dreimal in der Woche kamen wir im Büro des Prokuristen zusammen, um zu berichten.

Ich arbeitete in der Mahnabteilung. Meine Aufgabe war es, Fässer, in denen Tarnfarben geliefert wurden, aus den eroberten Gebieten zurückzubeordern. Einmal, als ich Fässer aus Frankreich anmahnen sollte, habe ich das solange hinausgezögert, bis die Alliierten das Gebiet besetzt hatten. Davon wußte ich über den englischen Sender. Von solchen kleinen Widerständen einzelner Personen hörte ich nach 1945 vielfach. Auch damit konnte man Sand in das Kriegsgetriebe streuen.

Von Januar bis Juni 1943 war ich das letzte Mal inhaftiert. Mit mir saßen in einer kleinen Zelle, die nur für eine Person gebaut war, zwei weitere Frauen. Die eine war in Kairo verhaftet worden und wegen Spionage angeklagt. Sie rechnete mit einem Todesurteil. Die zweite, noch sehr junge Frau, war schwanger im achten oder neunten Monat. Sie war bei der Post angestellt. Ein beschädigtes Paket, das von der Front kam, roch nach Schokolade. Sie hat das Paket ein bißchen weiter geöffnet, sich ein Stück Schokolade genommen und es sofort aufgegessen. Auch darauf stand Todesstrafe. Ein Kollege hatte sie beobachtet und verraten. Ihr Leid war unbeschreiblich. Obwohl wir beiden anderen alles taten, um sie aufzumuntern, und ihr immer wieder einzureden versuchten, daß es überhaupt nicht zur Todesstrafe kommen müsse, brach sie völlig zusammen.» So war es immer wieder: «Die politisch uninteressierten Menschen, die wegen eines kleinen Vergehens eingesperrt wurden, erkannten ihre Lage nicht und verloren sehr viel schneller allen Lebensmut als wir.»

«Kommunist und Jude – das war zuviel»

Am 8. Mai 1933 wurde der Hamburger Kommunist Dagobert Biermann verhaftet. Er hatte von seiner Partei den Auftrag bekommen, eine illegale Zeitung zu drucken. Seine Frau berichtet:

«Ganz geheim, im Dachatelier eines Malers, sollte das Drucken geschehen. Meinem Mann war nicht geheuer dabei, weil der Schlüssel zu dem Atelier plötzlich verschwunden war. Aber er wollte den Parteiauftrag nicht verweigern.

Seine Ahnung war richtig. Als er und ein junger Genosse beim Drucken waren, wurden sie von drei Gestapoleuten überrascht. Ein Spitzel hatte den Schlüssel der Gestapo zugespielt. Der Spitzel trat dann später im Prozeß als Zeuge auf.

Im August war der Prozeß vor dem Hanseatischen Sondergericht. Mein Mann wollte den jungen Genossen da raushalten und nahm die ganze Schuld auf sich. Bei der Urteilsverkündung war ich dabei, sonst durfte man nicht rein. Ich weiß noch, was der Richter über meinen Mann sagte: ‹Überdurchschnittlich intelligent, von der Ideologie des Sozialismus durchdrungen und unbelehrbar›. Für den Richter war das Drucken der Zeitung ‹Vorbereitung zum Hochverrat›. Mein Mann galt als ‹intellektueller Urheber›. Er bekam dann die Hauptstrafe: zwei Jahre. Damals galten noch nicht die Nazi-Gesetze, sonst wäre die Strafe höher ausgefallen. Das Gericht sagte: ‹Wir bedauern, daß wir nicht über das Strafhöchstmaß hinausgehen können.›»

Die Verhaftung ihres Mannes hatte auch für Emmi Biermann Konsequenzen: «Gleich als in der Zeitung stand, daß mein Mann in die Falle der Gestapo gelaufen war, wurde ich meine Arbeitsstelle los. Ich war in der Hamburger Blindenanstalt angestellt. Ich hatte Maschinenstricken gelernt, und als in der Anstalt eine Leiterin für die Maschinenstrickerei gesucht wurde, haben sie mich genommen. Zehn Jahre hab ich da gearbeitet. Ich hab blinden Mädchen das Maschinenstricken beigebracht. Ich hab auch neue Maschinen mit Tastvorrichtungen bauen lassen. Später hab ich dann sogar sehende Lehrkräfte aus ganz Deutschland ausgebildet. Die haben dann nach dem Hamburger Vorbild in anderen Blindenanstalten Werkstätten eingerichtet. Trotzdem haben die mich rausgeschmissen. Nur weil mein Mann in der Zeitung stand. So eine Nazi-Ziege hatte es dem Direktor verraten. Eigentlich ein ganz anständiger Kerl, Liberaler, Freimaurer. Er wollte mir helfen. Aber als er hörte, daß mein Mann auch noch Jude ist, war es aus mit der Hilfe. Kommunist und Jude, das war zuviel.»

Wer einmal mit der Gestapo zu tun hatte, verlor häufig seinen Arbeitsplatz. Dagobert Biermann machte andere Erfahrungen, nachdem er seine Strafe abgesessen hatte: «Mein Mann bekam zum erstenmal seit langem wieder Arbeit, auf der Deutschen Werft. Von 1928 bis 1932 hatte er bei Blohm & Voss Schlosser und Maschinenbauer gelernt. Er kriegte zwar den Gesellenbrief, aber gleichzeitig auch seine Entlassung. Damals gab es schon so eine Art Berufsverbot. Mein Mann war Delegierter der Metallarbeiterjugend und bei der Kommunistischen Jugend gewesen und deswegen auf eine ‹Schwarze Liste› gekommen.

Jetzt, nach dem Gefängnis, war er Vorarbeiter. In seiner Kolonne waren auch andere, die schon mal von den Nazis verhaftet worden waren, auch Sozialdemokraten. Das war eine gute Gemeinschaft. Mein Mann machte die Akkordlisten und paßte auf, daß die Arbeiter einen guten Akkordlohn bekamen.

Früher, als der Faschismus noch nicht so mächtig war, hatten die Kommunisten die Sozialdemokraten oft bekämpft. Mein Mann gehörte nie dazu. So wie das jetzt mit den Sozialdemokraten in seiner Gruppe war, so war das bei ihm auch früher schon. Er hat nie gesagt, die Sozialdemokraten sind Faschisten, sondern daß wir mit ihnen diskutieren müssen, mit ihnen zusammengehn, wo wir können. Genossen wie er wurden ‹Versöhnler› genannt. Und der Führer von denen, das war Hans Westermann. Den nannten sie immer den ‹kleinen Lenin›. Der ist totgeprügelt worden im KZ. Der liegt jetzt auf dem Ehrenhain des Ohlsdorfer Friedhofs. Die Partei hatte ihn ausgeschlossen, später aber rehabilitiert. Und mit dem war mein Mann befreundet.»

Warnung vor Waffentransporten

Dagobert Biermann leistete weiter Widerstand. Seine Frau erzählt: «1936 war ich schwanger, und grad da begann wieder die illegale Arbeit. Hitler ließ Kriegsmaterial nach Spanien liefern. Da wollten die Faschisten die Republik kaputthauen, und die Nazis halfen denen dabei. Mein Bruder war Ewerführer im Hamburger Hafen. Er hatte Wind davon bekommen, daß Schiffe mit Munition nach Spanien rausgehen. Getarnt waren die als Handelsschiffe. Wir mußten die Arbeiter in Spanien doch warnen! Die sollten die gleich übern Schnabel nehmen, wenn die da ankommen. Mein Bruder spionierte aus, wo die Schiffe lagen und notierte sie. Unter Lebensgefahr! Aber er war ja roter Betriebsrat gewesen und hatte eine gute Nummer im Hafen. Die Kollegen verpfiffen ihn nicht. Die Unterlagen wurden nach Spanien geschmuggelt. Wenn ein Waffenschiff im Hafen lag, rief mein Mann den Herbert Michaelis, unsern Kurier, an, und der nahm die neuesten Nachrichten mit.

Wir haben alle Angst dabei gehabt. Ich besonders, mein Sohn Wolf war inzwischen da. Mein Mann sagte: ‹Wenn sie uns schnappen, kostet das den Kopf.› Aber wir waren tapfer. Wir wollten denen in Spanien helfen. Eines Tages kam Michaelis mit einem Vorschlag. Wir sollten eine Bombe mit Zeitzünder auf einem Waffenschiff verstecken. Mein Mann wurde sofort hellhörig. So was machen Kommunisten nämlich nicht. Wir waren immer gegen individuellen Terror. 'ne Bombe auf einem Schiff, wo unschuldige Menschen drauf sind – stellt Euch das mal vor! Wir hatten den Verdacht, der Michaelis muß ein Spitzel sein. (Später stellte sich heraus, daß Michaelis selbst einem Spitzel auf den Leim gekrochen war.) Wir wurden vorsichtig, ließen uns aber nichts anmerken. Und als Michaelis immer wieder einen mit raufbringen wollte in unsere Wohnung, kam uns das erst recht verdächtig vor. Wenn Michaelis jetzt neue Informationen haben wollte, sagte mein Mann zu ihm: ‹Vorläufig ist nichts.›

Eines Abends kamen drei Gestapomänner in unsere Küche gestürmt. Ich sah, wie mein Bruder verhaftet wurde, und rief: ‹Was, mein Mann auch?› Die sagten: ‹Sie auch! Los, anziehen!› Da hab ich wie eine Glucke geschrien: ‹Mein Kind, mein Kind!› Das hatten die nicht mitgekriegt, daß da noch ein Kind war. Die sagten: ‹Bleiben Sie erst mal hier.› Das hat mir das Leben gerettet. Mein Mann und mein Bruder wurden die Treppen runtergeprügelt. Das müssen alle im Haus gehört haben, aber niemand hat die Tür aufgemacht. Solche Angst hatten die.

Mein Mann kam in ‹Schutzhaft›. So hieß das damals. Ich wollte genau wissen, wo er sitzt, aber ich wurde immer abgewiesen. Eines Tages hab ich dann doch erfahren, daß er in Fuhlsbüttel ist. Und man erlaubte mir, seine Wäsche zu holen und ihm neue zu bringen. Aber ich hab ihn nicht gesehen, nur das Blut, das an der Wäsche klebte. Die Wäsche wurde von der SS in Empfang genommen, und die haben die Wäsche gegen das Licht gehalten, ob auch nichts darin versteckt ist. Einmal machte ich eine Entdeckung. Da, wo die kleinen Stäbe in den Hemdkragen kamen, die Stelle war zugenäht. Darin war ein Kassiber, auf dünnem Papier geschrieben. Da stand drauf: ‹Michaelis packt aus.› Das war das Zeichen, jetzt sollte der Prozeß beginnen. Zwei Jahre hatte das gedauert. Solange hatten die gebraucht, bis sie was zusammengestoppelt hatten gegen meinen Mann.»

Vor dem Volksgerichtshof

«Für den Prozeß kam extra der Volksgerichtshof nach Hamburg. Rote Samtroben und rote Barette hatten die an. Wie ein Femegericht. Ich wollte zur Verhandlung, konnte aber nicht, ich mußte arbeiten. Ich schickte meine Schwester hin, die kam aber nicht rein. Sie konnte aber mit dem Rechtsanwalt sprechen. In den Pausen, auf dem Flur. Der sagte ihr, die Todesstrafe ist beantragt worden.

Mein Mann und mein Bruder hatten zuerst immer geleugnet, etwas mit der Sache zu tun zu haben, mit den Waffen und den Informationen für die Spanier. Aber dann wurden Geschosse auf den Tisch gepackt, die mein Bruder aus dem Hafen mitgebracht hatte. Sogar Dumdumgeschosse hatte er von den Schiffen geklaut, die reißen große Wunden. Die hatten wir Michaelis mitgegeben, damit die Spanier wußten, was ihnen blühte.

Mein Bruder hat mir später erzählt, wie er sich verteidigt hat. Er hat auf doof gemacht. Im Hafen klauen alle mal, hat er gesagt, nur so aus Spaß wird geklaut. Und dann hat er immer Platt gesprochen, das war für die Richter was Neues. Die Richter wollten darauf hinaus, mein Mann hätte meinen Bruder beauftragt, die Sache auszubaldowern. Das hätte gereicht, dann hätten sie ihn gleich umgebracht. Der Pflichtverteidiger meines Bruders war aber ausnahmsweise ein guter Mann. Er wollte meinen Bruder direkt fragen: ‹Hat Biermann Sie beauftragt?› Wenn er dann mit Nein antwortet, mußte der Anklagepunkt fallengelassen werden. Aber die Anwälte mußten alle Fragen vorlegen. Die Frage wurde natürlich nicht zugelassen, die wollten meinem Mann an den Kragen. Da hat der Anwalt alles auf eine Karte gesetzt und die Frage einfach dazwischengerufen. Und mein Bruder sagte natürlich sofort: ‹Nee, mein Schwager hat mich nicht dazu beauftragt.› Damit entfiel der Punkt.

Mein Bruder wurde freigesprochen. Ein ‹irregeleiteter Arbeiter›, meinten die Richter. Mein Mann kriegte sechs Jahre. Ich war bei der Urteilsverkündung dabei, bin am Schluß schnell durch die Barriere gelaufen und hab ihm die Hand gedrückt. Wir wurden sofort auseinandergerissen. Er konnte mich noch trösten: ‹Die sechs Jahre sitz ich auf einer Arschbacke ab.› Das war 1937. Er ist nie wieder rausgekommen.

Mein Mann kam ins Zuchthaus Bremen-Oslebshausen. Alle vier Monate, glaub ich, durfte ich ihn besuchen und alle vier bis sechs Wochen schreiben. Ich weiß es nicht mehr so genau, für alles gab's Vorschriften, nach denen mußte man sich richten. Zwanzig Minuten, höchstens dreißig, durften wir uns sehen, wenn ich ihn besuchte. Er erzählte mir, daß er auf einer Werft in Bremen arbeiten mußte. Die Nazis gaben ja Rüstungsaufträge noch und noch, und Arbeiter waren Mangelware. Aber nur in der ersten Zeit durfte er da arbeiten. Weil er Jude war, ließen sie ihn nicht mehr hin.

Vor einem Besuch waren grad Bomben auf Bremen gefallen und hatten den Besucherraum des Gefängnisses zerstört. Wir mußten in den Konferenzraum. Da saß der Pastor drin, der die Post zensierte. Krüger hieß der, auf den Briefen, die er kontrolliert hatte, stand immer ‹Krü›. Der Pastor hat mir später, als mein Mann nach Auschwitz kam, noch ein Paßbild von ihm geschenkt, das aus der Akte stammte.

Im Sommer mußten die Gefangenen im Moor arbeiten. Da war ein großes Barackenlager, ringsrum Stacheldraht und überall riesige Torfberge. Mein Mann hatte mir auf Umwegen mitgeteilt, ich sollte ein kleines Paket packen, in dem zweimal das gleiche drin war. Das sollte ich beim Vorwerk abgeben. Einer, der ihm das Paket zuspielte, wollte die Hälfte als Belohnung haben.

Ich hab meinen Jungen einmal ins Moor mitgenommen. Ich hab gebettelt und alle besabbelt, daß ich das durfte. Ich hatte dem Wolf immer von seinem Vater erzählt, und er ist großgeworden mit dem Gedanken an seinen Papi. Bei dem Besuch saß er auf seinem Schoß und hat ihm was vorgesungen. Ausgerechnet ein Nazi-Lied, ‹*Bomben auf Engelland*›. Aber mein Mann hat sich gefreut. Er wußte, der Junge konnte nichts dafür, das kam ja täglich aus allen Lautsprechern.»

«Forsche immer nach unserm Verbleib!»

«Zweimal hab ich von meinem Mann einen illegalen Brief bekommen. Den letzten hab ich noch, der ist vom 4. Januar 1943. Darin schrieb er, daß er wegkommt. Er schrieb von einer ‹nichts Gutes verheißenden Reise›. Der nächste Besuchstermin war aber erst am 7. Februar. Das war noch lange hin. Ich wollte meinen Mann unbedingt vor dem Abtransport noch einmal sehen und den Termin vorziehen. Aber ich durfte mir nichts anmerken lassen – ich wußte ja alles nur aus dem illegalen Brief. Ich gab als Grund an: ‹dringende Familienangelegenheit›. Die Schweine haben mir trotzdem nur einen Besuchsschein für den 7. Februar gegeben. Das war doch teuflisch! Da geben die einen Besuchsschein, obwohl sie wußten, er war längst nicht mehr da!

Als ich am 7. nach Bremen kam, haben die im Zuchthaus mir nicht gesagt, wo er hin ist. Nur der Pförtner, der sah, wie ich heulte, flüsterte mir zu: ‹Es ist ein Sammeltransport nach Auschwitz abgegangen.› Ich wußte nicht, was das ist, Auschwitz. Ich hab dann auf der Post gefragt. Die kannten das auch nicht. Erst am nächsten Tag konnten sie mir die Lage erklären. Ich hab ein Paket hingeschickt, aber da war mein Mann schon tot.

Ich bin noch mehrmals zur Gestapo gelaufen. Mein Mann stand doch kurz vor der Entlassung, hab ich zu dem Kraus gesagt, dem Hamburger Gestapo-Chef. Der sagte zu mir: ‹Sie können damit rechnen, daß Ihrem Mann dort etwas zustößt.› Ich sagte, mein Mann ist doch gesund und hat den festen Willen wiederzukommen. Kraus hat mich abgewimmelt: ‹Wir haben es schon oft gehabt, daß Leute kurz vor ihrer Entlassung plötzlich erkrankten und nicht wiederkamen. Wenden Sie sich an die Gestapo in Bremen!›

Mein Mann hatte mir ans Herz gelegt: ‹Forsche immer nach unserm Verbleib.› Daran hab ich mich gehalten. Ich fuhr nach Bremen zur Gestapo. Dort teilte man mir nüchtern mit: ‹Ihr Mann ist am 22. Februar morgens 7 Uhr an Herzschwäche verstorben.› Ich schrieb dann nach Auschwitz, an den Kommandanten, und beantragte einen Totenschein. Ich glaub, ich bin eine der wenigen Witwen, die einen von dort bekommen hat.»

Zwischen Rückzug und Revolte

Sozialdemokraten im Widerstand

Als am 5. März 1933 ein neuer Reichstag gewählt wurde und die SPD trotz Nazi-Terror immerhin 18,3 Prozent der Stimmen erhielt (NSDAP 43,9 Prozent), feierten die Sozialdemokraten dies noch als «Ruhmestag der Partei». SPD-Chef Otto Wels kommentierte zuversichtlich: «Strenge Herren regieren nicht lange», und Partei-Theoretiker Rudolf Breitscheid machte sich ebenfalls Illusionen: «Die Reaktion hat ihre letzte Karte ausgespielt.» Trotz Reichstagsbrand, Gleichschaltung, Ermächtigungsgesetz und Massenverhaftungen von Kommunisten und Sozialdemokraten – der SPD-Vorstand blickte nicht durch. *Vorwärts*-Boss Friedrich Stampfer sah noch «alles in einem gewissen Zwielicht». Klarheit brachte den SPD-Führern erst der 2. Mai 1933, als Polizei und SA die Gewerkschaftshäuser besetzten und sich die Gefängnisse schlagartig mit Arbeiterführern füllten.

Tausende von Sozialdemokraten packten in aller Hast ihr Bündel, um dem wachsenden Terror zu entfliehen. Auch der Parteivorstand verließ Deutschland; seine neue Adresse: Palackého trîda 24, Prag. Die Genossen saßen dort auf ihren unausgepackten Koffern und hofften unverdrossen auf das Wunder von Hitlers Sturz, während im Reich die Gestapo ihre Parteifreunde am laufenden Band kassierte. Die SPD-Spitze in Prag glaubte, schon bald werde die Enttäuschung des deutschen Volkes die NS-Herrschaft schwer erschüttern. Fern-Diagnose des Exil-Organs *Neuer Vorwärts* im Mai 1934: Das «System» löse sich «mit großer Geschwindigkeit auf». Die Genossen in Deutschland wußten es besser – aus bitterer Erfahrung.

Wie ist die Kette grober Fehleinschätzungen zu erklären? Warum kapitulierten die Sozialdemokraten, anstatt entschlossen gegen die Nazis zu kämpfen, ehe es zu spät war? Oder hatten sie wirklich keine Chance?

Bereit zum Losschlagen

Doch, es gab sie, und die erste *große* Chance, die Machtübernahme der Nazis zu verhindern, hatte die SPD-Führung 1932 vertan, als Reichskanzler Franz von Papen, ein drittklassiger Politiker und Steigbügelhalter Hitlers, am 20. Juli zum «Schlag gegen Preußen» ausholte, dem wichtigsten Land des Reiches: SPD-Ministerpräsident Otto Braun und seine Regierung wurden in einem Staatsstreich kurzerhand abgesetzt.[8] Das Undenkbare geschah: Die SPD räumte ohne Widerstand ihre letzte starke Bastion. Ihre kleinmütige Reaktion: eine Klage beim Staatsgerichtshof und die Parole, bei der bevorstehenden Reichstagswahl die Macht der Sozialdemokratie mit dem Stimmzettel zu beweisen. Die Basis war tief enttäuscht: Sie hatte in Alarmbereitschaft gestanden, das «Reichsbanner» auf Waffen gewartet, bereit zur Verteidigung der preußischen Regierung und der Republik von Weimar. Vergeblich. Die Nazis triumphierten: Am Tag danach notierte Goebbels in seinem Tagebuch: «Die Roten haben ihre große Stunde verpaßt. Die kommt nie wieder.»

Wo lagen die Gründe für das Versagen? Fixierung auf die Weimarer Verfassung, Abneigung gegen außerparlamentarische Aktionen, Furcht vor dem unkalkulierbaren Risiko, Scheu vor blutigen Auseinandersetzungen und grundloses Vertrauen in die Vernunft des deutschen Wählers ließen die SPD-Führer in Hilflosigkeit erstarren. Stillhalten hieß ihre «Taktik».

Was sich ein halbes Jahr zuvor schon allzu deutlich gezeigt hatte, setzte sich nach dem 30. Januar 1933 fort. Wiederum standen überall im Reich Tausende von Genossen an den Alarmplätzen, bereit zum Losschlagen. Doch die Führung gab ihnen erneut kein grünes Licht; sie wurden unverrichteter Dinge nach Hause geschickt. Die Nazis atmeten auf und feierten ihren Triumph. Massendemonstrationen und kämpferische Reden der SPD-Spitze konnten die Verbitterung der Basis nicht verdrängen. «Wir leisteten keinen Widerstand. Wir warfen dem siegreichen politischen Gegner keine Prügel in den Weg. Die Alten (in der SPD-Führung) bangen um ihren Ruhm. Wie alte, lächerlich gewordene Schauspieler oder Sängerinnen merken sie nie, wann der Vorhang gefallen ist», machte der bayrische SPD-Reichstagsabgeordnete Wilhelm Hoegner seinem Ärger Luft.[9]

Die «Offensive der Wahrheit»

Es kam noch dicker: Der Grundsatz der SPD-Führung, ja nicht gegen Gesetze zu verstoßen («Legalitätsdenken»), machte Opportunismus Platz. Doch auch durch den Austritt aus der «Sozialistischen Arbeiter Internationale» und die Zustimmung zu Hitlers außenpolitischem Programm im Reichstag konnte die SPD ihren Kopf nicht mehr aus der Schlinge ziehen,

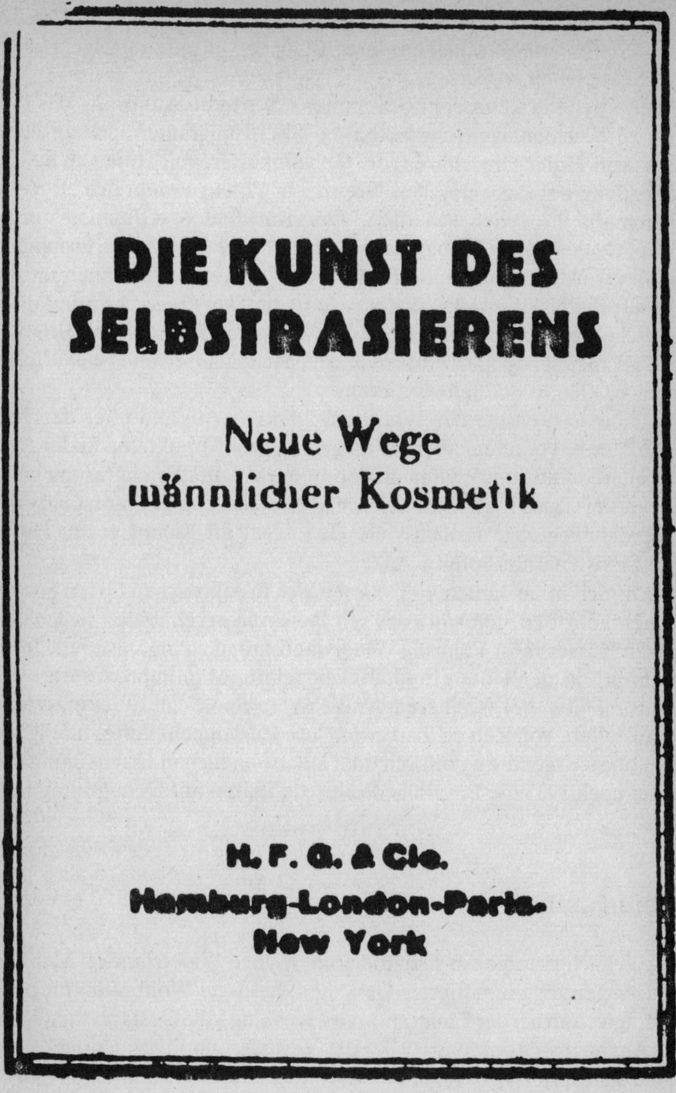
DIE KUNST DES SELBSTRASIERENS

Neue Wege männlicher Kosmetik

H. F. G. & Cie.
Hamburg-London-Paris-
New York

Tarnschrift, die das Grundsatzprogramm der SPD von 1934 enthielt («Prager Manifest»)

(aus: Altmann, S. 67)

die die Nazis längst geknüpft hatten. Am 22. Juni 1933 war die Partei verboten, ihre Organisation zerschlagen. Ihre Mitglieder wurden verfolgt, verhaftet, ins Exil getrieben.

Und der Vorstand? Um die noch immer erwartete «Auflösung des NS-Systems» zu beschleunigen, verfaßten die SPD-Emigranten in Prag Hunderte von Anti-Hitler-Broschüren, die Geheimkuriere mit Hilfe von Sekretariaten entlang der tschechischen Grenze, in Polen, Frankreich, Belgien und Dänemark ins Reich schafften. Der Karlsbader «Graphia»-Verlag druckte auf Seidenpapier Miniaturausgaben der Exil-Zeitungen. Propaganda-Schriften wurden in Shampoo-Packungen, in Groschenromanen und in Aufrufen für das NS-Winterhilfswerk verborgen. Das *Prager Manifest*, programmatische Grundsatzerklärung des Exil-Vorstands mit selbstkritischer Tendenz, gelangte in 40000 Tarnbroschüren nach Deutschland – als Werbehefte über die «Kunst des Selbstrasierens».

Das war die «Offensive der Wahrheit», die das Ausland über den NS-Terror aufklären, vor allem aber die illegalen Sozialdemokraten in der Heimat informieren und zum Widerstand ermuntern sollte. Ermunterung hatte die Basis in der Tat nötig. Nach der schlappen Haltung des Vorstands zögerten verständlicherweise auch viele Genossen, im Kampf gegen Hitler Leben und Existenz aufs Spiel zu setzen.

Dennoch: Schon im Januar 1933 hatten sich in zahlreichen Orten Sozialdemokraten getroffen, um trotz des seit längerem erkennbaren resignativ-illusionären Kurses ihrer Führung Widerstandsarbeit zu organisieren. Jegliche Erfahrung in der Untergrundtätigkeit fehlte. Man improvisierte, traf sich in Kegelklubs, bei familiären Anlässen, in Sport- und Gesangsvereinen, veranstaltete von Zeit zu Zeit zwanglose Zusammenkünfte, häufig genug aber, ohne «irgendwie politisch oder staatsfeindlich in Erscheinung» zu treten, wie noch 1935 die Bayrische Politische Polizei mit Genugtuung feststellte.

Den Feind ständig im Nacken

Doch es gab auch Erfolge des sozialdemokratischen Widerstandes: Man unterstützte Angehörige inhaftierter Genossen, besorgte Wohnraum für politisch Verfolgte, half bei der Emigration so gut es ging – die Gestapo ständig im Nacken. Am höchsten war das Risiko der Verteiler- und Diskussionszirkel, die illegale Schriften verbreiteten und über die politische Stimmung, oppositionelle Äußerungen und die Maßnahmen der Regierung ins Ausland berichten sollten. In einigen Städten versuchten die Genossen, ihre Ortsvereine in Fünferzellen aufzuteilen, die jeweils bestimmte Aufgaben übernahmen. In den ersten Jahren der Nazi-Herrschaft arbeiteten die meisten regionalen Gruppen isoliert, Erfahrungsaustausch gab es kaum. Nur selten waren die meist unvorbereitet in den Untergrund gestolperten Gruppen geschickt genug, um den Spürnasen der Gestapo für längere Zeit zu entgehen.

Auf welche Ideen man in der SPD kam, um illegal arbeiten zu können, macht ein Bericht des Regierungspräsidenten von Ober- und Mittelfranken vom Juni 1934 deutlich: «... Der Stadtrat Selb berichtet, daß ehemalige, in der SPD führende Personen sich häufig zu angeblichen Spaziergängen in Gruppen von zehn bis zwölf Personen treffen. Dem Stadtrat Bayreuth ist es aufgefallen, daß frühere Führer der SPD in letzter Zeit häufig um die Ausstellung von Wandergewerbescheinen zum Handel mit geringwertigen Gegenständen des Hausbedarfs nachsuchen; obwohl der Verdacht sich aufdrängt, daß hier unter dem Deckmantel eines Handelsbetriebes eine versteckte illegale Tätigkeit entfaltet werden soll, reichen die gesetzlichen Grundlagen nicht aus, um hier vorzubeugen ...»[10]

In den ersten beiden Jahren der NS-Herrschaft mußten die meisten Gruppen schwere Opfer bringen. Ihrem Ziel, die Hitler-Regierung zu erschüttern, kamen sie keinen Zoll näher. So sahen sich die Sozialdemokraten gezwungen, ihre bisherige Taktik im Widerstand zu überprüfen. Das Ergebnis: Man setzte noch mehr als bisher auf kleine Gruppen, die allerdings miteinander in Verbindung stehen sollten. Die einen sollten aus den Fehlern oder Erfolgen der anderen lernen können. Auch war man jetzt bereit, mit Nazi-Gegnern außerhalb der Arbeiterbewegung zu paktieren, speziell mit Mitgliedern der Wehrmacht. Dieser Trend verstärkte sich nach dem Beginn des Krieges. So ist auch die Beteiligung führender SPD-Leute an der Vorbereitung des Attentats auf Hitler vom 20. Juli 1944 zu erklären.

Das Gros der Genossen allerdings, das nach vier Jahren Hitler noch nicht im Gefängnis oder KZ saß, zog aus der brutalen Verfolgung jene Konsequenzen, die das Geheime Staatspolizeiamt 1937 in einem Lagebericht protokollierte: «Man sitzt abends nach Betriebsschluß zusammen und trinkt ein Glas Bier, man trifft sich mit seinen früheren Gesinnungsgenossen in den Wohngebieten, man hält den Zusammenschluß durch Familienbesuche aufrecht, man vermeidet irgendwelche Organisationsformen und sucht in der geschilderten Weise nur, die Freunde bei ihrer Gesinnung zu halten. Bei diesen Zusammenkünften wird natürlich über die politische Lage gesprochen, es werden die erhaltenen Nachrichten ausgetauscht, man betreibt die sogenannte Flüsterpropaganda im großen, die zur Zeit die wirksamste illegale Arbeit gegen den Staat, seine Einrichtungen und Maßnahmen und gegen die Partei darstellt.

Angst vorm Mitmachen

Über die Erfahrungen bei der illegalen Arbeit in den ersten Jahren der Nazi-Herrschaft informiert ein Bericht der SPD vom September 1936:

«Die in unserem Bezirk gemachte Erfahrung wurde uns aus anderen Parteibezirken immer wieder bestätigt: In den Bezirken und Orten, in denen die Arbeiterschaft bodenständig (in gewissem Sinne konservativ) war und ein starkes Organisationsbewußtsein hatte, bildet die große Masse der früher organisierten Genossen heute noch eine Gesinnungsgemeinschaft. Ein Musterbeispiel dafür bildet unsere örtliche Parteiorganisation. In den einzelnen Parteiabteilungen weiß man, wer von ‹unseren Leuten› abgeschwenkt und wer nicht ganz zuverlässig ist. Es sind erstaunlich wenige, die offen Nationalsozialisten geworden sind. Wo man sich um die Genossen gekümmert hat, da sind sie heute noch zuverlässig und haben niemals den Glauben an eine neue große Geschichte der Arbeiterbewegung verloren. Wir führen diese ausgezeichnete Stimmung unserer Genossen darauf zurück, daß wir seit dem Umsturz regelmäßig Material verbreitet haben, in dem wir uns bemühten, vor allem die große Linie der Entwicklung zur Orientierung der Genossen aufzuzeigen, um sie durch den Wirrwarr der Nachrichten, Gerüchte und Parolen hindurchzuführen ... Es ist nun selbst bei den früheren Parteimitgliedern nicht so, daß sie alle freudig mitarbeiten. Sehr viele geben hin und wieder etwas für die Gefangenen, das heißt zur Unterstützung der Angehörigen; Schriften lesen auch die meisten gern, aber selbst mithelfen, Schriften zu verteilen oder sich zu betätigen, indem sie selbst organisieren, das ist etwas anderes. Wohl alle sind der Ansicht, daß etwas getan werden muß, aber viele halten es aus diesem oder jenem Grunde für sich selbst für zu gefährlich. Und da schließlich die Mitarbeit auf eigene Verantwortung geht, soll man niemand moralisch dazu nötigen ...»[11]

Hierbei spielen Gesprächsstoffe wie Preissteigerungen, unzulänglicher Lohn, wirtschaftliches Ausbluten des Volkes, Freiheit, Rohstoffknappheit, Korruption, Bonzenwirtschaft, Schenkungen auf Kosten des Volkes usw. die Hauptrolle.[12]

Nach 1937 erlahmte der Widerstand der Sozialdemokraten indes nicht. Sie organisierten Streiks für mehr Lohn, versuchten, die Lage der Fremdarbeiter zu verbessern, verübten Sabotage in der Rüstungsproduktion, sammelten Kleidung, Nahrung und Medikamente für Häftlinge in Arbeits- und Kriegsgefangenenlagern, verteilten Flugblätter an deutsche Soldaten und appellierten schließlich an die Bevölkerung, die Nazi-Behörden beim Anmarsch der Alliierten zur kampflosen Übergabe zu zwingen, um weiteres sinnloses Blutvergießen zu vermeiden.

Kampfparolen in der Zwiebacktüte

Ein Genosse aus Moers erzählt

Einen Tag nach der «Machtergreifung», am 31. Januar 1933, zogen in Moers die örtlichen Nazis durch die Stadt am westlichen Rand des Ruhrpotts, um ihren Sieg zu feiern und alte Rechnungen zu begleichen. Ausgerüstet mit Stahlhelmen steuerten sie die Homberger Straße an. Etwa hundert Meter vom Bahnhof stadteinwärts waren sie am Ziel: Vor ihnen lag im ersten Stock das Büro der SPD; unten waren die Redaktionsräume der Parteizeitung *Volksstimme*. Die Fenster wurden eingeschlagen, ein Redakteur und seine Sekretärin verletzt – die ersten Opfer der Moerser Nazis nach der Machtübernahme. Für die heimischen Sozialdemokraten gab es nach diesem Vorfall keinen Zweifel mehr, wie man den Braunhemden begegnen mußte: nicht stillhalten, sondern handeln!

Schon im Januar 1933 hatten sie begonnen, den Widerstand zu organisieren. Hermann Runge, Jahrgang 1902, seit 1931 SPD-Sekretär in Moers: «Unsere Leute im Kreis Moers haben zusammengehalten, das war keine Liebhaberei. Verstärkt wurde der Wille zum Widerstand noch durch die Worte von Otto Wels, des Vorsitzenden der SPD, die er am 23. März 1933 im Reichstag bei Ablehnung des Ermächtigungsgesetzes Hitler ins Gesicht sprach: ‹Freiheit und Leben kann man uns nehmen, die Ehre nicht ...›»[13]

Die illegale Arbeit begann. Runge erinnert sich: «Ich war damals Verkaufsfahrer bei Kordass, das war eine Großbäckerei in Duisburg-Hamborn. Ich bekam ja in meinem Beruf als Schlosser nach der Machtergreifung keine Arbeit mehr. Die Parteigenossen haben natürlich bei mir gekauft, und ich hatte einen guten Umsatz. Später halfen mir dann Walter Lese und Bernhard Jung. Wenn die beiden allein mit dem Brotwagen kamen, wußten alle, aha, Hermann ist unterwegs, in nächster Zeit kommt Material.»

Material – das hieß illegale Schriften. Absender war die Zentrale der Exil-SPD in Prag. Über das niederländische Venlo gelangten sie in das Reichsgebiet. Runge: «Ich hatte Verbindung zu einem Buchdrucker in Kempen, der holte sie über die grüne Grenze. Oder sie wurden über das

Dreiländereck eingeschleust. In Aachen hatten wir mehrere Leute. Oft haben wir die Schriften bei Kordass in die Brandt-Zwieback-Packungen gelegt. Ich mußte meine Ware in Hamborn holen und dann in Homberg über die Rheinbrücke.»

Filzaktion im Bäckerwagen

Natürlich rechneten die Nazis mit illegaler Arbeit: Sie führten häufig Kontrollen durch und kannten ihre Pappenheimer aus der sogenannten «Kampfzeit» vor 1933, auch Hermann Runge. Er und sein Bäckerwagen wurden mehrfach gefilzt. «Aber die sind nie auf den Gedanken gekommen, in den Zwiebackpackungen nachzusehen. So kam das Material dann zu den Parteigenossen. Eines Tages war unser Helfer aus Aachen an der Grenze angeschossen worden. Ich brauchte gerade zu der Zeit dringend Material, da ich es einigen Leuten versprochen hatte. Also bin ich allein am Dreiländereck über die Grenze gegangen. Ich hatte einen sogenannten kleinen Grenzausweis. Den hatte mir ein Polizeibeamter besorgt. Er hatte nur eine Bedingung gestellt: Von dem, was du holst, muß ich was haben, es interessiert mich.

Ich ging damals nicht durch das Hauptzollamt, sondern einen anderen Weg, den hatte man mir gewiesen. Da kamen mir zwei Zöllner entgegen. Ich dachte, Hermann, jetzt tarn dich. Heil Hitler, sagte ich, als ich an den beiden vorbeiging. Zum erstenmal in meinem Leben ‹Heil Hitler›. Die Zöllner grüßten zurück. Guten Morgen, sagten sie. Die Tarnung war überflüssig gewesen. Aber wer weiß das vorher.»

Illegales Material erreichte die Moerser Sozialdemokraten nicht nur über die grüne Grenze, es kam auch per Schiff den Rhein herauf. «Dann bekam ich die Mitteilung», berichtet Runge, «das Schiff Soundso kommt dann und dann in Emmerich über die Grenze. In Neuss nahm ich dann alles in Empfang. Solche Fahrten machte ich mit dem Fahrrad. Das hatte ich aber nicht zu Hause stehen, denn in der Nachbarschaft wohnte ein scharfer Nazi. Ich hatte es bei einem Freund untergestellt. So schlenderte ich ganz harmlos aus dem Haus, holte mir das Rad und los ging es.»

Runge war in Moers der Verbindungsmann des sozialdemokratischen Widerstands. Seine Kontakte reichten bis Bonn und Aachen, bis Lüdenscheid und Bielefeld. «Wir hatten überall sogenannte Fünfergruppen gebildet. Verheiratete Genossen, die Kinder hatten, wurden für diese Funktionen nicht genommen. Das Material, das ich besorgt hatte, wurde von den Kurieren der verschiedenen Orte an einer bestimmten Stelle in Moers abgeholt.» Runge nennt ein Beispiel: «Ein Kurier aus Mönchengladbach holte das Material ab. Er verteilte es an vier weitere Leute, die ich aus Sicherheitsgründen schon nicht mehr kannte. Die gaben es dann wieder weiter.

Manchmal schoben wir auch Flugblätter unter die Haustüren und legten sie in Telefonzellen. Aber nicht in großen Massen, das war zu gefährlich. Die Nazis stellten dann sofort intensive Nachforschungen an.

Wenn ich mir heute überlege, was man alles riskiert hat. Einmal bin ich mit einer Aktentasche voll illegaler Schriften nach Duisburg zu meinem Kontaktmann gefahren. In der gleichen Straßenbahn saß ein SA-Mann. Wenn der gewußt hätte ...»

Lange erwartet waren die Besucher, die Hermann Runge eines Mittags vor seiner Wohnung empfingen: Polizei und Gestapo. Sie fuhren mit Runge zum SPD-Parteibüro, um dort alle Unterlagen zu beschlagnahmen. Doch die Aktion war ein Reinfall: Nur noch ein gußeiserner Kanonenofen zierte das SPD-Quartier ... Runge erläutert: «Das Vermögen unserer Partei wurde ja auch bald beschlagnahmt. Aber ich dachte: Unsere Klamotten aus dem Parteibüro kriegen die Brüder nicht. Ich brachte alles weg. Mit dem Besitzer des Hauses vereinbarte ich: Du sagst, ich hätte vier Monate keine Miete bezahlt, und du hättest die Möbel beschlagnahmt. Aber ich habe doch keinen Gerichtsbeschluß, meinte er. Wir haben uns eben gütlich geeinigt, klar, erwiderte ich. Klar!»

Aus dem Bett geklingelt

Am 29. Mai schnappte die Falle endgültig zu: Hermann Runge wurde verhaftet. Man hatte ihn gewarnt: «Hermann, in Lüdenscheid, Mönchengladbach und Köln sind führende Leute hoch. Der nächste wirst du wahrscheinlich sein. Verschwinde!» Die Entscheidung fiel Runge nicht leicht. «Was machen wir jetzt, sagte ich zu Hitz. Emigrantenbrot essen, das ist hartes Brot. Und kann ich das, jetzt ausreißen, ohne schon sicher zu sein, daß sie mich wirklich in den nächsten Stunden holen. Dann heißt es doch, ja, erst hat er uns in die illegale Organisation reingebracht, und jetzt hat er sich verdrückt. Die Opfer sind wir. Das muß ich mir gründlich überlegen.» Runge zögerte zu lange. Nachts um zwei holte ihn die Gestapo mit Hilfe der Moerser Polizei aus dem Bett und brachte ihn nach Dortmund, wo ein verschärftes Verhör auf Runge wartete.

Seine Frau Wilhelmine ließ man im dunkeln, wohin man ihn gebracht hatte: «Ich ging immer wieder zur Gestapo und fragte. Beim erstenmal warfen sie mich hinaus. Dabei wurde ich gegen die Flurwand geschleudert.» Aber das hielt Wilhelmine Runge nicht davon ab, immer wieder nach ihrem Mann zu fragen. «Sie haben ihn geholt, sagte ich, und Sie mache ich verantwortlich. Wir wissen nicht, wo Ihr Mann ist, wurde ich beim zweitenmal angeschrien. Aber ich ging wieder hin. Ich ließ nicht locker. Beim drittenmal sagten sie mir: Wir dürfen Ihnen nichts sagen. Ich hatte schreckliche Angst, daß mein Mann tot wäre. Weil man mir nicht sagen wollte, wo er war. Vorher waren ja schon Greueltaten geschehen. Im Dinslakener Wald waren getötete Gewerkschaftsangestellte aus Duisburg verscharrt worden. Ich horchte überall herum. Bis mir nach Wochen jemand sagte: In Duisburg sind welche eingeliefert worden. Vielleicht ist er dabei.»

Wilhelmine Runge packte ein Bündel frischer Wäsche, setzte sich aufs Fahrrad und fuhr über Ruhrort nach Duisburg. Auf dem Polizeipräsidium nahm sie allen ihren Mut zusammen: «Ich will frische Wäsche für meinen Mann abgeben, für Hermann Runge. Der Polizeibeamte nahm die Wäsche. Ich dachte, ich würde umfallen. Er nahm sie tatsächlich, ohne zu fragen.» Nach einer Weile kam er zurück, mit einem anderen Wäschebündel: «Ich griff danach. Ja, soviel ich auf den ersten Blick sehen konnte, war das die Wäsche, die mein Mann bei seiner Verhaftung getragen hatte. Er lebt also. Ich bin in rasendem Tempo nach Hause gefahren. Mutter, rief ich, das ist seine Wäsche. Wir haben sofort alles auseinandergenommen und nachgesehen, ob sie blutig war.»

Als Wilhelmine Runge zum drittenmal Wäsche für ihren Mann ins Duisburger Gefängnis brachte, mußte sie zum Verhör aufs Polizeipräsidium. Man kannte ihre politische Vergangenheit: Jugendbewegung, Frauenbewegung in der SPD, immer in führenden Positionen. Am Abend ließ man sie wieder laufen, doch SS- und SA-Männer überwachten sie von nun an. – Ende 1936 wurde Hermann Runge zu neun Jahren Zuchthaus verurteilt.

«Das war nicht mehr unser Vater»

Wie die Nazis mit einem Polizeibeamten umsprangen

Elsa Jacobs, Jahrgang 1921, wuchs in einer sozialdemokratischen Familie in Hamburg auf. Sie schildert, was der Machtantritt der Nazis für Regime-Gegner konkret bedeutete: Das Leben der Familie, der Umgang mit den Nachbarn, die Situation am Arbeitsplatz – alles änderte sich einschneidend, wenn man nicht zu den «Märzgefallenen» gehören wollte, die schon in den ersten Wochen der Nazi-Herrschaft in die Partei drängten.[14] Jetzt gegen den Strom zu schwimmen, war eine kaum lösbare Aufgabe. Elsa Jacobs erinnert sich.[15]

«Seit 1910 war mein Vater Polizeibeamter in Hamburg. 1933, als die Nazis die Macht übernahmen, hat der Senator eine Stunde auf ihn eingeredet und ihm noch Bedenkzeit gegeben, damit er sich der ‹neuen Sache›, dem Nationalsozialismus, anschließt. Mein Vater blieb bei seiner politischen Einstellung – und wurde wegen ‹politischer Unzuverlässigkeit› entlassen.

Politik spielte eine große Rolle in unserer Familie. Meine Mutter war vor 1933 Distriktsführerin in der SPD. Mit den Nachbarn diskutierte sie viele Stunden und forderte sie auf, Hitlers ‹*Mein Kampf*› doch zu lesen. Sie sollten sich darüber informieren, was da an Gefahren auf sie zukam. Die aber hatten nur abgewinkt und gesagt: ‹Gehn Sie mir los, nach den ersten fünf Seiten kann ich so 'n Kram nicht mehr lesen.›

Mein Vater konnte nach seiner Entlassung bei der Polizei nur für kurze Zeit Arbeit finden. Im Norden Hamburgs befand sich die sogenannte ‹Kettenfabrik›, in Wahrheit eine Zünderfabrik für Granaten. Er wurde dort eingestellt als Materialverwalter. Aber das dauerte nicht lange. Zu ihm fühlten sich immer wieder Gleichgesinnte hingezogen. Das wurde beobachtet, und er wurde wieder auf die Straße gesetzt. Vor dem Arbeitsgericht hatte er keine Chance.»

Familie Jacobs wohnte in Langenhorn, in einer Staatssiedlung, die noch im März 1933 zu 90 Prozent SPD gewählt hatte. Hier wollten die Nazis ein Exempel statuieren. Fünfundvierzig der bekanntesten SPD-Familien wurde gekündigt. Ein klarer Rechtsbruch, denn an sich waren die Siedlungshäuser unkündbar. Elsa Jacobs: «Die Kündigung hat viele Leute eingeschüchtert. Doch mein Vater übernahm spontan und freiwillig die Klage für alle betroffenen Familien. Es nützte nichts. Mit dem Urteilsspruch: ‹Es muß ein schwerwiegender Grund sein›, wurde die Klage abgewiesen, und alle mußten 1934/Anfang 1935 ihre Häuser verlassen.»

«In den Wohnungen konnte man sich nicht aussprechen», erzählt Elsa Jacobs. «Die Leute in der Siedlung haben sich aber trotzdem getroffen. Sie brauchten eine Tarnung, um sich nicht zu verraten. Die Männer sind mit einem Beutel in der Hand zur nächsten Wiese gegangen. Falls sie angehalten wurden, hatten sie die Ausrede: ‹Wir suchen Kaninchenfutter›, und dabei konnten sie miteinander reden.

An aktiven Widerstand war nicht zu denken, das wäre Selbstmord gewesen. Das einzige, was man wagen konnte, war, heimlich die Situation zu besprechen, und das war schon gefährlich genug. Die Nazis hatten ja ein Auge auf uns. Eines Nachts – es war im Oktober 1934 – klingelte es, und Scheinwerfer blendeten vor unseren Fenstern auf. Gestapo! Mein Vater wurde aus dem Bett geholt. Als er nach dem Haftbefehl fragte, meinten die Gestapoleute nur: ‹Das wirst du schon sehn, du Schwein!› Am nächsten Morgen wurde alles in unserer Wohnung auseinandergerissen. Ohne Durchsuchungsbefehl. Belastendes Material wurde nicht gefunden.

Mein Vater war drei Monate im ‹Kolafu›, im Konzentrationslager Fuhlsbüttel. Als er wieder rauskam, dachten wir, das ist nicht mehr unser Vater. Er weinte viel und war völlig abgemagert. Seine Hauptbeschäftigung wurde jetzt Schachspielen. Dann war da ein Schrebergarten, war Kochen. Heute würde man sagen, er war ‹Hausmann›. Er half in Familien, wo die Männer verhaftet worden waren und die Frauen alleine nicht zurechtkamen mit dem Garten und dem Holzhacken.

Um das Haushaltsgeld aufzubessern und auch einer anderen Familie zu helfen, verkaufte meine Mutter Brot. Das Brot lieferte uns ein ebenfalls politisch Verfolgter, ein ehemaliger Redakteur. Er mußte, um leben zu können, jetzt wieder in seinem früheren Beruf als Bäcker arbeiten. Mit einem Zweiradkarren zog meine Mutter durch unsere Wohngegend. Aber eines Tages, als die Verhaftungswelle durch die Siedlung ging und auch meinen Vater erfaßte, nahmen die Leute meiner Mutter kein Brot mehr ab. Damals habe ich sie zum erstenmal weinen sehen. Sie war unendlich traurig, daß Menschen, die sie so lange kannte, so feige waren.

Weil die Zwangspension meines Vaters nicht ausreichte, um eine Familie zu ernähren, half meine Mutter dann zwei jüdischen Arztfamilien im Haushalt, da diese nach den ‹Nürnberger Gesetzen› 1935 nur noch Frauen über 50 Jahre beschäftigen durften. Sie wurde dort auch verpflegt, und wir hatten einen Esser weniger.»

Mit Grausen denkt Elsa Jacobs an die Schnüffelpraktiken der Nazis zurück:

«Überall lauerten Bewacher. Sogar bis in die Küche steckten sie ihre Nase. Unser Blockwart beispielsweise prüfte, ob wir auch wirklich am Sonntag Eintopf kochten. Einmal im Monat war nämlich Eintopf vorgeschrieben. Das Geld, das wir nicht für Fleisch ausgegeben hatten, mußten wir in eine Sammelbüchse stecken. Für viele gab es einfach keine Privatsphäre mehr unter den Nazis. Unser Blockwart, dieser Schnüffler, hätte aus Orwells Roman ‹*1984*› sein können.

Kontrolliert wurde auch, ob man an ‹Führers› Geburtstag geflaggt hatte. Wer keine Fahne hatte, mußte sich eine leihen. Bei uns klingelte einmal ein SA-Führer mit zwei von seinen Leuten. ‹Können wir Sie mal sprechen?› fragte er meine Mutter. ‹Wir beobachten schon lange, daß Sie nie die Fahne hissen.› Auf die übliche Ausrede der Leute, sie hätten kein Geld, sich eine zu kaufen, waren sie vorbereitet. Sie hatten gleich eine mitgebracht. Meine Mutter erzählte den SA-Männern, man habe uns die Wohnung genommen, ihr Mann sei im KZ. Darauf zogen sie ab und kamen nie wieder. Das waren verständige Leute.

Im Gespräch mit Bekannten mußte man immer erst vorfühlen, ob er auch noch der alte war. Ein politischer Witz konnte als Erkennungszeichen gelten. Bei neuen Leuten war man sehr vorsichtig. Da mußten erst lange Einleitungsgespräche geführt werden, ehe man zu sagen wagte, was man von der Hitlerei hielt.»

Selbst Regime-Gegner waren hingerissen

Die Zahl der eingeschriebenen Hitler-Anhänger kletterte im Frühjahr 1933 über die Millionengrenze. Welche Gründe trieben so viele Menschen in die Partei?

Elsa Jacobs: «Die Nazis verstanden es, das Geschäft mit der Angst zu betreiben. Mit der Angst zum Beispiel, entlassen zu werden. Von Beamten hörte man den Satz: ‹Ich wurde gezwungen, der Partei beizutreten.› Das war schon möglich. Es gab Vorgesetzte, die sagten: ‹Bis dann und dann legen Sie das Parteibuch vor, sonst passiert was!› Das mochten nur Andeutungen sein, aber die Angst, nicht mehr befördert oder sogar entlassen zu werden, war groß. Natürlich hat es auch Beamte gegeben, die den Mut hatten, nicht einzutreten, aber das war doch sehr von der Einstellung der Vorgesetzten abhängig.»

Aber nicht nur Anpassung oder Furcht vor Schikanen füllten die Reihen der Nazis. Viele Deutsche schwemmte echte Begeisterung für die «Revolution» und die Gläubigkeit an den «Führer» in die Partei.

Elsa Jacobs: «Die Bevölkerung reagierte ganz unkritisch auf die Nazis. Sie war ja viel weniger politisch erzogen als heute. Geistige Freiheit war für weite Kreise gar keine Wertvorstellung. Wer zweifelte, dem wurde entgegengehalten: ‹Du siehst doch, was Hitler alles erreicht hat, das Schanddiktat von Versailles sind wir los, und wir sind doch wieder wer.›

Ich kann es nicht mehr hören, daß Hitler die Arbeitslosigkeit beseitigt hat. Aber für die Leute von damals war das ein wichtiger Punkt. Bekannte von uns, vorher alte Sozialdemokraten, sagten, der Hitler macht in vier Wochen bankrott. Aber das mit der Arbeitsbeschaffung imponierte ihnen dann auch.

Wie sehr die Nazis die Menschen zu begeistern verstanden, erlebte meine Schwester 1939. Sie machte damals eine Fahrt mit dem KdF-Schiff ‹Wilhelm Gustloff› nach Norwegen. Die Hamburg-Süd, bei der ein Freund arbeitete, bereederte das Schiff, und er bekam Karten für eine Reise. Die politische Situation war damals gespannt. Als sie im Sogne-Fjord lagen, durfte nur die Flagge gehißt werden, nationale Gesänge waren untersagt. Auf hoher See wurde es nachgeholt. Und hier zeigte sich, daß der propagandistische Appell an vaterländische Gefühle selbst an Nazigegnern nicht spurlos vorüberging: Man spielte über alle Bordlautsprecher Grieg. Dann wurde die Flagge eingeholt, und es erklang das Deutschlandlied. Fast alle streckten den rechten Arm hoch und sangen mit. Auch meine Schwester wurde mitgerissen, obwohl sie doch im Innersten nicht einverstanden war.»

Gegenwehr mit Pfiff

Eine linke Splittergruppe im Widerstand

«Wir waren radikal links in der SPD», bestimmt Fritz Eberhard, Jahrgang 1896, seinen politischen Standort, «und wurden 1925 ausgeschlossen».[16] Der Ex-Sozi, damals Lehrer für Volkswirtschaft im hessischen Landerziehungsheim Walkenmühle, schloß sich dem Internationalen Sozialistischen Kampfbund (ISK) an. Der ISK zählte zu der «Reihe kleinerer Gruppen, die Ende der Weimarer Republik die Parteienzersplitterung noch vergrößerten».

Der ISK hatte – im Unterschied zum großen kommunistischen Bruder, der sich hauptsächlich auf die SPD eingeschossen hatte – nie Schwierigkeiten, den richtigen Gegner auszumachen. Eberhard: «Die Politik in diesen letzten Jahren vor 1933 war natürlich bestimmt durch das Hochkommen der Nationalsozialisten.» Als Arznei gegen die braune Pest wurde «das, was man heute Aktionseinheit nennen würde, was man später in Frankreich Volksfront nannte» verschrieben: Alle Linken sollten wie ein Mann gegen Hitler kämpfen.

Schon bald nach dem 30. Januar 1933, hier und da auch früher, bereitete sich der ISK auf die illegale Arbeit vor. Fritz Eberhard kann sich rühmen: «Wir hatten die richtige Voraussicht, es werde eine lange Zeit der Diktatur

Unsere Zielsetzungen

Wir waren uns in der Organisation des ISK und anschließenden Gewerkschaftsgruppen (U.S.G., Unabhängige Sozialistische Gewerkschaften), die sich dann gründeten, über die Ziele, die wir anstrebten, einig:

1. Information: Informationen beschaffen, sammeln, weitergeben, mündlich und gedruckt; denn aus der Presse konnte sich ja niemand über die wirklichen Tatsachen im In- und Ausland unterrichten.

2. Propaganda: versuchen, den Gegnern des Systems Mut zu machen, ihnen zeigen, daß auch andere dagegen sind; klarmachen: Hitler bedeutet Krieg. Diese Parole hatte auch die SPD in den letzten Wochen der Weimarer Republik allgemein ausgegeben.

3. Störung der Nazis: die Nazis in ihrer Arbeit stören, wo es uns mit kleinen Kräften ohne Gefährdung möglich war; die Propaganda «ein Volk, ein Führer» und «alles ist Volksgemeinschaft» durch kleine Taten mindestens widerlegen, und später nach Möglichkeit die Arbeit in Rüstungsbetrieben stören.

4. Selbstabsicherung: uns selber gegen plötzliches Einschreiten der Gestapo und Verhaftung absichern.

geben ... Unsere allgemeine Parole für die nächste Zeit lautete: Jetzt ruhig verhalten! Beobachten, wie es weitergeht! Wichtig ist das Überleben überhaupt! Organisatorische Bindungen möglichst durchhalten! Nicht die Hoffnung auf Änderung aufgeben! Dabei im Sinn behalten, daß wir in einer Zeit der antikapitalistischen Sehnsucht leben, wo alle wünschen, daß es anders werde.»

Fritz Eberhard tauchte unter:

«Freunde besorgten mir ein Zimmer bei einem jüdischen Schneider in Berlin-Lichtenberg, das ich 1933 bis 1937 illegal, also nicht polizeilich gemeldet, bewohnt habe. Man staunte! Es zeigte sich aber öfter, daß gerade die Frechheit, etwas zu tun, was die Polizei der Nazis nicht erwartete, die beste Sicherung war.»

Berlin wurde das Zentrum, von dem aus Eberhard seine Aktivitäten entfaltete: «Als Inlandsleiter für die ganze Organisation war ich tätig. Ich reiste darum sehr viel in Deutschland und jedes Vierteljahr einmal ins Ausland, um Nachrichten und auch Mut zu bekommen.»

Mut war nötig: Ständig mußte Eberhard damit rechnen, daß Treffpunkte aufgeflogen, Verabredungen mitgehört, Zusammenkünfte verraten worden waren. Er erzählt, wie sich die Leute vom ISK davor schützten:

«Um die Gefahr etwas zu mindern, hatten wir viele Kennzeichen an Wohnungen in Deutschland ausgemacht, die mir anzeigten, ob die betreffende Wohnung ohne Gefahr von mir betreten werden konnte. Zum Beispiel hing ein Vorhang in einer bestimmten Art an einem Fenster, wenn ich mit der Eisenbahn von Berlin nach Hannover kam. Kurz vor der Einfahrt in den Hauptbahnhof guckte ich also auf der Seite hinaus. Ich konnte genau feststellen: in diese Wohnung kannst du gleich gehen, war in fünf Minuten da und fühlte mich ganz sicher. In Braunschweig wußte ich, wenn ein Schlüssel an einer bestimmten Stelle liegt, dann kann ich in Ruhe jederzeit aufmachen und reingehen ... usw., usw. Ich weiß diese Verabredungen nicht mehr alle, aber ich habe damals Dutzende solcher Verabredungen im Kopf haben müssen; anders konnte man sie ja nicht mit sich herumtragen ...

Geeignet waren sehr gute Hotels – so der Kaiserhof in Berlin. Niemand erwartete, daß ein Sozialist, der illegal arbeitete, dort seinen Treffpunkt hatte. Einen Betriebsrat aus Essen traf ich im Krupp-Hotel in Essen. Als er in das Zimmer kam, war das erste, was er sagte: ‹Das ist aber eine großartige Idee. Hier fühlt man sich wirklich sicher.› Wir konnten beide etwa eine Stunde ohne jede Störung sprechen. – Dann gab es ein geeignetes Hotel in der Nähe vom Bahnhof Friedrichstraße – es war ein Hotel, das Hitler benutzte, ehe er im Kaiserhof wohnte.

Ganz schlecht dagegen war es, aus Sparsamkeitsgründen in ein billiges Hotel zu gehen, wie seinerzeit in Karlsruhe... Ich konnte an jenem Tag nicht weiterfahren. Ich suchte dann in der Nähe des Bahnhofs ein Hotel, und zwar ein billiges Hotel. Das wäre beinahe das Ende meiner Fahrten in

Handzettel

(aus: Altmann, S. 113)

Deutschland gewesen. Ich wurde um 4 Uhr geweckt durch lebhaftes Klopfen: Hier Polizei, bitte aufmachen! Ich dachte natürlich: Jetzt ist Schluß der Vorstellung. Doch hatte ich meinen guten belgischen Paß und gute Nerven. Sehr schlaftrunken mimend zeigte ich meinen Paß, und die Polizisten grüßten sehr freundlich: ‹Entschuldigen Sie die Störung!› Ohne weiteres verzogen sie sich wieder. Ich war natürlich in einiger Aufregung. Seitdem habe ich ein so billiges Hotel nicht mehr benutzt.»

Der ISK gehört zu den Widerstandsgruppen, die sich dem Zugriff der Gestapo lange Zeit entziehen konnten. Die «Selbstabsicherung», wie Eberhard es nennt, war also ziemlich erfolgreich. Überall, wo er auftauchte, warnte er vor Leichtsinn, riet zu äußerlicher Anpassung:

«Es kam immer darauf an – nicht aufzufallen, sich normal zu verhalten, der Rolle zu entsprechen, die man gerade spielte, also nicht etwa zu gut Deutsch zu sprechen, wenn man einen belgischen Paß in der Tasche hatte. – Ich war einmal sehr entsetzt, als mich illegale Eisenbahner in einem Auto mitnahmen, das mit fünf oder sechs Insassen auffallend überladen war. Ich sagte: ‹Wenn uns jetzt die Polizei erwischt; es wäre doch ganz schrecklich töricht, aus einem so dämlichen Grund erwischt zu werden!›»

Auch einem schlesischen Lehrer, der sich auf Eberhards Bitte in ein kleines Dorf hatte versetzen lassen, mußte der Grundsatz «Nicht auffallen» erst beigebracht werden. Eberhard: «Er war Fotograf und Pilzsammler, eine herrliche Tarnung dafür, in den Wäldern zu fotografieren oder Pilze zu sammeln und dabei Flugblätter über die Grenze zu holen bzw. Manuskripte über die Grenze in die Tschechoslowakei zu bringen …

Ich erinnere mich an ein Gespräch, das ich gerade mit diesem Lehrer in Berlin hatte. Ich hatte allgemein gesagt: Wo ihr in Wohnungen seid, die für unsere illegale Arbeit wichtig sind, müssen Nazifahnen heraushängen. Er fragte mich: Muß ich wirklich eine Fahne heraushängen? Ja, du mußt – war meine Antwort. Schließlich gab er nach, meinte aber, daß er keine große, sondern eine kleine Fahne verwenden wolle. Aus gutem Grund blieb ich hart und verlangte von ihm das Heraushängen einer ganz normalen Fahne, nicht zu groß, nicht zu klein; denn auffallen sollte gerade er nicht.»

Hitler in Grün

Wozu die illegale Arbeit? Illusionen machte sich Eberhard nicht: «Es ist doch völlig unmöglich, daß es eine Arbeiterrevolution, eine sozialistische Revolution, bei diesem durchorganisierten Militär- und Polizeisystem gibt.» Worauf es ankam, war, «daß irgendwie gezeigt wurde: Der Widerstand ist da.» Gelegenheiten dazu gab es genug. Eberhard erinnert sich:

«Ein Ereignis, um Propaganda gegen das Dritte Reich zu machen, war die Autobahneröffnung. Frankfurt–Darmstadt war die erste Strecke. Wir haben – der Genosse, der das geleitet hat, ist heute Stadtrat in Frankfurt – am Anfang des Streckenabschnitts mit Chemikalien ‹Nieder mit Hitler› geschrieben, mit Chemikalien, die erst bei Sonnenaufgang sichtbar wurden. Es war dann in Farbe zu sehen. Vor der Ankunft Hitlers ließ es sich nicht mehr ganz wegwischen. Einige Lautsprecher wurden außer Betrieb gesetzt. Da das Ganze ja eine peinliche Sache für die Nazis war, sind zwei SS-Leute daraufhin erschossen worden, als schuldig, weil sie nicht genügend aufgepaßt hatten.

Bei einer Maifeier in Magdeburg wurde ein Wecker in einem Starenkasten untergebracht; der Wecker wurde so gestellt, daß er zur Eröffnung der Maifeier weckte, und dabei entfaltete sich ein eineinhalb Meter langes Spruchband. Ein relativ einfaches Verfahren und für die gerade Versammelten in der Wirkung groß. – Bei den Wahlen 1936, mit denen eine Volksabstimmung verbunden war, hatten wir die Parole ganz klein auf Zettelchen geschrieben: Trinkt Kaffee Haag – und darunter: 29. März – Nein! Der 29. März war der allgemein bekannte Wahltermin. –

Wir mußten uns immer wieder etwas Neues einfallen lassen. So haben wir zum Beispiel ‹Liebespaare› organisiert, die Koffer zur Bahn brachten; Liebespaare, weil diese ohne Aufsehen längere Zeit nebeneinander stehen konnten, neben sich einen Koffer abgestellt. Am Boden des Koffers war ein großer Gummistempel, und dieser Gummistempel stempelte eine Parole gegen die Nazis, wieder mit unsichtbaren Chemikalien, die sich erst bei Tageslicht entwickelten. Das haben wir an vielen Stellen gemacht, auch am Ehrenmal in München.

Ein weiteres Zeichen, eine Erfindung von mir, die vielleicht aber auch noch andere gemacht haben, war das Hakenkreuz am Galgen. Man konnte ja zweifelsohne ein Hakenkreuz an einen Zaun malen, ohne dafür verhaftet zu werden. Und wenn das Hakenkreuz dann dastand, konnte man sehr leicht mit zwei Strichen einen Galgen anbringen, an dem das Hakenkreuz hing.

Als letztes Beispiel möchte ich eine wohl aus Diskussionen entsprungene Idee nennen: Es gab längs der Stadtbahn in Berlin einen begrünten Abfallhaufen, eine Art Abfallhalde. Die Idee war, dort guten flüssigen Kunstdünger aus Kanistern draufzugießen; die begossenen Stellen würden sicherlich intensiver grünen. Wir haben also ‹Nieder mit Hitler› mit einem wachstumsfördernden Düngemittel hingemalt, und tatsächlich: Nach einigen Wochen konnte man von der Stadtbahn aus – ich habe es mir selbst angesehen – unsere Parole gegen Hitler in Grün lesen. In den vorbeifahrenden Zügen haben sehr viele Köpfe in diese Richtung geschaut, es hatte sich also ganz offenbar bei den ständigen Benutzern dieser Strecke schnell herumgesprochen, was man da beim Vorbeifahren zu lesen bekommen konnte.»

Wie Blinde von der Farbe zu reden, kam für den ISK nicht in Frage: Die Genossen mußten auf dem Laufenden gehalten werden. Dazu dienten zum

Beispiel die «Reinhart-Briefe»: «Diese Blätter kamen monatlich heraus mit in jener Zeit seltenen zuverlässigen Nachrichten. Teils wurden in ihnen Informationen aus Deutschland, teils Informationen aus dem Ausland gebracht. Es gab auch eine Rubrik ‹Tatsachen für die Flüsterpresse›, also Tatsachen zum Weitererzählen. Wir leisteten auf diese Weise im begrenzten Umfang eine regelmäßige Berichterstattung.»

Eberhard mied ausgetretene Pfade: «Was die Informationsverbreitung innerhalb Deutschlands angeht, habe ich versucht, möglichst auch legale Informationswege zu benutzen. Es gab eine Wochenzeitung in Stuttgart, ‹Die Sonntagszeitung›, die von einem interessanten Mann namens Schairer herausgegeben wurde. In dieser Zeitung habe ich jede Woche einen Leitartikel veröffentlicht. Der interessanteste Artikel war vielleicht der, in dem das Schema der deutschen Aufrüstung und ihrer Finanzierung genau beschrieben war. Ich beschrieb aber die japanische Aufrüstung, mit Yen statt mit Mark, und habe den Gruppen, in denen das gelesen wurde, sagen lassen, daß sie jetzt nur Yen in Mark umändern müßten, dann hätten sie genau das Schema und könnten darüber diskutieren, wie Schacht die deutsche Aufrüstung finanzierte. *Die Sonntagszeitung* war also eine legale Möglichkeit der Informationsvermittlung, die ziemlich lange anhielt, auch nur wieder auf Grund eines Zufalles. Solche Zufälle muß man eben herausbekommen und sie für sich nutzen. Schairer war nämlich ein Jugendfreund des Nazi-Innenministers. Er duldete die einen ziemlich offenen Ton führende Zeitung seines Jugendfreundes relativ lange. *Die Sonntagszeitung* wurde an Kiosken in Berlin und Hamburg vertrieben, damals in verstärktem Maße, was man in Stuttgart mit Verwunderung und Vergnügen feststellte. Eine ganze Reihe von Genossen haben von mir auf diese Weise, über *Die Sonntagszeitung*, Informationen erhalten. Jede Woche einen Brief des Inlandleiters dieser illegalen Organisation sozusagen, käuflich am Kiosk für 30 oder 50 Pfennig.»

Alle Originalität und Vorsicht konnten nicht verhindern, daß die Gestapo Ende 1937 zum großen Schlag ausholte. Ergebnis: Der ISK war bald führungslos; von organisiertem Widerstand war keine Rede mehr. Eberhard konnte sich retten:

«Aus einem Untersuchungsgefängnis in München bekam ich die Nachricht, daß der Gestapo mein neuestes Pseudonym bekannt sei, darum sollte ich möglichst rasch aus München verschwinden. Als erstes kam diese Nachricht an die Eltern. Sie war in einem privaten Brief an sie enthalten, verschlüsselt in einer bestimmten Anordnung der Buchstaben. Der auch den Eltern harmlos erscheinende Brief wurde von einem zuverlässigen Genossen, der die Eltern kannte – solche Bekanntschaften waren vorher hergestellt worden, damit man dieses Material auch bekam – abgeholt, dann entziffert, und die eigentliche Nachricht wurde in normaler Schrift auf ein kleines Zettelchen geschrieben. Ich ging am nächsten Vormittag an einem Kinderwagen vorbei, den eine Genossin schob, beugte mich freundlich über das Kind, das wirklich in dem Kinderwagen lag, spielte mit der Kinderdekke und nahm das Zettelchen aus dem Kinderwagen an mich. Daraufhin habe ich Deutschland sehr schnell verlassen.»

Eberhard emigrierte nach England und kehrte erst im Mai 1945 wieder zurück.

Witze, Streiks und Sabotage

Arbeiterprotest ohne Parteibuch

Deiche wurden erhöht, Moore trockengelegt, Straßen gebaut: auf solche Notstandsarbeiten hielten sich die Nazis viel zugute. An der Grundtendenz änderte sich aber nicht viel: Großen Teilen der Arbeiterschaft ging's 1933/34 nach wie vor mies, Arbeitslosigkeit, Kurzarbeit und niedrige Löhne waren die Regel.[17] Mit den selbsternannten braunen Heilsbringern hatten die Arbeiter denn auch nichts im Sinn: «Die Leute wollen die Erfolge der Regierung nicht sehen», stöhnte das Arbeitsamt Amberg (Oberpfalz) im Mai 1934, «wollen nicht einsehen, daß es unmöglich ist, in einem Jahr sämtliche Arbeitslose in Arbeit zu bringen und damit jedem einzelnen helfen zu können.»[18]

Mißmut und Unzufriedenheit – in der Frühphase der Naziherrschaft waren sie Resonanzboden für Untergrundkämpfer. In der Mehrzahl schlossen sich die Arbeiter allerdings nicht den kommunistischen oder sozialdemokratischen Widerstandsgruppen an, sondern rafften sich höchstens zu verbaler Kritik auf. Notiz in einem amtlichen Situationsbericht: «Die Hochflut politischer Witze ist eine immer deutlicher hervortretende Erscheinung, die auf eine Verächtlichmachung der nationalsozialistischen Regierung abzuzielen scheint.»[19]

Kein fröhliches «Heil Hitler» kam über die Lippen, wo Schmalhans Küchenmeister war. Ungeschminkt berichtet die Bayerische Politische Polizei 1936 von einem «Fall, wie er in einer Augsburger Kammgarnspinnerei vorliegt: Ein verheirateter Kurzarbeiter verdient dort im Monat 68 RM. In diesem Betrag sind bereits eine freiwillige Zulage der Firma von 4,45 Mk. und die Kurzarbeiterunterstützung einbezogen. Außerdem erhält der Kurzarbeiter wöchentlich dreimal von der NSV ein warmes Essen. Mit diesem Einkommen muß der Lebensunterhalt für die Familie, Miete usw. bestritten werden. Im Gegensatz hierzu bezogen laut Geschäftsbericht der Firma die vier Vorstandsmitglieder zusammen 321699 Mk. und jeder Aufsichtsrat erhielt 44024 Mk. pro Jahr. Ähnlich liegen die Verhältnisse auch in anderen Industriewerken, besonders aber in der Textilindustrie. Die Stimmung der

Flüsterwitze

Adolf Hitler besucht die Staatskrankenanstalt Friedrichsberg, die früher die Bezeichnung Irrenanstalt trug. Die Patienten sind im geschlossenen Block aufgestellt und begrüßen ihr Staatsoberhaupt infolge langer Instruktion sehr hübsch mit dem Deutschen Gruß. Adolf sieht jedoch, daß sich einige Arme nicht zum Gruß erheben. Befremdet fragt er: «Warum grüßen Sie denn nicht?» Worauf ihm geantwortet wird: «Mein Führer, wir sind doch nicht verrückt; wir sind die Wärter!»

Für welche Führerbeleidigung wurde man im Dritten Reich nicht bestraft, weil sie erlaubt und sogar gefordert war? Für die Aufforderung: Heil Hitler! Trotz der vielen Aufforderungen aber hat es niemand fertiggebracht, diesen Irren zu heilen.[20]

dort beschäftigten Arbeiter wird durch die herrschenden Verhältnisse immer schlechter und gibt zu Bedenken Anlaß. Kennzeichnend hierfür ist die Tatsache, daß in diesen Betrieben der Deutsche Gruß überhaupt nicht mehr geboten wird.»[21] Ähnlich gedämpfte «Systemkritik» zeigte sich 1936, als die Nazis den «Jahrestag der Saarrückgliederung» feierten: «die Arbeiterviertel der Großstädte (wiesen) eine äußerst spärliche Beflaggung auf».[22]

Unangepaßtes Verhalten, aber nicht unbedingt Zeichen politischer Opposition war es, wenn ein Arbeiter beim Absingen des Deutschlandlieds die Mütze auf dem Kopf behielt – in Hitlerdeutschland allerdings ein Entlassungsgrund.

Die politische Stimmung war stark davon abhängig, ob man in Lohn und Brot stand: wer nach 1933 morgens in den Betrieb stiefeln konnte, rechnete das häufig Hitler als Plus an. Mitte 1936, als Arbeiter Mangelware wurden[23], waren «staatsfeindliche Bestrebungen ernsthafter Natur» immer weniger zu hören.[24] Die Masse der Arbeiterschaft hatte mit dem Regime ihren Frieden gemacht.

Verbitterung resultierte von dieser Zeit an nicht mehr aus Unterbeschäftigung, sondern eher aus Überbeanspruchung. Ein Beispiel: «Die Arbeitsämter waren nicht mehr in der Lage, die angeforderten Facharbeiter zuzuweisen. Auf Grund dieses Umstandes mußte in verschiedenen Betrieben mit Überstunden gearbeitet werden. Aus den Reihen der Gefolgschaftsmitglieder der MAN und Zahnräderfabrik AG vormals Renk kommen immer wieder Klagen, ... daß die Arbeiterschaft durch Einsparen von Hilfskräften zu sehr überlastet wird.»[25]

Die Arbeiterschaft nutzte die Position, die ihr die Rüstungskonjunktur verschafft hatte. Zwar nicht zu politischen Forderungen, aber Entlassungen wurden nicht mehr ohne weiteres hingenommen. So fielen der Bayerischen Politischen Polizei im August 1936 «die plötzlich zunehmenden Versuche von Streiks an verschiedenen Orten» auf: Von ihren Unterlingen in Nürnberg-Fürth beispielsweise «mußten ... 15 Arbeiter der Reichsautobahn festgenommen werden, die in Streik getreten waren, ihre Arbeitsstelle verließen und durch ihr disziplinloses Verhalten die öffentliche Ordnung gestört hatten, um die Wiedereinstellung eines wegen Unbotmäßigkeit entlassenen Arbeiters zu erzwingen.»[26]

Von einem ähnlichen Fall berichtete einen Monat später der Regierungspräsident von Oberbayern: «... in der Baumwollspinnerei Kolbenmoor ... ist es am 26. August zu Arbeiterdemonstrationen gekommen. Den äußeren Anlaß gab der Selbstmord eines 28 Jahre in der Fabrik tätig gewesenen Arbeiters, welcher wegen Bedrohung eines Obermeisters mit einem im Griffe feststehenden Messer von der Betriebsdirektion entlassen worden war. Zur Aufklärung der Belegschaft hatte die Direktion einen Betriebsappell angesetzt. Der Betriebsführer wurde jedoch von der Arbeiterschaft niedergeschrien, auch der Ortsgruppenleiter der NSDAP konnte erst nach geraumer Zeit zu Worte kommen. Zwei Meister wurden verprügelt. Ein Meister mußte vorübergehend in Schutzhaft genommen und aus dem Betrieb entlassen werden.»[27]

Meist streikten die Arbeiter, um endlich einmal in einen prallen Geldsack greifen zu können. Wieder einmal waren die Autobahnbauer besonders aufmüpfig: «Auf einer Baustelle der Reichsautobahnstrecke Nürnberg–München haben die Maschinisten und Heizer, obgleich sie als Stammarbeiter sehr gut entlohnt werden, die Arbeit niedergelegt, um höhere Löhne zu erzwingen. Sie wurden in Schutzhaft genommen und durch andere Arbeiter ersetzt. Auf einer Baustelle der Strecke Nürnberg–Stuttgart haben fünfzig Gefolgschaftsangehörige die Arbeit verweigert, weil die Firma Zahlung eines Vorschusses abgelehnt hat mit der Begründung, daß am Vortage Lohn gezahlt sei. Fünf Unruhestifter in Schutzhaft.»[28]

Eigentlich ganz normal, bei knappem Arbeitskräfteangebot die eigene Marktposition auszunutzen und höhere Löhne zu ertrotzen. Erst die Reaktion der Staatsschutzbehörden machte daraus ein politisches Delikt.

«Wir brauchen keinen Führer»

Neben der selbstbewußteren Vertretung von Lohnforderungen häuften sich seit 1938 – die außenpolitische Lage spitzte sich zu, Hitler steuerte auf Krieg zu – Aktionen mit mehr politischer Zielsetzung. Ein großkalibriges Geschütz fuhren Arbeiter aus Nürnberg auf – Sabotage:

«Seit etwa einem Vierteljahr ist es in einer Reihe von Fällen vorgekommen, daß Granitsteine, die zum Bau der Kongreßhalle Verwendung finden, derart beschädigt werden, daß sie vollkommen unbrauchbar sind. Bis jetzt handelt es sich um etwa zwölf bis fünfzehn Steine, die je einem Wert von 600 bis 1200 RM haben. Die Beschädigung der Steine erfolgte stets auf die Weise, daß an der Außenseite die Kanten weggeschlagen wurden. Da diese Steine bereits im Steinbruch so zugerichtet und numeriert werden, daß sie ohne weiteres an ihrem bestimmten Platz einzumauern sind, hat die Beschädigung eines solchen Steines zur Folge, daß die Bauarbeiten so lange ruhen müssen, bis der gleiche Stein wieder nachgeliefert wird. Die Nachlieferung dauert etwa vier Wochen. Die Beschädigung der Steine ist zweifellos vorsätzlich erfolgt. Außerdem wurde in der Nacht vom 17./18. März 1938 an einem Lastenkran das zwanzig Millimeter starke Stahldrahtseil an zwei Stellen mit einer elektrischen Maschinenschere zum Teil durchschnitten. Die Maschinenschere war in der bezeichneten Nacht in Betrieb ... Es besteht kein Zweifel darüber, daß diese Handlungen von Saboteuren vorgenommen worden sind, die Stockungen im Bau der Kongreßhalle eintreten lassen wollten.»[29]

Andere Sabotageversuche waren direkt gegen die Rüstungsproduktion gerichtet: «Bei den Siemens-Schuckertwerken, Nürnberg, versuchten zwei Arbeiter, bereits fertiggestellte Transformatoren unbrauchbar zu machen. Im Panzerwerk Busenius & Co., Nürnberg, wurde ... ein Mann wegen des Versuchs, die Hauptsicherung des Werkes unbrauchbar zu machen, von der Gestapo verhaftet.»[30]

In den ersten Kriegsjahren begeisterten die Erfolge der Wehrmacht auch große Teile der Arbeiterschaft. Die Behörden stellten befriedigt fest, daß «die früheren Staatsfeinde ... von den Leistungen unserer obersten Führung und unserer Soldaten tief beeindruckt» sind[31]; «Volksgenossen, die bis in die letzte Zeit wegen ihrer früheren politischen Gesinnung abseits standen, beflaggen heute vorbildlich ihre Wohnungen und Häuser, geben freudig für das Kriegshilfswerk des Roten Kreuzes und kommen ihren Pflichten gegen Volk und Staat in jeder Hinsicht nach.»[32]

Politisch motivierter Protest wurde nur in Widerstandsgruppen laut, die aus der organisierten Arbeiterbewegung hervorgegangen waren. Was der Regierungspräsident von Schwaben im November 1941 mitteilte, war die Ausnahme: «... um die Monatsmitte (fand sich) in einem der Messerschmitt-Werke mit Rotstift an eine Abortwand geschrieben: ‹Wir brauchen keinen Führer von Gottes Gnaden und keinen Massenmörder von Berchtesgaden› ... In Rosenheim mußte ein Finanzamtsangestellter aus Kolbenmoor in Polizeihaft genommen werden, weil er nach Angaben seiner Stiefsöhne zu diesen geäußert hatte, sie sollten von Rußland heimgehen und die Gewehre nach hinten richten ...»[33]

«Volksfeind» war nicht nur der politische Gegner, sondern auch, wer gegen die «Arbeitsdisziplin» verstieß. Das Betätigungsfeld der Gestapo weitete sich aus: Immer stärker wurde sie zur Verfolgung von «Arbeitsverweigerern» herangezogen. Aufschlußreich sind die Verhaftungsreporte des Reichssicherheitshauptamtes (RSHA): In Hamburg zum Beispiel wurden im Oktober 1941 wegen KPD-Verdachts nur fünfzehn Personen, wegen sonstiger «Opposition» 48, wegen Arbeitsverweigerung aber 180 (!) Personen festgenommen.

Drakonische Strafen bei leisesten Anzeichen politischen Widerstands engten die Möglichkeit zu oppositioneller Tätigkeit drastisch ein. Sabotageakte, wie sie sechs «Gefolgschaftsmitglieder» einer Pulverfabrik in Ebenhausen bei Ingolstadt verübten, waren riskant: Die Sechs hatten, wie das RSHA meldete, «seit Anfang 1942 vorsätzlich zahlreiche Explosionen herbeigeführt ... wodurch neben Sachschaden ein erheblicher Produktionsausfall verursacht worden» war. Der Tod war ihnen sicher.[34]

Wem sein Leben lieb war, dem blieb nur das Stöhnen über die unzumutbare Arbeitslast (nicht selten bis zu zwölf Stunden täglich!) – eine Klage, die sich über alle Kriegsjahre hinzog. «Der Mangel an Arbeitskräften nimmt zum Teil katastrophale Formen an», diagnostizierte die NSDAP-Kreisleitung Augsburg-Stadt schon im Sommer 1940 – und leistete sich dann eine fast marxistisch inspirierte Kritik: «Es darf nicht übersehen werden, daß man auf die Dauer auch die Arbeitskraft nicht als Ware behandeln kann.»[35] Sinkende Leistungen mögen da weniger Ausdruck einer Protesthaltung als simple Folge physischer Erschöpfung gewesen sein.[36]

Todesstrafe für Miesmacher

Was Widerstand war, definierten die Nazis. Für sie war es einerlei, ob Attentatspläne geschmiedet oder Flüsterwitze erzählt, ob verbotene Parteien weitergeführt oder «Feindsender» abgehört wurden: alles war strafbar. Eine realistische Lagebeurteilung galt 1943 als todeswürdige Miesmacherei:

«Im Namen des Deutschen Volkes

In der Strafsache gegen
den Regierungsrat Dr. jur. Theodor *Korselt* aus Rostock, geboren am 24. November 1891 in Buchholz/Erzgeb.,

zur Zeit in dieser Sache in gerichtlicher Untersuchungshaft,
wegen Wehrkraftzersetzung,
hat der Volksgerichtshof, 1. Senat, auf Grund der Hauptverhandlung vom 23. August 1943 ... für Recht erkannt:
Theodor Korselt hat in Rostock in der Straßenbahn ... gesagt ...
der Führer müsse zurücktreten, denn siegen könnten wir ja nicht mehr und alle wollten wir doch nicht bei lebendigem Leibe verbrennen.
Als Mann in führender Stellung und mit besonderer Verantwortung hat er dadurch seinen Treueid gebrochen, unsere nationalsozialistische Bereitschaft zu mannhafter Wehr beeinträchtigt und damit unserem Kriegsfeind geholfen. Er hat seine Ehre für immer eingebüßt und wird mit dem Tode bestraft ...»

Auf den Schmerz der Angehörigen pflegten die Nazis noch eins draufzusatteln: Sie kassierten eine «Gebühr für Todesstrafe»:

REICHSANWALTSCHAFT
beim Volksgerichtshof
– Staatsanwaltschaft –
Geschäftsnummer: 3 J 301/44

Kostenrechnung
in der Strafsache gegen ____________ wegen Wehrkraftzersetzung

Lfd. Nr.	Gegenstand des Kostenansatzes und Hinweis auf die angewandte Vorschrift	Wert des Gegenstandes RM	Es sind zu zahlen RM	Rpf
1	2	3	4	
	Gebühr für Todesstrafe		300	—
	Postgebühren gem. § 72 GKG		2	70
	Geb. für den Rechtsanwalt		81	60
	Haftkosten gem. § 72 GKG f. d. Unters.-Haft v. 24. 12. 43 bis 28. 3. 44 = 96 Tg. à 1,50		144	—
	f. d. Strafhaft v. 29. 3. 44 bis 8. 5. 44 = 40 Tg. à 1,50		60	—
	Kosten der Strafvollstreckung a) Vollstreckung des Urteils		158	18
	Hinzu Porto für Übersendung der Kostenrechnung		—	12
			746	60

«Ich stand auf ihrer Seite»

Hilfe für skandinavische Häftlinge

«Ich war bei der Hamburger Briefprüfstelle angestellt», erklärt Hiltgunt Zassenhaus, ab 1938 diplomierte Dolmetscherin für Dänisch, Schwedisch und und Norwegisch.[37] «Seit Kriegsbeginn ging alle Post zwischen Deutschland und dem Ausland durch die Zensur. Die Briefprüfer waren Zivilisten, doch das Ganze unterstand dem Heer – zumindest offiziell.

Meine Aufgabe bestand darin, die ein- und ausgehenden Briefe von Skandinavien zu lesen ...

Ich war noch nie einem Mitglied der Gestapo begegnet, jedenfalls nicht bewußt, doch ihre Gegenwart wurde mir klar, als ich bald darauf zu dem diensthabenden Offizier beordert wurde. ‹Wir haben eine Sonderaufgabe für Sie›, sagte er ... An diesem Tag war sein gewöhnlich leerer Schreibtisch mit Stapeln von Briefen bedeckt. Er reichte mir die ‹Sonderverfügung› und schob mir die Briefe mit einer raschen Bewegung zu. Wenn ich sie nicht gerade noch mit meinen Armen aufgefangen hätte, wären sie zu Boden gefallen.

Sie waren gebündelt, und ich warf einen Blick auf die Adressen der obenaufliegenden Briefe. Die Anschriften waren, obwohl nur mit Bleistift, auf das sorgfältigste in großen Blockbuchstaben geschrieben, als hinge für die Absender alles davon ab, daß die Briefe ihr Ziel erreichten.

Ich löste die Schnur von einem der Bündel und sah, daß die meisten Briefe nicht auf Briefpapier geschrieben waren, sondern auf allen möglichen, mühsam zusammengeklebten Papierfetzen, manch einer davon schon eingerissen an den Seiten.

Diese Briefe stammten von Juden aus den Gettos in Polen. Ich hatte Gerüchte gehört, daß die Gestapo seit der Besetzung Polens die polnischen Juden im Getto von Warschau zusammengetrieben hatte; erst jetzt erfuhr ich, daß Warschau nicht das einzige Getto in Polen war. Es gab noch andere Gettos, vollgepfercht mit Juden, die die Gestapo aus anderen besetzten Ländern dorthin deportiert hatte. Die meisten dieser Briefe waren in deutscher Sprache geschrieben und an Verwandte und Freunde in Skandinavien gerichtet.

Die Gestapo beherrschte diese Gettos, doch war es in einigen von ihnen zu diesem Zeitpunkt noch erlaubt, Briefe zu schicken und Pakete zu empfangen – sofern sie ankamen.

Doch die Gestapo hatte mit einer ihrer ‹Sonderverfügungen› einen Weg gefunden, diese Hilfe abzuschneiden. Die Anweisung lautete, daß jeder dieser Briefe zu vernichten sei, falls er eine Bitte um Lebensmittel oder Kleidung enthielt. Und dann hieß es noch in einer Nachschrift: ‹Vernichten Sie jeden Brief, den Sie persönlich beanstanden.›

Ich unterschrieb und gab damit zu verstehen, daß ich die Verfügung zur Kenntnis genommen hatte; dann holte ich tief Luft.

Endlich war es soweit. Endlich würde ich Gelegenheit haben, zu tun, was ich für richtig hielt.»

Der Entschluß kam nicht von ungefähr, eine Fülle einschneidender Erlebnisse war vorangegangen. Da war zunächst der Tag der «Machtergreifung»; Hiltgunt Zassenhaus war damals siebzehn Jahre alt:

«Eines Morgens – es war Winter – wachte ich auf und konnte den Himmel vor meinem Fenster nicht sehen. Mein Zimmer war in ein gelbgraues, trübes, fast schwefliges Licht getaucht. Das Fenster war mit dickem, braunem, mit Hakenkreuzen bedrucktem Papier verklebt. Über Nacht war unser Haus von unbekannten Nazihänden verdunkelt worden.

Das geschah in Hamburg, am 30. Januar des Jahres 1933 ... Am selben Tag erschienen zwei SA-Männer und fragten nach meinem Vater, doch da er damals gerade krank war, ließen sie ihn in Ruhe. Wenige Monate später war er stellungslos. Er war Direktor einer höheren Mädchenschule gewesen. Als Historiker hatte er eine Anthologie über die Geschichte des Christentums herausgegeben und sich dabei besonders dem Werk Albert Schweitzers gewidmet. Im Unterricht versuchte er seinen Schülerinnen Schweitzers Gebot der ‹Ehrfurcht vor dem Leben› nahezubringen, eine Lebenshaltung, die von den Nazis natürlich abgelehnt wurde.»

Als Hiltgunt Zassenhaus in der Schule von den überklebten Fenstern erzählte, machte sie eine verblüffende Entdeckung: Die Mienen ihrer Mitschülerinnen vereisten, «es war, als fiele ein Vorhang zwischen uns. Sie taten, als verständen sie mich nicht, sie verstummten und wandten sich rasch ab. Nur meine beste Freundin Inge blieb bei mir und flüsterte mir zu: ‹Vorsicht!›»

In den Sommerferien des Jahres 1933 fuhr Hiltgunt Zassenhaus nach Dänemark. Dort spürte sie, daß zwischen den Menschen «kein ‹Vorhang› fiel, wenn sie miteinander sprachen. Auch den ‹deutschen Blick› gab es nicht, jene gewisse Kopfbewegung, das Sich-nach-rechts-und-links-Umsehen, ob man auch nicht belauscht werde, jenes fragende, abschätzende Mustern, bevor man etwas sagte, jenes eisige Schweigen, das oft genug die einzige Antwort war.»

Fünf Jahre später: An Hiltgunt Zassenhaus' Gegnerschaft zum Hitlerregime hat sich nichts geändert:

«Wir lernten, in allem, was wir taten, Vorsicht walten zu lassen. Wir hatten die Feuer im Jahr der Machtübernahme, als überall in der Stadt Bücher öffentlich verbrannt worden waren, nicht vergessen – Bücher, wie mein Vater sie geschrieben hatte, Bücher aus jener Ideenwelt, die bisher unser Leben bestimmt hatte ...

Wir hatten gelernt, das Klingeln an der Haustür nach Eintritt der Dunkelheit zu fürchten. Freunde waren mitten in der Nacht von der Gestapo aus ihren Wohnungen geholt worden. Sie waren nie zurückgekommen. Aber wir hatten Briefe von der Gestapo gesehen – Briefvordrucke, mit denen den Angehörigen mitgeteilt wurde, daß der Tod auf Grund einer ‹plötzlichen Erkrankung› eingetreten sei.»

«Sonderauftrag» Postkontrolle

Seit jenem Sommer in Dänemark stand für Hiltgunt Zassenhaus fest, daß sie skandinavische Sprachen studieren wollte:

«1938 erhielt ich mein Diplom. Da ein akademischer Grad auf dem Gebiet der skandinavischen Sprachen eine Seltenheit war, bekam ich, obwohl ich erst zweiundzwanzig war, das ‹Siegel› der Hansestadt Hamburg. Es bedeutete, daß ich auf Lebenszeit offiziell als Dolmetscherin am Hamburgischen Gericht zugelassen war, und wurde mir nur verliehen, weil der Mann, der es vorher erhalten hatte, seines Alters wegen ausschied. Das ‹Siegel› selbst war nichts weiter als ein kleiner, recht unscheinbarer Gummistempel. Wie hätte ich damals ahnen können, daß er eines Tages zum Schlüssel werden sollte, der mir sonst verschlossene Zuchthaustore öffnen würde?»

Soweit war es noch nicht. Eine erste Gelegenheit, Widerstand zu leisten, bot sich ihr, als sie den «Sonderauftrag» erhielt, Briefe aus polnischen Gettos zu zensieren. Sie überlegte: «Was sollte ich mit einem Brief machen, der eine Bitte um Lebensmittel enthielt? Selbst wenn ich ihn nicht vernichtete, wie konnte ich die Post umgehen? Wie sollte ich so einen Brief nach Skandinavien befördern? Ich wußte mir keinen Rat.

Meine Augen schweiften durch den Raum, nahmen ihn zum erstenmal richtig wahr. Es war, als beobachtete man mich von allen Seiten. Fünfzig Zensoren saßen an langen Holztischen mit einem Meter Abstand voneinander ...

Niemand schien mich zu beachten. Vorsichtig zog ich meine Schublade auf, in der meine Handtasche lag – es war eine recht geräumige Handtasche. Dann starrte ich auf den Zensor vor mir. Sein breiter Rücken erinnerte mich an Herrn Jensen, und plötzlich kam mir ein Gedanke. Vielleicht gab es doch einen Ausweg!»

Jensen war Schiffsmakler und betreute die Frachter, die nach England und Skandinavien fuhren. Hiltgunt Zassenhaus: «Seine Tochter war eine Schülerin meines Vaters gewesen, als er 1933 seines Postens enthoben worden war. Von dem Augenblick an hatte ihn eine Mauer des Schweigens umgeben. Nur Herr Jensen war eines Tages zu ihm gekommen. ‹Er war der einzige von allen Eltern›, erzählte Vater mir, ‹der kam und fragte, ob ich irgendwelcher Hilfe bedürfe.›»

Noch am selben Abend schmuggelte Hiltgunt Zassenhaus die ersten Briefe hinaus und eilte zum Hafen:

«Herr Jensen erkannte mich sofort. ‹Nun, wie geht's?› fragte er und schob seinen Hut aus der Stirn.

‹Ich muß Sie unbedingt sprechen›, flüsterte ich außer Atem, ‹aber allein.›

Er begriff.

‹Sie haben mir schon einmal geholfen›, begann ich, sobald wir unter uns waren.

Damit öffnete ich meine Handtasche und reichte ihm die Briefe. ‹Ob Sie wohl für diese Briefe auch ein Schiff finden können?›

Von da an ging ich jede Woche zu Herrn Jensen; einige Monate später las ich in Briefen aus den polnischen Gettos, daß aus Skandinavien Pakete mit Lebensmitteln und Kleidung angekommen waren.

Tag für Tag nahm ich in meiner Handtasche Briefe nach draußen – nicht viele, höchstens zehn oder zwölf auf einmal, damit es nicht auffiel. Doch bald ging ich einen Schritt weiter. Wenn ich nicht genug Briefe fand, in denen der Absender um Hilfe bat, kritzelte ich selbst an den Rand: ‹Schicken Sie Lebensmittel.›»

Gefährlich war's, was Hiltgunt Zassenhaus sich vorgenommen hatte; nur knapp entkam sie einer Gestapo-Kontrolle. War's wenigstens effektiv? Sie selbst meint: «Das wenige, was ich tun konnte, wog die Gefahr kaum auf. Schließlich waren es nicht Tonnen von Kleidung und Lebensmitteln, die auf Grund der Briefe die Gettos erreicht hatten, sondern nur hier und da ein Päckchen. Wie ein Tropfen auf einen heißen Stein.»

Dennoch: sie gab nicht auf:

«Ich las weiter die Briefe und schmuggelte sie heraus wie zuvor. Doch eines Tages im Herbst war mein Tisch leer. Ich wandte mich an den diensthabenden Offizier, den Obersten. ‹Was ist denn mit meinen Briefen?› fragte ich.

‹Was für Briefe?› wollte er wissen, als hätte es sie nie gegeben.

‹Die aus den Gettos.›

‹Es gibt keine Briefe mehr. Nehmen Sie Ihre normale Tätigkeit wieder auf.›

‹Und was ist mit den Juden geschehen?› Ich ließ nicht locker. Er blickte nicht einmal auf. ‹Wir sind nicht hier, um Fragen zu stellen›, sagte er, ‹sondern um Anordnungen Folge zu leisten.›

Als ich an meinen Schreibtisch zurückkehrte, war ich von Trauer erfüllt ... Hier gab es nichts mehr, was ich tun könnte, und ich beschloß zu gehen.»

Taschen voller Vitamine

Hiltgunt Zassenhaus sollte bald Gelegenheit bekommen, wieder aktiv zu werden. 1943 rief sie der Direktor des Zuchthauses Fuhlsbüttel an: «Die Justizbehörde hat den politischen Gefangenen dieselben Rechte zugestanden wie den kriminellen», teilte er ihr mit, «sie dürfen von jetzt ab alle vier Monate Besuch empfangen.»

Was hatte Hiltgunt Zassenhaus damit zu tun? Gefragt waren ihre Sprachkenntnisse. Bei den politischen Gefangenen handelte es sich nämlich um Norweger; ihr Delikt: Widerstand gegen die deutschen Besatzer. Die Erlaubnis, sie zu besuchen, hatte der norwegische Seemannspfarrer erhalten. An einen ungestörten Meinungsaustausch war natürlich nicht zu denken. Daher der Anruf aus Fuhlsbüttel: «Diese politischen Gefangenen sind die schlimmsten Feinde des Reiches. Sie verstehen ihre Sprache. Melden Sie mir, wenn die Gefangenen irgend etwas äußern sollten, das auf ihre politische Haltung schließen läßt.»

Hiltgunt Zassenhaus hatte anderes im Sinn; sie bekennt: «Ich stand auf ihrer Seite.» Notiz über den ersten Besuch im Zuchthaus: «Da standen sie – zehn Männer auf jeder Seite, das Gesicht zur Wand gerichtet. Durch ihre zerschlissenen Uniformen sah man jeden Knochen. Ihre Beine und Füße waren geschwollen.»

Dieser Anblick alarmierte die Dolmetscherin: «Ich brauchte Vitamintabletten – so viel, wie in meine Tasche hineinging, ohne daß es auffiel, wenn ich das Zuchthaus betrat.» Woher nehmen? Vitamine waren in Deutschland Mangelware und nur noch auf Rezept zu haben. Hiltgunt Zassenhaus besann sich auf den Schiffsmakler drunten im Hafen, der ihr schon einmal geholfen hatte. Seine Verbindungen zum Schwedischen Roten Kreuz machten es möglich, daß im Laufe des Sommers 1943 Tausende von Vitamintabletten ins Zuchthaus Fuhlsbüttel gelangten.

Hiltgunt Zassenhaus hatte gefährliches Terrain betreten. Wäre sie erwischt worden – eine Verurteilung wegen «Feindbegünstigung» wäre ihr sicher gewesen.

Sie ließ sich nicht abschrecken. Als ihre Schützlinge zunächst nach Rendsburg verlegt, 1944 dann über ganz Nord-Deutschland verteilt wurden, vergrößerte sie ihren Aktionsradius. Überall verschaffte sie sich – eigenmächtig und ohne Auftrag – Zutritt zu den Gefangenen. Ihr Ausweis, ausgestellt nur fürs Zuchthaus Fuhlsbüttel, und der Hinweis, andernorts seien ihre Besuche längst die Regel, genügten.

Mittlerweile war die Liste ihrer Mitbringsel weiter angewachsen: «Offene Beine mußten mit Salbe behandelt, Wunden verbunden werden. Gefangene, die an Herzschwäche litten, brauchten herzstärkende Mittel. Viele verlangten nach schmerzstillenden Tabletten ... Außer den Medikamenten schmuggelte ich noch etwas anderes ins Zuchthaus: Brot, trockenes Brot, das wir uns von den Rationen abgespart hatten. Natürlich reichte das für Hunderte von Gefangenen bei weitem nicht aus. Wir brauchten mehr Brot.»

Hiltgunt Zassenhaus fand einen Weg. Sie tauschte Gemälde, Porzellan und was der Haushalt sonst noch an Wertgegenständen hergab, auf dem Schwarzen Markt gegen Mehl ein und schlüpfte in eine neue Rolle, die der Bäckerin.

Koffer und Taschen waren zu klein, um sämtliche Gefangenen zu versorgen. Aber «eins brachten wir ihnen allen zugleich: die Wahrheit. Die Gerüchte zehrten an den Gefangenen wie eine Krankheit. Sie machten sie unsicher, versetzten sie in einen Zustand zwischen Hoffen und Bangen ... Anfangs konnten wir nur bestätigen, was die Siegesfanfaren schon bis in die letzte Zelle verbreitet hatten. Doch als sie verstummten, als die Sondermeldungen ausblieben und statt dessen die Zuchthausluft von geheimnisvollen Andeutungen der Wachthabenden über ‹Vergeltung›, ‹Wunderwaffe› oder ‹in vierzehn Tagen geht es los!› schwirrte – als jeder Tag Hunger und Kälte bedeutete und das Warten kaum noch zu ertragen war, da beruhigten die politischen Berichte der BBC, die wir während der Besuche weitergaben, die Unruhigen und wiesen den Zweifelnden ihren Weg.»

Gefangenenbefreiung

Hiltgunt Zassenhaus wußte: «Spitzel im Zuchthaus hatten feine Ohren; einige von ihnen steckten in der grünen Wachtmeisteruniform, aber einige trugen auch die gelbgestreifte Kluft der Häftlinge. Jede Nation hatte ihre Verräter.»

Die junge Dolmetscherin hatte das Glück des Tüchtigen. Dreimal wurde sie zur Gestapo zitiert, dreimal konnte sie den Kopf aus der Schlinge ziehen:

«Der Mann am Schreibtisch blickte kaum auf; ich erkannte sein Gesicht nicht sofort und war nicht sicher, ob es derselbe war, mit dem ich beim erstenmal gesprochen hatte. Doch als er eine Akte vom Schreibtisch nahm, stellte er kurz fest: ‹Diesmal sind Sie pünktlich.›

Ich wartete nicht darauf, daß mir ein Stuhl angeboten wurde, sondern nahm ohne weiteres Platz. Meine Hände, durch den Schreibtisch seinen Blicken entzogen, waren ineinandergepreßt, und ich saß bewegungslos da, atemlos gespannt auf das, was er mir zu sagen hätte. Doch nichts erfolgte. Er begann die Akte zu lesen, als wäre ich überhaupt nicht da. ...

Ich kannte dieses Vorspiel von meinem letzten Verhör und begriff, daß es Teil des Nervenkrieges war, den die Gestapo so ausgeklügelt zu führen wußte. Ich weiß nicht, wie lange es dauerte; wahrscheinlich waren es nur einige Minuten, die mir wie Stunden vorkamen. Es war so still, daß man hätte eine Nadel fallen hören.»

‹Warum haben Sie uns keine Berichte geschickt?› Ich blickte auf. Der Gestapobeamte sah von der Akte hoch, und die Spitze seines Bleistifts war auf mich gerichtet wie ein Gewehr auf das Opfer.»

Schon bei der ersten Vernehmung hatte die Gestapo wissen lassen: «Wir sind nicht nur an den Gefangenen interessiert. Wir brauchen auch Berichte über den Chef und das Personal der Anstalt.»

Hiltgunt Zassenhaus bewahrte die Ruhe: «‹Ich habe Ihren Auftrag keineswegs vergessen›, erwiderte ich zuvorkommend. ‹Aber was wäre schon über Leute zu berichten, die stets bereit sind, jeden Befehl auszuführen.›

Er schien überrascht und zischte wütend: ‹Ja, begreifen Sie denn nicht, was jetzt vor sich geht?› ... Meine Stimme verriet keinerlei Erregung, als ich antwortete: ‹Natürlich weiß ich das.›

‹Nun, dann rate ich Ihnen, zukünftig besser mit uns zusammenzuarbeiten›, sagte er scharf.

‹Ich werde mir Mühe geben›, versprach ich.»

Kurz vor Kriegsende hörte Hiltgunt Zassenhaus von einem Geheimbefehl Hitlers: Sämtliche politischen Gefangenen in Deutschland seien am Tage X hinzurichten – wobei der Tag X vom «Führer» persönlich bestimmt würde.

«Es galt, keine Zeit zu verlieren ... Ich eilte zu Herrn Jensen: ‹Das Schwedische Rote Kreuz muß umgehend benachrichtigt werden – nicht erst morgen. Noch heute!›

Der Rest ist Geschichte: Graf Folke Bernadotte, der Präsident des Schwedischen Roten Kreuzes, und andere einflußreiche Skandinavier wurden in Berlin vorstellig. Die näheren Einzelheiten sind mir nicht bekannt, doch Himmler gab die skandinavischen politischen Gefangenen frei. In den ersten Apriltagen 1945 kam eine ganze Flottille von Autobussen des Schwedischen Roten Kreuzes und machte in allen Zuchthäusern, Gefängnissen und Lagern halt, in denen sich skandinavische Gefangene befinden konnten.»

Wann immer ein Häftling nicht aufzuspüren war, half Hiltgunt Zassenhaus aus. Vom ersten Tag an, seit sie Briefe zensieren und Besuche kontrollieren sollte, hatte sie die Namen der skandinavischen Freiheitskämpfer notiert, außerdem ihre Heimatanschrift und die Haftadresse. Ihr Leitgedanke war gewesen: «Ich mußte dafür sorgen, daß die Existenz der Gefangenen nicht in Vergessenheit geriet.»

Sie hatte mehr als das erreicht: «Sämtliche skandinavischen Gefangenen wurden gefunden.» Als kurz darauf Hitlers Sonderbefehl durchkam, befanden sie sich bereits im neutralen Schweden, wo sie das Ende des Krieges abwarteten.

«Wir wollten den Boden bereiten»

Studenten planten den Aufstand

Am 18. Februar 1943 hielt Propagandaminister Goebbels im Berliner Sportpalast seine berüchtigte Rede, in der er das deutsche Volk auf den «totalen Krieg» einstimmte. Am gleichen Tag verteilten die Geschwister Hans und Sophie Scholl[38] einen Koffer voller Flugblätter in der Münchner Universität, ein Bündel warfen sie in den Lichthof:

«Kommilitonen! Kommilitoninnen!

Erschüttert steht unser Volk vor dem Untergang der Männer von Stalingrad. Dreihundertdreißigtausend deutsche Männer hat die geniale Strategie des Weltkriegsgefreiten sinn- und verantwortungslos in Tod und Verderben gehetzt. Führer, wir danken Dir! ...

Der Tag der Abrechnung ist gekommen, der Abrechnung der deutschen Jugend mit der verabscheuungswürdigsten Tyrannei, die unser Volk je erduldet hat. Im Namen der deutschen Jugend fordern wir vom Staat Adolf Hitlers die persönliche Freiheit, das kostbarste Gut der Deutschen, zurück, um das er uns in der erbärmlichsten Weise betrogen. ...»

Dieser Aufruf zur Rebellion war das letzte Flugblatt der «Weißen Rose», einer Gruppe von Studenten, die sich 1942 im Widerstand gegen Hitler zusammengefunden hatte. Hans und Sophie Scholl waren bei ihrer Flugblattaktion in der Münchener Universität vom Hausmeister beobachtet worden. Sofort wurden alle Türen des Gebäudes geschlossen und die Gestapo alarmiert. Den Machthabern war die Sache so wichtig, daß sie unverzüglich handelten. Freisler, der Präsident des Volksgerichtshofs, kam eigens von Berlin angeflogen, um kurzen Prozeß zu machen. Bereits am 22. Februar verurteilte das Volksgericht die Geschwister Scholl zum Tode, noch am selben Tag wurde das Urteil vollstreckt.

Die Münchner Gruppe hatte Kontakte mit Studenten in anderen Städten, unter anderem in Hamburg, Berlin und Wien. Karl-Ludwig Schneider, Jahrgang 1919, heute Literaturprofessor, war Mitglied des «Hamburger Zweigs der Weißen Rose». Er berichtet[39]:

«Die schnelle Hinrichtung der Geschwister Scholl sollte eine öffentliche Demonstration der Staatsmacht sein. Aber durch ihre hysterische Reaktion hatten die Nazis natürlich längst nicht alles rausbekommen. Die Gestapo hat dann überall fieberhaft nach Kontakten der Scholls gesucht. Zunächst mit mäßigem Erfolg. So wurden die neunundzwanzig, die von unserer Hamburger Gruppe verhaftet wurden, erst ungefähr ein halbes Jahr nach der Hinrichtung der Geschwister Scholl ergriffen.»

Was war das für eine Gruppe, der Sie angehörten?

«Unsere Gruppe bestand zur Hälfte aus Studenten, dann Lehrern, Ärzten, Buchhändlern – Intellektuellen also. Das war alles ganz informell, ohne feste Organisation. Aus verschiedenen Freundeskreisen, über Querverbindungen hatten sich da Gegner des Regimes zusammengefunden. Über Traute Lafrenz, eine Medizinerin, und über den Chemiestudenten Hans Leipelt hatten wir persönliche Kontakte zu den Scholls. Wir bekamen Flugblätter der Münchener Gruppe in die Hände, vervielfältigten sie zum Teil und brachten sie weiter in Umlauf.

Durch Hans Leipelt ist uns die Gestapo auf die Spur gekommen. Er war ungewöhnlich mutig, aber auch unvorsichtig. Bei ihm fand die Staatspolizei Material, und das führte dann zu unserer Verhaftung.»

Wie sind Sie zum Widerstand gekommen?

«Ich denke, drei Faktoren waren wichtig. Zunächst einmal gehörte ich vor 1933 zur «Bündischen Jugend», und zwar zur «Deutschen Freischar». Wir waren den Nazis verdächtig, deswegen gliederten sie uns zwangsweise in die HJ ein. Wir, die wir aus der Wandervogelbewegung kamen und in unserer Gruppe eine gewisse Linksorientierung hatten, reagierten auf die vormilitärische Ausbildung in der HJ mit einer gewissen Opposition.

Ein weiterer Faktor war die Schule, die ich besuchte: die Lichtwarkschule. Daraus sind viele Leute hervorgegangen, die kritisch zu den Nazis eingestellt waren. Zwar wurden 1933 eine Reihe von Lehrern rausgeschmissen, aber insgesamt war die Schule immer noch links. Sie war auch unter pädagogischem Aspekt fortschrittlich. Da gab es eine breite musische Erziehung, da gab es eine intensive Beschäftigung mit «entarteter» Kunst, mit Künstlern, die verfemt waren, aber noch nicht so völlig unter Beschuß standen. Für mich war das Kunst von internationalem Rang. Daß die jetzt diffamiert wurde, hat meine Skepsis gegenüber den Nazis enorm erhöht.

Schließlich waren meine Eltern konsequente Regime-Gegner, ohne allerdings einer bestimmten politischen Organisation anzugehören. Mein Vater arbeitete bei der Hamburg-Amerika-Linie und war dadurch oft in Amerika. Er hatte Vergleichsmöglichkeiten, kannte das Echo im Ausland, die Reaktion, die man dort auf die Entwicklung in Deutschland zeigte.»

Wo stand Ihre Gruppe politisch?

«Das war ja, wie gesagt, weitgehend studentischer Widerstand. Wir sind nie Mitglieder in politischen Parteien gewesen, konnten wir auch nicht, dazu waren wir viel zu jung. Ich zum Beispiel war erst vierzehn Jahre alt, als die Nazis 1933 die Parteien verboten. Wir waren also nicht durch frühere parteipolitische Zugehörigkeit automatisch Regime-Gegner, sondern politisch nicht vorbelastet, hatten sozusagen kein politisches Vorleben. Was uns allen gemeinsam war, war einfach die Ablehnung der Nazis.»

Sie sagten vorhin, Sie und andere aus Ihrer Widerstandsgruppe hätten Flugblätter verbreitet. Was haben Ihnen die Nazis vorgeworfen?

«In der Anklageschrift, die ich damals nie zu sehen kriegte – erst nach dem Krieg geriet sie mir in die Hände –, stand: «Hochverrat». Man hatte die ganze Geschichte auf kommunistischen Hochverrat frisiert, weil gegen Kommunisten besonders scharf vorgegangen wurde. Weiter wurden wir angeklagt wegen «Wehrkraftzersetzung», in meinem Fall kam noch hinzu: «Beleidigung des Führers». Schließlich noch: «Abhören feindlicher Sender.» Da kam unendlich viel zusammen. Aus unserer Sicht hatten wir uns allerdings nicht mehr erlaubt, als eine politische Meinung zu haben.

Mit den Scholls hatten die Nazis kurzen Prozeß gemacht; bei uns dagegen ermittelten sie unendlich gründlich. Das war unser Glück. Mit dem Krieg ging es mittlerweile auf den Rest. Am 19. April 1945 sollte das Verfahren gegen uns vor dem Ersten Senat des Volksgerichtshofs eröffnet werden. Das war das Übelste, was es gab: Der Senat fällte 80 Prozent Todesurteile. Aber wir wurden nicht abgeurteilt. Am 14. April, fünf Tage vor Prozeßbeginn, wurden wir von den Amerikanern befreit.

Insgesamt hab ich achtzehn Monate gesessen. Immer in Untersuchungshaft, ohne ein einziges Mal mit einem Rechtsanwalt sprechen zu können. Natürlich hatten mir meine Eltern einen besorgt. Aber es gab keine Rechtsberatung, man verschwand einfach. Das Schlimme war, daß man nur ganz reduzierte Kontakte mit den eigenen Angehörigen hatte. Und dann der Druck: Jeden Tag konnte man aus der Zelle geholt und aufgehängt werden. Das wußte man ja, daß es das gab. In Neuengamme, wo ich drei Monate einsaß, wurde das ja am laufenden Band gemacht, Tag für Tag, ohne jedes Verfahren, ohne daß irgendeine Instanz prüfend eingreifen konnte. Die reine Willkür- und Mordmaschinerie! Wie ganz irrational und lächerlich das alles war: Da hatte jemand etwas aus Postpaketen, wohl von Soldaten, genommen, ein kleines Diebstahlsdelikt also, und wurde sofort mit dem Tode bestraft.»

Haben Sie noch weitere Aktionen geplant, bevor Sie verhaftet wurden?

«Wir führten lange Debatten, was man tun kann, um den Nazis zu schaden. Langsam hat sich das hochgeschaukelt: Anfangs wollten wir nur Informationen verbreiten; Hans Leipelt, der Chemiker, wollte Sprengstoff herstellen, und wir haben Sabotageakte besprochen. Ich war skeptisch in Beziehung auf diese Dinge. Ich forderte dazu auf, Kontakte zu antifaschistischen Offizieren aufzunehmen. Was hatte es für einen Sinn, sich einfach bloß zu opfern. Die Wehrmacht war nach meiner Auffassung die einzige Instanz, die etwas ausrichten konnte. Das war meine persönliche Auffassung. Es gab andere in der Gruppe, die hatten mit Kommunisten Kontakt aufgenommen und verhandelten über den Aufbau eines Geheimsenders. All diese Planungen geschahen nicht von einem Tag auf den anderen, das ging über Jahre, daß man überlegte, was man machen kann.»

Wie beurteilen Sie die Wirkung Ihrer Widerstandsarbeit?

«Der Effekt dessen, was man geben konnte, war gering, abgesehen von dem moralischen Effekt. Wir waren nie sehr optimistisch, was die Wirkung unserer

Aktionen anging. Wir sahen ja, wie viele Nazis es gab. Dabei war es uns egal, ob es nun ‹echte› oder ‹unechte› waren – im Ernstfall würden sie sich alle benutzen lassen. Aber es gab auch eine Schicht von unorganisierten Nazi-Gegnern, die wir durch Informationen in einen größeren Grad der Bereitschaft setzen wollten. Gefühlsmäßig sind wir davon ausgegangen, daß 10 bis 15 Prozent der Bevölkerung mobilisierbar war. Wir wußten, daß in wichtigen Positionen die Leute sehr skeptisch waren, nicht nur beim Militär, sondern auch in der Partei. Da hatte sich auch schon die Erkenntnis der Fürchterlichkeit der ganzen Entwicklung durchgesetzt. Und mit dem Fortschreiten des Krieges wurde die Schicht der Erreichbaren von Monat zu Monat größer.

Wir haben nicht geglaubt, selbst eine unmittelbare, massive Aktion auslösen zu können, aber wir wollten den Boden dafür bereiten, wenn unerwartete Ereignisse kommen. Dann sollte der Widerstand losbrechen können. Zu dieser Einschätzung stehe ich heute noch. Der 20. Juli war so ein Ereignis, das den Stein ins Rollen hätte bringen können.»

Glauben Sie, daß Sie Widerstand geleistet hätten, wenn Sie gewußt hätten, wie die Nazis mit Ihnen umspringen würden?

«Wenn ich gewußt hätte, was mir dann später zustieß, hätte ich manches sicherlich nicht getan. Die Brutalität hatte ich den Nazis wohl zugetraut, aber nicht diese Maschinerie. Vor allem wäre ich vorsichtiger gewesen. Wir alle haben die Gefahr, in der wir schwebten, nicht richtig eingeschätzt. Als wir im November 1943 verhaftet wurden, war schon seit zwei Monaten ein Spitzel in unserer Gruppe, der französische Schriftsteller Maurice Sachs-Ebbinghausen, den niemand von uns je verdächtigt hätte.

So war es immer: Wenn ein Kreis etwas größer wurde, hatte die Gestapo ihn auch schon geortet. Das war nur eine Frage von wenigen Monaten, wann die Gestapo da dran war. Widerstand ließ sich mit Erfolg nur in ganz bescheidenem Rahmen organisieren, am besten nur mit zwei Leuten, die dann unerkannt politisch arbeiteten.

Wenn sich junge Leute hinstellen und fragen: «Warum habt Ihr nicht ...?» dann kann ich nur sagen: Die haben keine Ahnung! Alles war ja durchsetzt mit Spitzeln, die Gestapo war unerhört raffiniert, unerhört schnell. Im Gefängnis konnte ich mit vielen verschiedenen Gruppen sprechen: Überall war's dasselbe Bild. Der Krieg hatte das Überwachungssystem noch unheimlich verschärft. Da gab's dieses Netz von Abhängigkeiten, an jedem Bahnhof ein Polizist, an jeder Ecke Ausweiskontrollen. Da war kaum ein Durchkommen.»

Schneider resümiert: «Wo man verbrecherisches politisches Verhalten erkennt, kann man nicht früh genug damit anfangen, es zu bekämpfen, auf alle mögliche Weise. Politische Früherkennung ist nötig, Aufmerksamkeit und Interesse für solche Entwicklungen, wo Parteien grundsätzliche Rechte nicht mehr respektieren. Und das haben die Nazis ja gemacht – schon vor 1933!»

Sie hatten den HJ-Dienst satt

Die Edelweißpiraten – Kriminelle oder Freiheitskämpfer?

«Die Angeklagten sind Anhänger der bündischen Jugendbewegung und Angehörige einer jener wilden bündischen Gruppen, die an einer bestimmten Kleidung und bestimmten Abzeichen – zum Beispiel Edelweißabzeichen – zu erkennen sind. Zu dem Programm dieser bündischen Jugend gehört es unter anderem, gemeinschaftlich auf Fahrt zu gehen, um auf diese Weise den Zusammenhalt aufrechtzuerhalten ... Hierbei wurden vielfach verbotene bündische Lieder gesungen, die von einigen Jungen mit Klampfen begleitet wurden ...»[40]

Diese Sätze sind einem Urteil entnommen, das 1940 von einem lokalen Sondergericht gegen eine Reihe Jugendlicher gefällt wurde. Ihr «Vergehen»: ein Hemd zu tragen, das nicht braun war, Lieder zu singen, die Baldur von Schirach nicht abgesegnet hatte, auf Fahrt zu gehen, ohne daß ein HJ-Führer die Aufsicht hatte. «Bündisch» nannten die Nazis diese selbständigen Regungen; die Jugendlichen selbst gaben sich den Namen «Edelweißpiraten». Die jungen Rebellen hatten den HJ-Dienst satt, militärischer Drill und autoritäres Führergehabe gingen ihnen auf die Nerven.

«Um die Mitte des Krieges bestand etwa folgende Situation», heißt es in einem Erlebnisbericht über die Hitler-Jugend: «Der ‹Dienst› trat an die Stelle des ‹Treffens›, der ‹Schliff›, verbunden mit übelstem Kommißton, an die Stelle von Fahrt und Streife. Selbst ‹Gelände-Dienst› war selten und stand im Zeichen der vormilitärischen Ausbildung, ebenso ‹Lager› und ‹Heimabend›, letzterer meistens ein langweiliger, wenn auch mit viel Gebrüll (‹alles unter die Tische›) betriebener Unterricht im Karten- und Kompaßlesen usw., bei gleichzeitiger Vermittlung nationalsozialistischen Liedgutes, dessen Texte verheerend waren ... Genaue Kontrollen sorgten für ‹Erscheinen›, ‹Appelle› für Uniformität (Haarschnittlänge bzw. -kürze usw.). Die Folge wieder: ein Ausfallen jeder Initiative, ausschließlich Ansprechen und Fördern roher Instinkte, was feiner strukturierte Köpfe schockierte. Eine intensiv betriebene ‹Weltanschauungsschulung› erschien ihnen primitiv, ohne daß sie (von Ausnahmen, die Anhalt bei Erwachsenen fanden, abgesehen) eine Alternative dem entgegensetzen konnten; das Resultat: seelische Anarchie ...

Ein Beispiel: Im Herbst 1944 (September/Oktober) wurde bei uns zu einem Schanzeinsatz beim Bau eines Pendants des ‹Atlantikwalls› aufgerufen. Zu diesem Schanzeinsatz wurden alle HJ-Mitglieder ab dreizehn Jahren herangezogen, ohne Rücksicht auf gesundheitliche Tauglichkeit. Die Organisation des Unternehmens war, trotz der schon beträchtlichen Lufteinwirkungen, nicht schlecht – die Disziplin aber auch von einer Schärfe, die nur mit späteren KZ-Berichten sich vergleichen ließe. Der Einsatz erfolgte bannweise, das Gelände war sumpfig oder versandet, so daß sich die Schwierigkeiten hierbei vorstellen lassen. Die Verpflegung war gut, die Unterbringung miserabel: rund dreißig Mann in einem normal für acht Mann vorgesehenen Barackenraum auf Strohschütten. Hinzuzurechnen wäre eine zehnstündige Arbeitszeit (alltags wie sonntags!) mit anschließend noch ‹weltanschaulicher Schulung›, bei der so mancher vor Ermüdung einschlief und daraufhin dann noch Strafdienst machen mußte ...

Die ‹entscheidende Maßnahme› war aber die: zwei Tage nach Einsatzbeginn wurden alle Formationen aufgelöst und in einer umständlichen Prozedur, die sich einen Tag lang auf einer öden Chaussee hinzog, wahllos zu neuen zusammengewürfelt, mit dem Zweck, ‹Freundschaftscliquen zu zerschlagen›; Folge: Man kannte seinen Nebenmann nicht mehr, war seelisch isoliert, ausgeliefert einem ständigen, durch Prügeljustiz unterstrichenen Befehlsjargon und – Denunziationen! Denn diese waren der Hauptsinn der ‹Maßnahme›. Schon bei der Abfahrt auf dem Bahnhof hatte der Bannführer, angesichts des langsamen Tempos einer Einheit mit gezogenem Revolver räsonnierend herumgeschrien. ...»[41]

Nur zu verständlich, daß Jugendliche sich dem HJ-Dienst entzogen und zu oppositionellen Gruppen zusammenfanden. Trotz großangelegter Razzien und ständiger Streifengänge – zuletzt mußte sogar die Wehrmacht bemüht werden! – konnten die Nazis die Bewegung der «Edelweißpiraten» immer schwerer niederhalten. Im ganzen Reich war sie verbreitet, besonders im sächsischen und westdeutschen Industriegebiet. Kaum war eine Bande aufgeflogen, entstand auch schon die nächste:

«Krefeld, den 24. Februar 1943

...

Nachdem im vergangenen Jahr durch Bestrafungen von zwei Gruppen von ‹Edelweißpiraten› wegen bündischer Betätigung (Strafverfahren gegen Lorenzen, Köppl und andere) die bündische Betätigung stark nachgelassen hatte, bildete sich im November-Dezember 1942 eine neue Bande, die sich ‹Totenkopf-Edelweißpiraten› nannten. Diese Bande trieb ihr Unwesen in dem berüchtigten Vergnügungspark ‹Wilupa› und anschließend auf dem Hauptbahnhof und im Wartesaal III. Klasse. Sie trieb sich auch randalierend in den Straßen der Innenstadt umher, dabei wurden auch vereinzelt Angehörige der HJ überfallen und verhauen.

Überhaupt waren Schlägereien mit der HJ an der Tagesordnung, die noch im einzelnen hier nicht zur Anzeige gelangt sind. Die Bande wollte es wissen, daß sie als ‹Edelweißpiraten› gegen die HJ eingestellt war, und trug Edelweißabzeichen aus Horn oder Metall am Hut oder unter dem Rockkragen, auch trugen sie verschiedentlich Totenkopfringe. Wanderfahrten sind in Anbetracht der Jahreszeit noch nicht unternommen worden. Die Bande, insbesondere die Anführer derselben, waren staatsfeindlich eingestellt, was später im einzelnen näher erläutert wird.

Der Anführer und die Seele der Bande war Helmuth G., ein ehemaliger Fürsorgezögling, der geborene Jungkommunist. Mitglied der HJ ist er nie gewesen, weil er angeblich hierzu nicht aufgefordert worden ist. Aus seiner staats- und HJ-feindlichen Einstellung, die dem Hochverrat gleichkommt, hat er die Totenkopf-Edelweißbande gebildet. Seine Äußerung, er kämpfe nur gegen die Pflicht-HJ, die Gestapo könne die ‹Edelweißpiraten› niemals ausrotten, sowie, die Bande müsse sich bewaffnen, wenn wir den Krieg verlieren, werden wir eine Art Revolution machen, haben rein kommunistischen, hochverräterischen Einschlag, dessen Tragweite sich die anderen Jungen jedoch nicht recht bewußt waren ...

Er selbst hat auch ein Lied staatsfeindlichen Inhalts umgedichtet, welches das Lied der ‹Edelweißbande› werden sollte. Es liegt in Originalschrift dem Vorgang bei. Auch veranlaßte er den Jugendlichen Hans D., bei den Deutschen Edelstahlwerken, wo dieser beschäftigt war, Waffen zu stehlen. D. hat auch größere Teile eines englischen Maschinengewehres gestohlen und der Bande ausgeliefert.»[42]

Der Fall Schink

Helmuth G. und seine Freunde kamen mit einer Gefängnisstrafe davon. Ein anderer Edelweißpirat dagegen verlor sein Leben: Der sechzehnjährige Bartholomäus Schink wurde am 10. November 1944 in Köln-Ehrenfeld ohne Gerichtsurteil öffentlich gehenkt. Was fünfunddreißig Jahre danach von solchen Vorgängen amtlich zu halten ist, hat der Kölner Regierungspräsident Antwerpes Ende 1978 klargestellt: Der ermordete Junge war ein «Staatsverbrecher», kein Widerstandskämpfer:

«Nach dem Motto ‹Was damals Recht war, kann heute nicht Unrecht sein› beruft er sich dabei auf Akten des Generalstaatsanwalts in Köln vom Januar 1945, Auszüge aus Gestapoakten vom Jahr 1944 und schließlich auf die Aussagen zweier Zeugen vor dem Kölner Land- und Oberlandesgericht in den Jahren 1956 und 1957. Interessant ist dabei, daß es sich bei diesen beiden Zeugen ... um zwei ehemalige Gestapobeamte handelt, die seinerzeit mit der Verfolgung des Bartholomäus Schink direkt befaßt waren.»[43] Beide haben Gefängnisstrafen wegen ihrer Vernehmungsmethoden hinter sich.

Material, das den Fall erhellen könnte, wurde vom Regierungspräsidenten nicht berücksichtigt:

Im historischen Archiv der Stadt Köln gibt es einen ‹Lagebericht› des Oberreichsanwalts beim Volksgerichtshof vom 19. Februar 1944 an den

Lied der «Totenkopf-Edelweißpiraten»

Heil mein Lieb der Morgen graut
Tambour schlägt die Wanne,
seine Trommel dröhnet laut
für die Sturmkolonne

Weck die Schläfer weit und breit
in den stillen Gassen.
Nun leb wohl du schöne Maid
ich muß Dich verlassen.

Wir vernichten's Hakenkreuz
auf dem weißen Feld,
Edelweiß steigt mit der Sonn'
hoch zum Himmelszelt.

Mädels mit dem Edelweiß
tragt das Zeichen stolz
bis wir kehren wieder heim
Wir vom Edelweiß.

Brauset einst der Sturm herbei
wird von unseren Hieben,
deutsches Land auf ewig frei
von den fremden Dieben.

Deutsches Mädel blond und braun
Deine schönen Locken
darf kein Nazi mehr erschaun
klingen Friedensglocken.

Eine Ros' mein holdes Kind,
sollst Du für mich brechen,
wenn ich vor dem Feinde lieg
und ich kann nicht sprechen.

Denk an mich im Todesgrauen
wenn die Kugeln fliegen,
sterb ich auch den Heldentod
Edelweiß wird siegen.

Herrn Reichsminister der Justiz ... Dort wird unter II d über ‹illegale Jugendgruppen mit bündischem Einschlag›, die sich in den Vororten der Städte Köln und Düsseldorf gebildet hätten, berichtet. In diesem Bericht wird dargelegt, daß neben sogenannten kriminellen Straftaten auch staatsfeindliche Propaganda von den Edelweißpiraten getrieben wurde.

Es liegen außerdem glaubhafte Zeugenaussagen ehemaliger HJ-Führer vor, wonach bei HJ-Führerbesprechungen in den Jahren 1942/43 die Parole ausgegeben wurde, auf Edelweißpiraten Jagd zu machen, da diese ‹politische Gegner› seien. ...

Regierungspräsident Antwerpes erklärte dazu, daß es bei seinem Ermittlungsergebnis dahingestellt bleiben könne, ob es sich bei den Edelweißpiraten um echte Widerstandsgruppen gehandelt habe. Er stellt auf eine andere Gruppe ab, die damals in Köln-Ehrenfeld nach dem Bericht des Generalstaatsanwalts vom Januar 1945 ‹ihr Unwesen trieb. In ihren Reihen befanden sich viele Jugendliche ..., die früher den Edelweißpiraten angehört hatten.›»[44]

«In diesem Kreis fand Bartholomäus Schink, der von Schanzarbeiten am Westwall weggelaufen war, alte Freunde aus dem Arbeiterviertel Ehrenfeld. Alle hatten ihre Erfahrungen mit den Nazis: Der ‹Bomben-Hans› war aus dem KZ geflohen, der Vater von Günter Schwarz war dort umgebracht worden, und die Eltern von Franz Rheinberger wurden als Kommunisten verfolgt.

Bartholomäus Schink selbst hatte mit zehn Jahren in der Reichskristallnacht erlebt, wie SS einen jüdischen Nachbarn fertigmachte. ‹Papa, Papa, hilf dem Spiero. Die schlagen ihn tot›, rief der Junge. ‹Ich glaube›, sagt seine Schwester Karoline heute, ‹da kam bei ihm zum erstenmal ein richtiger Haß gegen die Nazis.›

Der gemeinsame Haß gegen den Staat ließ die Gruppe auch neue Verbündete suchen. Sie arbeitete mit Ost-Zwangsarbeitern zusammen, denen sie erbeutete Waffen lieferte, und die Gestapo, von der sie gejagt wurde, stellte später fest, ‹daß einige Mitglieder der Terrorgruppe zu den Angehörigen des Nationalkomitees Freies Deutschland Verbindung unterhalten haben›, das von deutschen Kriegsgefangenen in sowjetischen Lagern gegründet worden war.

Zu den Illegalen stießen auch Kriminelle, Profis, die sich aufs Knacken verstanden. Ihr größter gemeinsamer Coup war das Aufbrechen eines Waggons mit 26 Zentnern Butter; die tauschten sie auf dem schwarzen Markt gegen Geld und Waffen.

Die Waffen haben die Edelweißpiraten auch des öfteren benutzt, gegen Uniformierte und die verhaßten ‹Stiefelträger›. Über Roland Lorent, 24, sagt ein Überlebender: ‹Der drehte durch, wenn er SA- oder SS-Leute nur sah.› Lorent erschoß am 28. September 1944 den NSDAP-Ortsgruppenleiter Soentgen, ‹der auf seinem Fahrrad nach Hause fuhr› (SS-Bericht). Ein anderer Plan, die Kölner Gestapo-Zentrale in die Luft zu jagen, klappte nicht, weil die Zünder fehlten.»[45]

Diese Leute waren gewiß keine loyalen Bürger des damaligen Deutschen Reichs. Ein Makel? Wer heute noch an der Nazi-Einschätzung festhält, Bartholomäus Schink und seine Freunde seien Mitglieder einer «Verbrecherbande» gewesen, muß wohl von Blindheit geschlagen sein.

«Auslöschen bis ins letzte Glied!»

«Sippenhaft» als Terrorinstrument

«Eine ganz kleine Clique ehrgeiziger, gewissenloser und zugleich verbrecherischer dummer Offiziere hat ein Komplott geschmiedet, um mich zu beseitigen und zugleich mit mir den Stab der deutschen Wehrmachtsführung auszurotten. Der Kreis, den diese Usurpatoren darstellen, ist ein denkbar kleiner. Er hat mit der deutschen Wehrmacht und vor allem auch mit dem deutschen Heer nichts zu tun. Es ist ein ganz kleiner Klüngel verbrecherischer Elemente, die jetzt erbarmungslos ausgerottet werden. Diesmal wird nun abgerechnet, wie wir das als Nationalsozialisten gewohnt sind.» Mit diesen Worten, voll Haß und Lügen, kommentierte Adolf Hitler über alle deutschen Rundfunksender noch in der Nacht vom 20. zum 21. Juli 1944 das mißlungene Attentat des Obersten Claus Schenk Graf von Stauffenberg im Führerhauptquartier. Jedoch: Nicht eine «kleine, reaktionäre, entwurzelte Clique», wie es amtlich stets hieß, sondern eine durchaus stattliche Gruppe hatte von den Attentatsplänen gewußt, sie gebilligt und dabei mitgemacht. Führende Parteimitglieder gehörten ebenso dazu wie Offiziere der Wehrmacht, ehemalige Minister, Beamte, Abgeordnete und Geistliche. Gestapo und SS nahmen nach dem Attentat immerhin 7000 Verdächtige fest, von denen über 4500 in kürzester Frist zum Tode verurteilt und hingerichtet wurden.

Hitler hatte erbarmungslose Rache befohlen. Sie traf Täter, Helfer, Mitwisser – und Unschuldige. Gezielt einbezogen in die «Abrechnung» wurden die Familien der Beschuldigten: ihr Eigentum wurde beschlagnahmt, schlimmer noch: die Angehörigen wurden verhaftet, verhört und in Konzentrationslager verschleppt. «Sippenhaft» hieß das Stichwort, das der Reichsführer SS, Heinrich Himmler, wenige Tage nach dem gescheiterten Anschlag auf Hitler am 3. August 1944 auf einer Gauleitertagung in Posen so erläuterte: «Es soll uns ja niemand kommen und sagen: Das ist bolschewistisch, was Sie da machen. Nein, nehmen Sie es mir nicht übel, das ist gar nicht bolschewistisch, sondern sehr alt und bei unseren Vorfahren gebräuchlich gewesen. Wenn die Familie vogelfrei erklärt wird und in Acht und Bann getan wird, sagten sie: Dieser Mann hat Verrat geübt, das Blut ist schlecht, da ist Verräterblut drin, das wird ausgerottet. Und bei der Blutrache wurde ausgerottet bis zum letzten Glied in der ganzen Sippe ...» Himmler sprach vom angeblichen «germanischen Erbe» und nährte damit die verlogene NS-Blut- und Boden-Mystik, ehe er aussprach, worauf es ihm konkret ankam: «Die Familie Graf Stauffenberg wird ausgelöscht werden bis ins letzte Glied ...» Als Himmler dies ankündigte, hatten sich seine Schergen schon längst an ihre schmutzige Arbeit gemacht.

Schloß Lautlingen, 23. Juli 1944, morgens gegen 4 Uhr: Beamte der Gestapo verschaffen sich Zutritt zu den Wohnräumen der Familie Stauffenberg. Die Ehefrau des Attentäters, Nina, und sein Onkel, Graf Nikolaus von Uexküll, werden verhaftet und ins Amtsgefängnis Rottweil transportiert, seine Mutter in zwei Zimmern des Schlosses unter Hausarrest gestellt, die übrigen Räume beschlagnahmt und versiegelt.

Drei Wochen im Verhör

Auf Frau Stauffenberg wartete ein dreiwöchiges, zermürbendes Verhör durch ausgefuchste Gestapo-Beamte in Berlin, die schon manches Opfer zu einem «Geständnis» gebracht hatten ... Doch in diesem Fall bissen sie auf Granit. Für die Möglichkeit, daß das Attentat schiefgehen würde, hatte ihr Mann der Gräfin eingebleut, was sie sagen soll, wenn nötig stundenlang und immer wieder, Tag für Tag: Sie wisse nichts, die Tat und die ganzen Ereignisse seien ihr völlig unverständlich. Als die Vernehmungen wochenlang ergebnislos blieben, kam sie in das KZ Ravensbrück und von dort über ein Mütterheim der NSV (NS-Volkswohlfahrt) in das St. Josephs-Krankenhaus nach Potsdam. Vergeblich suchte man in der Kartei dieses Krankenhauses nach einer Patientin Gräfin Stauffenberg, eine Frau dieses Namens hat dort nie ein Kind bekommen. Die Erklärung: Die Nazis zwangen Frau Stauffenberg, ihren Namen abzulegen. Künftig sollte sie Nina Schank heißen. Auch ihre Tochter trug zunächst diesen Namen. Daß sie später ihren richtigen Namen erhielt, verdankt sie dem Pfarrer, der in der Taufurkunde einen Hinweis auf ein Geheimarchiv eintrug. Ihren Krankenhaus-Aufenthalt konnte Gräfin Stauffenberg bis zum April 1945 hinauszögern. Dann ordneten die Nazis an, sie solle, von einem Feldgendarmen bewacht, nach Hönau bei Plauen marschieren. Völlig erschöpft schlug «Frau Schank» dem Polizisten vor, er solle nach Potsdam zurückkehren, sie könne nicht weiter und wolle im Straßengraben auf die heranrückenden Amerikaner warten. Nachdem er sich zunächst auf seinen Befehl berufen und gezögert hatte, willigte er ein und verschwand mit einer Bestätigung in der Tasche, daß er seine Gefangenen «bis zuletzt sorgfältig bewacht» habe. Die Mutter schleppte sich mit ihrem knapp drei Monate alten Baby weiter, bis sie bei Freunden einen Unterschlupf fand.

Auch die übrigen Verwandten des Grafen Stauffenberg entgingen der Rache des Führers nicht. Sein vierundachtzigjähriger Onkel Berthold starb im November 1944 an den Folgen der in der Haft erlittenen Mißhandlungen. Sohn und Schwiegertochter kamen ins Gefängnis nach Stadelheim, eine Enkelin ins Frauengefängnis nach Aichach, ein Enkel ins KZ Dachau.

Aus Seydlitz wurde Barth

Für die Kinder der 20. Juli-Verschwörer hatten sich die Nazis ein besonders verwerfliches Verfahren ausgetüftelt. Darüber berichtete die damals dreizehnjährige Christa von Hofacker, die nach der Verhaftung ihrer Mutter und der beiden älteren Geschwister in einen Zug mit ihr unbekanntem Ziel gesteckt wurde.

«Nachmittags um drei stiegen wir in einem kleinen Bahnhof aus, Bad Sachsa. Hier sollten wir bleiben. Wir sollten in ein Kinderheim. Das Heim lag ganz am Waldrand und bestand aus zehn reizenden Schwarzwaldhäusern, von außen wirklich nett. Mit kurzem ‹Heil Hitler› wurden wir im Büro begrüßt. Dann kamen drei Kindergärtnerinnen und jede nahm einen von uns mit. Wir wurden getrennt. Ich gehörte zu Haus 7 und zu meinem größten Erstaunen war ich erst die zweite, die hier einzog. Uta war schon eine Woche vor mir gekommen. Sie war wie ich dreizehn Jahre alt. Ihren Nachnamen sagte sie nicht. Es war hier wohl Sitte, diesen zu verschweigen. Es war Uta von Tresckow, deren kleine fünfjährige Schwester auch in Sachsa war ... Längst wußten Uta und ich, daß das Heim nur für Kinder vom 20. Juli freigehalten worden war, waren doch bei den Buben die ganzen Stauffenbergs. Mein Geld und alle meine Schreibsachen waren mir abgenommen worden, ja selbst die Bilder von Vater und Mutti habe ich nie wieder gesehen. ...

Es war schrecklich, wie geheim wir gehalten wurden. Keinen Schritt allein vor die Tür, ja mit niemandem reden und um Gottes willen nichts über Namen und Herkunft verlauten lassen. Ich vergaß zu sagen, daß uns damals die NSV-Schwester auch einen Teil unserer neuen Namen genannt hatte. Also da hieß Alfred zum Beispiel Schulze, die Stauffenbergs Meister, Uta Wartenberg und die Seydlitz-Kinder Barth. Und ich sollte Franke heißen. Es war doch gräßlich, was diese Verbrecher mit uns vorhatten. Ob wir uns wohl niemals mehr unsere Namen sagen durften? Ob wir uns wirklich immer unserer Herkunft schämen sollten? Nein, nie könnte ich das tun, auf Vater muß man stolz sein, auf all die andern auch.»[46]

Weiterreichende Pläne der SS durchkreuzte das baldige Kriegsende. Christa von Hofacker: «In Sachsa hätten wir an sich acht Wochen bleiben sollen, unsere Eltern und Geschwister hätten in der Zeit umgebracht werden sollen. Dann sollten wir älteren in Nationalpolitische Erziehungsanstalten kommen und die kleineren in fremde SS-Familien verteilt werden.» Stramme Nazis wären wohl das Ergebnis dieser «Erziehung» gewesen ... Anfang April erreichten die Amerikaner das Harzgebiet und befreiten bald darauf die Kinder aus zehnmonatiger qualvoller Isolierung.

Die «Sippenhaft» war keineswegs auf die spektakuläre Verschwörung des 20. Juli beschränkt und wurde auch nicht erst in der Endphase des Krieges erdacht. Schon bald nach der Machtübernahme hatten die Nazis diese Methode der Disziplinierung und Einschüchterung oppositioneller Kreise entwickelt. Maßnahmen wie Entlassung aus dem Staatsdienst, Benachteiligung im Beruf, in der Schule, ständige Schikanen durch PGs und Gestapo machten Angehörigen der Nazi-Gegner das Leben von Anfang an schwer. Später erweiterten die Nazis den Katalog ihrer Sanktionen. Vor allem Familienväter hatten Gewissenskonflikte durchzustehen, weil sie wußten, welche Konsequenzen mögliche Zusammenstöße mit dem Regime für sie und ihre Familien haben konnten.

Am meisten traf es Ehefrauen

Am häufigsten waren die Ehefrauen aktiver Nazi-Gegner Opfer der Sippenhaftung, wenn die Gestapo ihre Männer einkerkerte. Ein Beispiel aus dem norddeutschen Raum: Am selben Tag, an dem der Hildesheimer Fritz Henze in die Hände der Staatspolizei fiel, wurde Mitte Juli 1936 auch seine Frau verhaftet.[47] Henze, Jahrgang 1906, Schlosser von Beruf, Gewerkschafter und SPD-Mitglied, war den örtlichen Nazis schon aus den letzten Jahren der Weimarer Republik bekannt und verhaßt. Er war der Schutzformation des «Reichsbanners» beigetreten, als die politischen Auseinandersetzungen zwischen den Nazis und ihren linken Gegnern zunehmend auf der Straße ausgetragen wurden. 1933 schloß sich Fritz Henze einer Widerstandsgruppe aus Sozialdemokraten und Kommunisten an. Über den Tag seiner Verhaftung berichtet er: «Mit unserem zweijährigen Sohn Claus auf dem Arm ist meine Schwiegermutter zur Gestapo gegangen und hat erklärt, nicht eher den Raum zu verlassen, bis ihre Tochter wieder entlassen wird. Da die ‹Unterhaltung› sehr lautstark geführt wurde und man versuchte, durch handfeste Drohungen einzuschüchtern, schrie Claus jämmerlich. Die Standfestigkeit hatte Erfolg. Um 22 Uhr 30 schließlich wurde die Entlassung meiner Frau angeordnet.»

Auch Henzes Mutter, damals siebenundfünfzig Jahre alt, nahm die Gestapo wenig später fest, ohne daß ein konkreter Verdacht gegen sie vorlag.

Die «Begründung» lautete: «Fluchtbegünstigung». Der Hintergrund: Nach siebenundzwanzigmonatiger Haft im Gefängnis und KZ wegen aktiven Widerstands war Wilhelm Henze, Fritz' älterer Bruder, im August 1936 mit seiner Frau aus Furcht vor erneuter Verhaftung nach Holland geflohen. Da griff sich die Gestapo eben die Mutter ... «Ihr und meinem Vater wurde erklärt, sie bliebe so lange in Haft, bis ihr Sohn sich in Deutschland stellte», erläutert Fritz Henze. «Mutter haßte die Nazis, wie Frauen hassen können. Wegen Verbreitung politischer Witze wollte ihr die Gestapo schon einmal Schwierigkeiten machen.»

Nach rund neun Monaten «Schutzhaft» wurde Frieda Henze entlassen, mit ruinierten Nerven, politisch aber ungebeugt. Ihr Sohn Fritz kam nach fünf Monaten Untersuchungshaft schon am 2. Weihnachtstag 1936 frei. Am 11. Mai 1937 wurde er erneut verhaftet und unter verschärften Bedingungen eingesperrt: Niemand durfte ihn besuchen. Als seine Frau sich darüber beschwerte, drohte die Gestapo: «Dann verhaften wir auch Sie noch mal!»

Für «Verräter» kein Pardon

Wirksam war die Ankündigung der Sippenhaft besonders in den Kriegsjahren, als Druckmittel gegen Soldaten, die die Sinnlosigkeit des Krieges erkannt hatten und zum Feind überlaufen wollten. Dazu ein besonders krasser Fall[48]:

Das Oberkommando der Wehrmacht wußte wenig und formulierte vorsichtig: Der Panzergrenadier Wenzeslaus Leiss aus Moers sei am 14. Dezember 1942 «vermutlich» zum Feind übergelaufen, als er mit einem Kameraden auf Doppelposten in der vordersten Linie des Grabenabschnitts seiner Abteilung Wache schob. Um auszutreten, ließ der andere Posten Leiss für kurze Zeit allein. Als er zurückkam, war sein Kamerad spurlos verschwunden. Ob er überlief oder von den Sowjets «kassiert» wurde, um ihn auszuhorchen, wurde nie geklärt. Jedenfalls gab man in der Wehrmacht Leiss die Schuld, daß ein kurz danach folgender Angriff der Rotarmisten erfolgreich war: Man unterstellte Verrat.

Dieser Vorfall an der Front bedeutete Arbeit für die Gestapo. «Auf Befehl des Führers» sollten «dringend» und als «Eilsache» «die nächsten Angehörigen und der engste Verkehrskreis des Leiss dahin überprüft werden, inwieweit die Tat des Leiss etwa auf Einflüsse aus diesem Personenkreis in politischer Hinsicht zurückzuführen ist.» Mit diesem Auftrag war die Weihnachtsruhe der Gestapobeamten in Krefeld gefährdet, denen die Ermittlungen am 22. Dezember übertragen wurden, denn Nachforschungen waren laut Weisung der Staatspolizeileitstelle Düsseldorf «auch über die Feiertage auszudehnen». Schon am 25. Dezember erhielt der zuständige SS-Obersturmbannführer Oberregierungsrat Dr. Abath Nachricht von seinen Krefelder Handlangern: Nur einer der Angehörigen von Wenzeslaus Leiss war kriminell oder politisch mit dem Gesetz in Konflikt gekommen: Sein Bruder Josef war 1935 im Alter von neunzehn Jahren auf Grund angeblicher «kommunistischer Zellenbildung in der HJ» wegen Vorbereitung zum Hochverrat zu einem Jahr und vier Monaten Gefängnis verurteilt worden, einer vergleichsweise geringen Strafe; vermutlicht lag nicht viel gegen ihn vor. Danach wurde Josef Leiss gelegentlich von der Kripo Moers als V-Mann in illegalen kommunistischen Kreisen eingesetzt und diente ab 1938 in der Wehrmacht, die ihn nach einer Verwundung 1942 entließ. Die Gestapo-Schnüffler fanden auch heraus, daß Wenzeslaus Leiss und seine Frau Theodora Mitglieder des polnischen Jugendvereins in Moers gewesen waren, der polnische Sitten und Bräuche pflegte, aber schon Mitte Juni 1939 von den Nazis aufgelöst worden war. Fazit: Die Untersuchungen der Gestapo förderten nichts Handfestes zutage, und dennoch: die Harmlosigkeiten aus dem Vorleben hinderten die Nazis nicht, eine Familie auszulöschen.

Am 2. Februar 1943, als in Stalingrad die Reste der deutschen Armee kapitulierten, begann die «Stapoleit. Düsseldorf Abt. II A» per «Fernspruch» auf Anordnung des Reichssicherheitshauptamtes, die Mutter, die Frau und deren Kind sowie die beiden Brüder des Wenzeslaus Leiss «sofort festzunehmen». Um 6 Uhr am nächsten Morgen ging die erste Vollzugsmeldung in Richtung Düsseldorf ab.

Zwei Wochen später, am 15. Februar 1943, traf bei der Düsseldorfer Gestapo ein dringendes Fernschreiben aus Berlin ein. Sein Text:

«Über die Familie Leiss ist folgende Pressenotiz erschienen: ‹Die Sicherheitspolizei ist einer Verräterfamilie, die der polnischen Minderheit in Deutschland angehörte, auf die Spur gekommen und hat sie unschädlich gemacht. Nachdem ein Sohn der polnischen Familie Leiss in Moers/Rheinland an der Ostfront zum Feind übergelaufen ist und weiteren, das Leben vieler deutscher Soldaten gefährdenden Verrat geübt hat, haben die angestellten polizeilichen Nachforschungen bei seinen Angehörigen ergeben, daß diese Familie seit Jahren kommunistische Zersetzungsarbeit betrieb und feindlichen Spionagezwecken dienstbar war.

Diese fortgesetzte Verratstätigkeit hat nunmehr durch die Hinrichtung der gesamten an der Verschwörung beteiligten Familie ihre Sühne gefunden.›

Die Angehörigen sind zu unterrichten, daß im Zuge dieser Maßnahmen
1. Josefa Leiss, geb. Heyden, geb. am 22. 1. 1881 in Reklin,
2. Felix Leiss, geb. am 19. 11. 1914 in Moers,
3. Josef Leiss, geb. am 3. 3. 1916 in Moers,
4. Theodora Leiss, geb. Chwiroth, geb. am 22. 1. 1915 in Homberg

hingerichtet worden sind.

Über die Kinder Marianne Leiss, geb. am 21. 10. 1940 in Moers, und Wilhelm Christen, geb. am 17. 1. 1938 in Moers, ist keinerlei Auskunft zu erteilen.

Das Vermögen des Felix Leiss ist seiner Witwe zu überlassen.

Das Vermögen der Josefa L., des Josef L. und der Theodora L. ist zu beschlagnahmen, soweit es sich nicht bereits in Besitz der Verwandten befindet.

Die Angehörigen der Exekutierten sind sorgfältig zu überwachen. Über besondere Vorkommnisse ist umgehend zu berichten. Sonst zum 10. 3. 1943.»

Auch Deutsche außerhalb des NS-Herrschaftsbereichs konnten mit der Ankündigung mundtot gemacht werden, ihre im Reichsgebiet lebenden Angehörigen würden ein Opfer der Gestapo, falls sie gegen Hitler agitierten. Selbst entfernte Verwandte durften sich nicht in Sicherheit wiegen. Richtlinien zur Handhabung der «Sippenhaft» gab es nicht; die Nazis wollten ganz bewußt willkürlich von Fall zu Fall entscheiden. Der Terror sollte unkalkulierbar bleiben, um jeden Widerstand im Keim zu ersticken.

Opposition der letzten Stunde

Arbeiter gegen Wahnsinnsbefehle

Die alliierten Truppen waren schon weit ins Reich eingedrungen, doch Durchhalteparolen galten weiter: Jedes Stückchen deutscher Erde sollte verteidigt werden. Um weiteres sinnloses Blutvergießen zu verhindern, kam es in den letzten Kriegswochen vielerorts zu spontanen Widerstandsaktionen. Im bayrischen Penzberg machten die Kumpel elf Tage vor der deutschen Kapitulation einen Aufstandsversuch[49]:

«In den frühen Morgenstunden des 28. April 1945 wurden auf der Welle des Großsenders München überraschende Meldungen durchgegeben. Urheber dieser Durchsagen war die sogenannte FAB [Freiheits-Aktion Bayern].

... In dieser Sendung wurde bekanntgegeben, daß der Krieg zu Ende sei ... Die Bevölkerung wurde aufgefordert, die Arbeit niederzulegen, weiße Fahnen zu hissen und sich im ganzen Land der führenden Nationalsozialisten zu bemächtigen, wie dies in München bereits geschehen sei. Sodann sollten die Vertreter der FAB, der demokratischen Parteien und vor allem die früheren Bürgermeister der Landgemeinden die Machthaber des Regimes absetzen und die Geschicke ihrer engeren Heimat wieder in die Hand nehmen.

In Penzberg saß der ehemalige sozialdemokratische Bürgermeister vor 1933, Hans Rummer, schon seit früh 4 Uhr am Rundfunk und hörte die Meldungen ab. Auf Grund der alarmierenden Durchsagen ließ er seine Gesinnungsgenossen verständigen und begab sich mit Sebastian Reithofer und

Franz Biersack kurz nach 6 Uhr ins Bergwerk, um die Stillegung des Betriebes zu veranlassen. Grund hierfür war das Gerücht, daß die Anhänger Hitlers vorhatten, beim Umsturz das Bergwerk, Wasserwerk und andere Anlagen zu sprengen und die Stadt zu verteidigen, Anlaß zum Handeln waren die Meldungen des Freiheitssenders. Rummer lag daran, diese Wahnsinnstaten und damit den Untergang Penzbergs zu verhindern und andererseits das Leben der eingefahrenen Bergleute zu retten. Nach längeren Verhandlungen mit Oberingenieur Becker und dem dann als allein zuständig herbeigeholten Bergwerksdirektor Dr. Ludwig gelang es Rummer, seine Forderungen durchzusetzen. Im Bergwerk hatten sich Ludwig März und Josef Kuck an Rummer angeschlossen. Der inzwischen verständigte Volkssturmführer D. wurde beauftragt, den Volkssturm zu alarmieren und unsichere Elemente auszusondern.

Nach Beendigung der Verhandlungen im Bergwerk fuhren Rummer und seine Kameraden in die Lager der kriegsgefangenen Russen und Franzosen. Dort erklärte Rummer den Wachen und Gefangenen die neue Lage, versprach letzteren die Freiheit, bat sie aber, zunächst noch im Lager zu bleiben, was sie auch zusicherten ... Sodann begab sich Rummer mit seinen Genossen ins Rathaus. Vor diesem stand bereits eine größere Menschenmenge, die über die neuen Ereignisse debattierte. Aus ihr schlossen sich noch Paul Badlehner, Johann Dreher und Rupert Höck an. Da der NS-Bürgermeister noch nicht erschienen war, informierte Rummer die anwesenden Polizisten und Beamten der Stadtverwaltung über die neue Lage und verpflichtete sie, unter ihm ihren Dienst weiter zu versehen. Dann setzte er den inzwischen gekommenen Bürgermeister V. von den Ereignissen in Kenntnis, erklärte ihn für abgesetzt, forderte die Übergabe der Schlüssel und legte ihm nahe, Penzberg zu verlassen. Als er ihm zusicherte, daß er persönlich und sein Eigentum unangetastet bleibe, gab V. schließlich nach und entfernte sich. Rummer, Reithofer, März, Badlehner, Dreher und Höck begaben sich dann in das Bürgermeisterzimmer, um über noch zu treffende Maßnahmen und die zukünftigen Geschicke der Stadt zu beraten ...»

Die Rache des «Werwolfs»

Der Aufstandsversuch wurde grausam gerächt: Morgens gegen 7 Uhr erschien Hauptmann Be. mit einigen seiner Soldaten auf der Bildfläche, nahm Rücksprache mit seinem Regimentskommandanten O. und erhielt den Befehl: «Rummer und seine Anhänger (sind) zu verhaften.»

«Be. ging daraufhin zum Rathaus zurück, entwaffnete Rummer und die bei ihm Befindlichen und erklärte sie hiermit für verhaftet. Hierbei wurden einige Pistolen in Polstersesseln gefunden, die Rummer und seine Genossen wegen des militärischen Eingreifens abgelegt und dort versteckt hatten.

Dann ließ er der vor dem Rathaus anwesenden Menschenmenge bekanntgeben, daß in zehn Minuten die Straße zu räumen sei, widrigenfalls scharf geschossen werde. Die letzten Vorgänge spielten sich etwa um 10 Uhr ab ... O. kam dann mit seinem Adjutanten Kuntze aufs Rathaus, wo ihm Be. die Festgenommenen übergab. O. stellte an Rummer, der allein als Sprecher fungierte, die Frage, ob er den Bürgermeister V. abgesetzt und ihm die Schlüssel abgenommen habe und ob er Be. aufgefordert habe, die Waffen niederzulegen und seine Soldaten nach Hause zu schicken. Diese Frage bejahte Rummer ... O. ließ dann die Festgenommenen in den Sitzungssaal bringen und dort bewachen. Dann setzte er den NS-Bürgermeister V., der ihm selbst schon von seiner Absetzung berichtet hatte, wieder in sein Amt ein und betraute Be. mit der Aufrechterhaltung von Ruhe und Ordnung in der Stadt ... O. entschloß sich ... nach München ... zu fahren, um dort Bericht zu erstatten ... und begab sich deshalb mit V. ins Zentralministerium zu dem damaligen Gauleiter und Reichsverteidigungskommissar Giesler. Dort erstatteten beide Meldung über die Vorfälle in Penzberg. Giesler entfernte sich daraufhin etwa fünf Minuten in ein Zimmer, kam dann zurück und erklärte: ‹Rummer und seine Leute werden umgelegt.› Ein Verzeichnis dieser Leute wurde nicht erstellt. Dann fragte er O., ob er ein Exekutionskommando stellen könne, was dieser bejahte. O. wandte ein, ob nicht ein Gericht zusammentreten müsse und bemerkte, daß er die Angelegenheit noch dem stellvertretenden Generalkommando melden müsse. Giesler fertigte ihn daraufhin barsch ab und stellte die Frage, wie lange O. mit seiner Truppe noch in Penzberg bleibe und dort für Sicherheit garantiere. O. antwortete, daß dies ungewiß sei und von weiteren Befehlen abhänge, die er von seiner Brigade erhalte. Giesler bestimmte nun mit den Worten: ‹Das machen Sie!› den anwesenden Volkssturmführer Zöberlein mit seiner Einheit nach Penzberg zu fahren und dort für Ordnung zu sorgen ...

In Penzberg herrschte bereits seit mehreren Stunden vollkommene Ruhe. Die Straßen waren menschenleer, da seit 16 Uhr Ausgangssperre verhängt war ... O. begab sich sofort nach seiner Rückkehr ins Bürgermeisterzimmer und traf unverzüglich die Vorbereitungen zur Exekution ... K. und Re. fuhren nun zur Erkundung eines geeigneten Erschießungsortes weg. Gleich nach ihrer Rückkehr wurden die Festgenommenen in den Regimentsomnibus gebracht und hinausgefahren, während das Peloton schon einige Minuten vorher zu dem nur einen Kilometer vom Rathaus entfernten Exekutionsplatz marschiert war. Die Erschießungen gingen so vonstatten, daß die Opfer einzeln aus dem Omnibus geholt und an einen Baum gefesselt wurden. Nachdem ihnen die Augen verbunden und Pappherzen angeheftet waren, gab Re. auf ein Zeichen des K. hin jeweils den Feuerbefehl. So fanden an der mit jungen Fichten bestandenen Bergwerkshalde Hans Rummer, Ludwig März, Rupert Höck, Paul Badlehner, Michael Bo., Johann Dreher und Michael Schwertl den Tod ...

Um diese Zeit befand sich Zöberlein mit seiner Einheit, der auch Zila und A. angehörten, bereits auf der Fahrt von München nach Penzberg. Unterwegs hatte er halten lassen und seinen Leuten erklärt, daß sie sich von nun an als Werwolf zu betrachten hätten und daß jeder Ungehorsam sofort mit dem Tode bestraft würde. Zwischen 18 Uhr 30 und 19 Uhr kam Zöberlein in Penzberg an, begab sich sofort ins Rathaus und ließ sich unter dem vereinbarten Kennwort bei O. melden. Seine Leute waren abgesessen und hielten sich zum Großteil im Erdgeschoß des Rathauses auf. Sie hatten Flugzettel dabei mit der Aufschrift ‹Werwolf Oberbayern› und dem Inhalt, daß kein ‹Verräter und Liebediener des Feindes› der tödlichen Rache des Werwolfs entrinnen werde. Diese Zettel wurden noch im Laufe des Abends an die Bevölkerung verteilt. Zöberlein ging dann zu O. und teilte ihm mit, daß er im Auftrage des Gauleiters die Exekution der Festgenommenen durchzuführen habe. O. bedeutete ihm daraufhin, daß diese schon vor zwei Stunden vollzogen worden sei ...

Mittlerweile hatten V. und R. die Namen einiger ‹politisch unzuverlässiger› Personen benannt ... Den Zettel, auf dem die Namen der ‹Unzuverlässigen› verzeichnet standen, übergab V. dem ... Polizeimeister Kugler mit der Anweisung, die Adressen anzufügen. Nach Erledigung dieses Auftrages brachte Kugler die Liste V. zurück ... Gegen 21 Uhr, als die Stadtwachmänner bereits auf Posten eingeteilt waren, kam ein Unterführer von Zöberlein vom Bürgermeisterzimmer in die Polizeiwache herunter. Er hatte den oben erwähnten Zettel in der Hand und verlangte nach ortskundigen Leuten und Stricken. Während es einigen Wachmännern gelang, sich der bedrohlichen Situation zu entziehen, wurden Gi., Pe. und zwei andere genötigt, den Verhaftungstrupps des Werwolfs den Weg zu den Wohnungen der Festzunehmenden zu zeigen ...

Die Festgenommenen, Biersack, Behlolawek und Summerdinger, waren in das Polizeizimmer im Erdgeschoß des Rathauses gebracht worden. Gegen 21 Uhr 45 waren mehrere Abteilungen des Werwolfs in die am nördlichen Stadtrand gelegene Heimstättensiedlung eingedrungen, um dort gleichfalls Verhaftungen vorzunehmen. Dabei kam es vor dem Haus des Bergmanns Hörmann zu einer Schießerei, bei der der Bergmann Josef Kastl von unbekannten Tätern so schwer angeschossen wurde, daß er einige Stunden später verstarb. Dagegen gelang es den Leuten Zöberleins nicht, jemand festzunehmen, da sich die Betreffenden bereits in Sicherheit gebracht hatten. Auch wagte der Werwolf nicht, weiter vorzudringen, da einige der Angegriffenen das Feuer erwiderten ... Etwa um 22 Uhr wurden Biersack und Behlolawek am Balkon des Hauses Reithofer – unmittelbar neben dem Rathaus – und Summerdinger an einem Baum gegenüber von unbekannten Werwölfen gehenkt ...

Zwischen 23 und 24 Uhr führte W. ein Verhaftungskommando zu Grauvogl, M. ein solches zu Fleißner und Mi. eines zu den Eheleuten Zenk. Die fünf Genannten wurden festgenommen und ins Rathaus gebracht. Nach kurzem Aufenthalt im Polizeizimmer wurden sie einzeln wieder abgeführt und an Bäumen in der Gustavstraße, beim Staltacherhof und in einem Garten der Karlstraße gehenkt ... Außerdem waren im Laufe des Abends noch sieben weitere Personen – von wem, war nicht mehr festzustellen – auf die Liste der zu Verhaftenden gesetzt worden. Diese konnten jedoch, trotzdem nach ihnen gesucht worden war, nicht festgenommen werden, da sie sich bereits in Sicherheit gebracht hatten. Gegen 2 Uhr früh fuhr der letzte Lastwagen des Werwolfs nach München zurück ...»

Juden

»Mutti, wo fahren die vielen Leute hin?»
«Aufs Land.»
(Aus: Kurt Halbritter: Adolf Hitlers Mein Kampf)

Kein Aprilscherz

Ihr Stammcafé am Kurfürstendamm mußten Berliner Juden ab Mitte März 1933 nicht selten früher als geplant verlassen: Schlägertrupps der SA ließen nicht nur ihre Muskeln spielen, sie pöbelten und prügelten und machten die Lokale im Handumdrehen «judenfrei». Vereinzelt wurden auch jüdische Läden demoliert. Mädchen, die mit Juden befreundet waren, führten die Braunhemden genüßlich durch die Stadt – in Berlin ebenso wie in anderen Städten des Reiches.

Die Parteispitze gab sich vorerst lauwarm: Sie bekannte sich nicht zu den Ausschreitungen der übereifrigen Pgs, die sie intern eindeutig billigte. Als sich im Ausland kritische Reaktionen auf die antijüdischen Ausfälle häuften, traten die Nazis die Flucht nach vorn gegen die «infame Greuelhetze» an. Ein reichsweiter Boykott jüdischer Geschäfte, Ärzte und Anwälte wurde für den 1. April 1933 als «Antwort» angesetzt. «Schlag 10 Uhr» postierten sich SA-Männer auftragsgemäß vor den Eingangstüren, versuchten Kunden und Besucher abzuwehren und zu «missionieren», fotografierten sie oder machten schlichtweg ihre Personalien «aktenkundig».

Die damals elfjährige Inge Deutschkron, die mit ihren jüdischen Eltern in Berlin lebte, erinnert sich an den Tag des Boykotts[1]:

«Draußen marschierten sie ‹... mit ruhig festem Tritt ...›. Demonstrativ zerrissen sie in unserer Straße die schwarzrotgoldene Fahne der Weimarer Republik in kleine Fetzen. Andere trugen Spruchbänder und Schilder mit den Parolen: ‹Deutsche, kauft nicht bei Juden. Das Weltjudentum will Deutschland vernichten. Deutsches Volk, wehr Dich ...!› Das konnte ich aus dem Fenster unserer Wohnung mit ansehen. Auf die Straße gingen wir an diesem Tag nicht.»

Das Erlebnis machte Eindruck – nicht nur auf Kinder. Im Unterschied zu vielen anderen Juden, die das als eine einmalige «Entgleisung» der Nazis ansahen, schienen die Deutschkrons mit weiteren Aktionen gerechnet zu haben. Sie taten etwas zunächst noch Ungewöhnliches: Sie «sortierten» ihren Bücherschrank. Erstaunliche Weitsicht? Ihre Tochter berichtet:

«Auf dem gewaltigen schwarzen Schreibtisch türmten sich Broschüren, Papiere, Bücher in wüstem Durcheinander. Schonungslos lichtete meine Mutter die Reihen der Bücher, während mein Vater ein wenig hilflos und unglücklich daneben stand. Bücher gehörten zu den heiligsten Besitztümern meiner Eltern. Ein Buch war das erste Stück gewesen, das sie sich nach ihrer Heirat gemeinsam angeschafft hatten. Noch blieben die Werke der politischen Klassiker wie Marx und Engels von der Aussortierung unberührt. Sie erhielten lediglich andere Plätze, an denen sie nicht sogleich ins Auge fielen. Damals meinten auch meine Eltern noch, daß die Existenz dieser Werke und ihre Lehren doch nicht einfach geleugnet werden könnten. Wichtiger schien es, jene Broschüren mit militantem politischem Inhalt, die Aufforderungen zum Kampf gegen den Nationalsozialismus enthielten, und die provokatorischen Reden, die mein Vater in säuberlich gebündelten Manuskripten aufbewahrte, zu beseitigen.»

Über Nacht hatte sich Mißtrauen in das Leben der Deutschkrons eingeschlichen:

«Wie unsere Nachbarn dachten, das wußten wir nicht. Über einen unverbindlichen Gruß im Treppenhaus hinaus hatte es keine Kontakte gegeben. Konnten wir sicher sein, daß aus so indifferenten Nachbarn über Nacht nicht überzeugte oder opportunistische Anhänger der neuen Ordnung geworden waren? Dann aber bedeuteten sie eine Gefahr für uns, deren Gegnerschaft zum Nationalsozialismus nie geleugnet worden war. Früher hatten wir uns nicht darum gekümmert, wes Geistes Kind der Nachbar war. Nun beobachteten wir unwillkürlich, ob in seinen Bewegungen, seinen Blikken etwas entdeckt werden konnte, was auf seine Einstellung schließen ließ.»

Nachdem sie die aussortierten Bücher und Schriften im Küchenherd verbrannt hatten, entschlossen sich die Deutschkrons, vorläufig ihre Wohnung zu verlassen. «Sobald es dunkel wird, fahren wir nach Spandau», entschied Frau Deutschkron. Spandau – das hieß zu einer Schwester von Inges Vater, die mit ihrem Mann ein Textilgeschäft besaß und ein paar Esser mehr am Tisch durchaus verkraften konnte:

«Am Abend dieses 1. April verließen wir das Haus. Wir vermieden jedes laute Geräusch. Fast schlichen wir uns davon. Nach dem Lärm des Tages, nach Trommeln, Querpfeifen und Marschmusik war die Stille des Abends fast spürbar. Wir trafen nur wenige Menschen auf der Straße. An einigen jüdischen Geschäften waren Spuren des Geschehens zu erkennen. Ein Davidstern in weißer Ölfarbe auf eine Schaufensterscheibe gemalt oder Glasscherben auf dem Pflaster vor einem Geschäft, die darauf hindeuteten, daß es hinter den herabgelassenen Rolläden keine Scheiben mehr gab. Das war alles, was wir an diesem Abend sehen konnten ...

Was wir in Spandau zu hören bekamen, wirkte ebenfalls beruhigend. Gewiß, SA-Posten hatten vor dem Geschäft von Onkel Hannes gestanden. Einer dieser SA-Männer hatte sich sogar entschuldigt: ‹Es ist nur so eine Maßnahme ...› Gute Kunden hatten, ohne belästigt zu werden, das Geschäft betreten können. Es herrschte eine seltsame Stimmung an jenem Abend. Es war, als hätte die Hoffnung, daß alles doch noch gut werden könnte, ein Stückchen Wirklichkeit gewonnen.

Nach diesem Ausflug nach Spandau, der mehrere Tage gedauert hatte, waren wir wieder in unsere Wohnung zurückgekehrt. Mir schien es dennoch nicht mehr das gleiche ‹Zuhause› zu sein. Mit ihm verband sich nicht mehr das einstige Gefühl der Geborgenheit. Immer wieder horchte ich auf Schritte im Treppenhaus, als könnten sie eine nahende Gefahr ankündigen. Meine Eltern schienen nicht mehr so besorgt zu sein. Einige unserer Freunde waren aus der Gestapo-Haft in der Prinz-Albrecht-Straße entlassen worden. Ich hörte nur Bruchstücke ihrer Berichte: ‹... da war ein langer Gang, durch den ich rennen sollte, und als ich ihrem Befehl nicht schnell genug folgte, schlugen sie aus allen Richtungen auf mich ein, bis ich wie bewußtlos dahintorkelte ...› Andere schwiegen über ihre Erlebnisse, und wieder andere gelangten nie mehr in die Freiheit. Sie wurden sofort in ein Konzentrationslager eingewiesen, und nur die wenigsten von ihnen überlebten. Der Begriff ‹KZ› hatte damals noch nicht die Bedeutung erlangt wie heute. Hinter vorgehaltener Hand wurden Namen genannt: ‹Oranienburg› oder ‹Dachau›.»

Erpressung auf dem Dienstweg

Wie ein Rechtsanwalt aus seinem Beruf verdrängt wurde

Hakenkreuzfahnen sah man nur selten, wenn man am Tage nach der Machtergreifung durch die Straßen der Kleinstadt Jungheim nahe Berlin schlenderte, in der der jüdische Rechtsanwalt und Notar Siegfried Neumann seit 1925 eine florierende Kanzlei besaß.[2] SS-Männer hatten zwar die Verkehrsregelung an einer Baustelle übernommen, aber war das nicht völlig harmlos? Und auch im Büro gab es keinerlei Anzeichen, daß Hitler bald wahrmachen würde, was er oft genug angekündigt hatte: die deutschen Juden aus dem öffentlichen Leben «auszumerzen».

Im Gegenteil: In Neumanns Praxis war einer der ersten Mandanten am 31. Januar 1933 ein SS-Mann in voller Uniform, der eine notarielle Beglaubigung seiner Unterschrift benötigte. Er wußte, daß er Klient «beim Juden» war und beileibe nicht der einzige Nazi in Neumanns Kanzlei. Konflikte waren nicht in Sicht: Die Tochter eines NS-Stadtrates blieb auf ihrer Lehrstelle in Neumanns Büro, und ein Anwalt in SA-Montur nahm seinen jüdischen Kollegen im Wagen mit.

Von Judenhetze war in den ersten Wochen der braunen Herrschaft nicht viel zu spüren, doch nach der Reichstagswahl am 5. März machten die Nazis mobil: Eines Morgens lagen die Schaufensterscheiben der jüdischen Geschäfte von Jungheim in Scherben. Noch reagierten die meisten christlichen Mitbürger empört; die Nazis gaben sich kleinlaut und versuchten, die Tat den Kommunisten in die Schuhe zu schieben.

Das dicke Ende folgte: «Schlagartig setzte eine Judenhetze von unerhörtem Ausmaß im Radio ein, ebenso in der Presse und teilweise auch schon in Umzügen. Der Lautsprecher brüllte tagsüber und abends seine Hetzreden. Wer selbst keinen Juden kannte, mußte den Eindruck gewinnen, es handele sich um ein Raubtier, wie es in dieser Ungeheuerlichkeit in der ganzen Tierwelt nicht vorkommt», erinnert sich Siegfried Neumann. In der Nachbarstadt beging einer seiner jüdischen Kollegen in jenen Tagen mit seiner Frau Selbstmord, und auch Frau Neumann spielte mit dem Gedanken, den Gashahn aufzudrehen.

Am 1. April 1933 fuhr Neumann nicht ins Büro. Der Vorsitzende des Boykottausschusses von Jungheim hatte ihn in einem Brief aufgefordert, «im eigenen Interesse» vorerst auch dem Gericht fernzubleiben. Neumann saß weiter zu Hause, denn Anfang April hetzten die Zeitungen auch gegen jüdische Anwälte. Erst als sie schrieben, der Boykott sei beendet, fuhr Neumann wieder ins Büro, «weil ich gerade einen Termin auf dem Gericht hatte. Ich wunderte mich, daß mich alle erstaunt ansahen. Aber niemand sagte etwas. Ich wußte nicht, daß inzwischen hintenherum im Verwaltungswege ein allgemeiner Ausschluß der jüdischen Anwälte vom Betreten der Gerichtsgebäude kraft des Hausrechts der Justizbehörden verfügt war. Unbefangen nahm ich meinen Termin wahr. Als ich einem gegnerischen Zeugen Vorhaltungen machen mußte, erwiderte dieser, er brauche auf meine Fragen nicht zu antworten.» Der Richter intervenierte zugunsten Neumanns, und auch die NSDAP-Ortsgruppe erklärte auf Anfrage des Aufsichtsrichters, sie habe nichts gegen sein Auftreten vor Gericht einzuwenden. Doch die Schonfrist lief bald ab.

Für einige Tage konnte Neumann seine Termine wahrnehmen, dann erteilte ihm das Landgericht Hausverbot fürs Amtsgericht – vermutlich hatte sich ein «arischer» Kollege beschwert. Justizstaatssekretär Roland Freisler, der schon den Anwaltsboykott Anfang April von Berlin aus gesteuert hatte und später als Präsident des «Volksgerichtshofes» berüchtigt werden sollte, setzte seine Kampagne gegen die jüdischen Juristen fort: Auf dem Dienstwege bekam «Nichtarier» Neumann eine Verfügung, er solle sofort freiwillig erklären, nicht länger als Notar zu arbeiten. Die «Volksempörung», hieß es in der Begründung des Ministeriums, dulde nicht länger, daß Juden amtliche Urkunden ausstellten.

Neumanns Einschätzung: «Wollte ich mich vor Konzentrationslager oder anderen Dingen bewahren, so mußte ich natürlich die gewünschte ‹freiwillige› Erklärung abgeben. Meine seelische Erregung ... läßt sich mit Worten nicht wiedergeben. Damals steckte man noch mitten drin im gesetzlichen Leben eines Rechtsstaates, in dem man groß geworden ist. Da fällt es ausgerechnet dem Justizministerium ein, auf dem Dienstwege ganz gewöhnliche Erpresserbriefe zu verbreiten, weil man die Ausschaltung der jüdischen Notare noch nicht durch Gesetz erreichen kann.»

«... sind zu entlassen»

1. April 1933 Verfügung des Reichskommissars für die preußische Justiz: jüdischen Notaren in Preußen wird jede Amtstätigkeit untersagt

4. April 1933 zweite Rundverfügung: Vertretungsverbot für jüdische Rechtsanwälte in Preußen

7. April 1933 Gesetz zur Wiederherstellung des Berufsbeamtentums, Auszug: «§ 3, Artikel 1: Beamte, die nicht arischer Abstammung sind, sind in den Ruhestand zu versetzen; soweit es sich um Ehrenbeamte handelt, sind sie aus dem Amtsverhältnis zu entlassen.

Artikel 2: Absatz 1 gilt nicht für Beamte, die im Weltkrieg an der Front für das Deutsche Reich oder für seine Verbündeten gekämpft haben oder deren Väter und Söhne im Weltkrieg gefallen sind ...»

Von 717 «nichtarischen» Richtern und Staatsanwälten verloren 381 (53 Prozent) auf Grund dieser Bestimmungen ihre Stellung, die restlichen 336 Beamten saßen allerdings auf einem Schleudersitz, denn die auf dem «Parteitag der Freiheit» verkündeten «Nürnberger Gesetze» fegten die Ausnahmeregelungen am 15. September 1935 vom Tisch.

7. April 1933 Ein weiteres Gesetz verbietet die Neuzulassung «nichtarischer» Rechtsanwälte.

Vorerst resignierte Neumann nicht, sondern kämpfte um seine Wiederzulassung vor Gericht: Er ließ sich bescheinigen, kein Kommunist, sondern Mitglied der Demokratischen Partei zu sein und verwies auf seinen Einsatz an der Front. Den Nazis genügte das nicht: Neumann mußte eidesstattliche Versicherungen unterschreiben, als Anwalt keinen Kommunisten verteidigt zu haben, und außerdem nachweisen, daß er an mindestens einem Gefecht im Ersten Weltkrieg teilgenommen hatte. Frontkämpfer wollten die Nazis von ihren diskriminierenden Sonderbestimmungen eigentlich ausnehmen, doch Neumanns Akte verstaubte bei der Anwaltskammer, die seine Angelegenheit zu prüfen hatte. Auch das Justizministerium übte sich in Verschleppungstaktik, bis es schließlich dem Reichsbund jüdischer Frontsoldaten gelang, Reichspräsident und Generalfeldmarschall a. D. Hindenburg zu mobilisieren – mit Erfolg: Nach drei Monaten Zwangspause konnte Neumann wieder auf dem Amtsgericht verhandeln.

JUDEN RAUS!

D.R.G.M. 1446399

Das zeitgemäße und überaus lustige Gesellschaftsspiel für Erwachsene und Kinder

An diesem außerordentlich heiteren und zeitgemäßen Gesellschaftsspiel können sich 2–6 Personen beteiligen. / Zu dem Spiel gehören 1 Würfel, [redacted] 6 Figuren und 36 Hütchen [redacted] Jeder Spieler erhält eine Figur, die die Nummern 1–6 tragen

Anzeige für ein antisemitisches Gesellschaftsspiel, 1934.

(aus: Neue Gesellschaft für Bildende Kunst (Hg.): Faschismus, S. 109)

Willkommen war er aber nicht: Anwaltskollegen bestritten seine Wiederzulassung, die Richter forderten konkrete Nachweise. Zudem hetzte ihm sein eigener Bürovorsteher zur gleichen Zeit sogar die Kripo ins Büro, die jedoch nichts «Belastendes» fand. Als Neumann Mitte 1933 auch das Notariat wieder ausüben durfte, stand er vor einer weiteren Schwierigkeit: «... man konnte das nur von Mund zu Mund bekanntmachen. Unsere Zeitung nahm Inserate von Juden nicht mehr auf.»

Dennoch glaubte Neumann «einigermaßen ruhig» in die Zukunft sehen zu können. Seine wirtschaftliche Existenz war allerdings schwer erschüttert, mit der Praxis ging es bergab. Er mußte sein Personal von sechs Angestellten erheblich reduzieren, vom Staat bezahlte Armenrechtsmandate wurden ihm vorenthalten. Für das Notariat war die beste Zeit versäumt: Das Erbhofgesetz[3] ließ Grundstückskäufe und Hypothekeneintragungen im ländlichen Raum stocken.

Am 30. September lief die Frist ab, bis zu der Neumanns Notariat widerrufen werden konnte: «Ich hatte mich schon sicher gefühlt, da erschienen an diesem Tag in meinem Büro der Justizoberinspektor und ein Gerichtsdiener des Amtsgerichts mit einem Schlosser. Ich unterbrach die Besprechung, die ich gerade hatte. Der Oberinspektor hatte eine Miene, als ob er zu einem Begräbnis gekommen wäre. Ich kannte ja die alten Beamten unseres Gerichts nun seit zehn Jahren. Er übergab mir die Verfügung des Justizministers: ‹Gemäß Paragraph 4 des Berufsbeamtengesetzes entlasse ich Sie hiermit aus dem Amte als Notar.› Der ... Justizwachtmeister war mitgekommen, um die Zustellung zu bewirken, der Schlosser, um sofort die Amtssiegel aus der Siegelpresse zu entfernen. Stempel und Notariatsregister mußte ich sofort mitgeben. Sämtliche Notariatsakten gingen an das Amtsgericht zur Verwahrung, wie bei einem gestorbenen Notar. So hatte mich in letzter Minute doch noch mein Schicksal ereilt. Gründe waren nicht angegeben. Ich bewahrte äußerlich meine Ruhe und setzte die unterbrochene Konferenz mit meinem Mandanten fort.»

Siegfried Neumann glaubte, ohne Einkünfte aus dem Notariat seine Familie nicht mehr ernähren zu können. Erste Auswanderungspläne scheiterten aber an der Devisensperre der Nazis.

1934 schien es Neumann, als flaue die Judenhetze ab, doch gab es in der Praxis wieder mehr zu tun. Andererseits brachte das Erbhofgesetz für einen kleinstädtischen Anwalt immer spürbarere Einbußen. Neumann erläutert: «Jede rechtsgeschäftliche Vereinbarung über einen Erbhof oder dessen Zubehör, also insbesondere die Veräußerung oder Aufnahme einer Hypothek, bedurfte der Genehmigung des Anerbengerichtes, das bei jedem Amtsgericht gebildet wurde. Eine Vertretung vor diesem war nur durch Anwälte ‹deutschen Blutes› zulässig, auch Anträge oder Schriftsätze, die von einem jüdischen Anwalt oder Notar entworfen, aber von der arischen Partei selbst unterzeichnet waren, mußten nach ausdrücklicher Vorschrift des Gesetzes zurückgewiesen werden. Also wurde der jüdische Jurist wieder aus einem großen Gebiete ausgeschaltet, auch wenn er an sich zugelassen war.»

Neumanns Verfahren, sein Notariat wiederzuerlangen, kam über Monate nicht vom Fleck, auch ein Gespräch mit dem zuständigen Ministerialrat im Reichsjustizministerium blieb ergebnislos. Im November 1934 – inzwischen hatte eine neue Welle antijüdischer Boykottpropaganda eingesetzt – kam der Bescheid: Neumanns Eingabe war endgültig zurückgewiesen. Auch eine Klage gegen den Staat scheiterte. Für die geplante Revision beim Reichsgericht fand sich kein Anwalt, der die Sache übernehmen wollte.

Neumanns Praxis schrumpfte weiter. Als die Nazis an der belebtesten Stelle von Jungheim eine Tafel aufstellen, auf der alle in der Stadt wohnenden Juden mit Namen und Beruf verzeichnet waren, konnten sich wohlmeinende «Arier» nicht mehr rausreden, sie wüßten nicht, daß sie mit Juden verkehrten. Eine Reihe von Mandanten, vor allem Geschäftsleute, gaben dem Druck der Nazis nach und suchten sich einen nicht-jüdischen Anwalt, nur wenige christliche Klienten, die wirtschaftlich unabhängig waren, hielten Neumann die Stange. Einen bescheidenen finanziellen Ausgleich brachte die Verordnung, daß «arische» Anwälte keine Juden mehr vertreten durften und nunmehr alle Juden Neumanns Praxis aufsuchten, wenn sie Rechtsberatung brauchten.

1937 gab Neumann auf: Er ließ sich beim Palästinaamt für eine Auswanderung vormerken, prompt sperrte die Devisenstelle seine Konten. Nach dem Münchner Abkommen Ende September 1938 zogen die Nazis ein lange vorbereitetes Gesetz aus der Schublade, das jüdischen Rechtsanwälten ihre weitere Berufsausübung verbot. Am 30. November 1938 sollte Siegfried Neumann aus der Anwaltschaft ausscheiden. Doch schon vorher, gleich nach der «Reichskristallnacht», wurde er verhaftet und ins Konzentrationslager Oranienburg verschleppt. Nachdem er sich bereit erklärt hatte, Haus und Grundbesitz spottbillig zu verkaufen, ließen die Nazis ihn und seine Familie emigrieren.

Nazis rügen: «Rassebewußtsein fehlt»

Bauern bleiben ihren Viehjuden treu

«Zutritt zum Viehmarkt für Juden verboten.» Schilder mit dieser Aufschrift signalisierten den «Viehjuden» (Nazi-Jargon) schon an den Ortseingängen Frankens den Anbruch der «neuen Zeit». Aber noch war die traditionelle jüdische Handelsdomäne nicht ernstlich gefährdet. Die örtlichen Polizeistellen, die sich mit ihrer Schilderaktion bei den braunen Machthabern gleich im ersten Regierungsjahr einen weißen Fuß machen wollten, stießen bei den Bauern auf wenig Gegenliebe. Sie kauften weiter da, wo sie seit alters gut bedient wurden: bei David, Fleischmann, Günter und wie die jüdischen Viehhändler im Fränkischen sonst noch hießen. Resigniert gestand eine unterfränkische Behörde im September 1935 ein: «In einzelnen Ortschaften des Bezirks blüht der Handel mit den Bauern noch genauso wie früher. Dies ist besonders darauf zurückzuführen, daß der (!) Jude immer noch in der Lage ist, den Bauern zu kreditieren sowie gegen Bargeld zu kaufen, ferner auch darauf, daß es an arischen Viehhändlern mangelt ...»[4]

«Juden unerwünscht»? Selbst die Dienststellen des Reichsnährstands, der Nazi-Zwangsorganisation für die Bauern, legten eine «etwas seltsame Stellung zur Judenfrage» an den Tag, wie das Bezirksamt Ebermannstadt im März 1936 verwundert feststellte: «Während zunächst im Januar dieses Jahres die Kreis- und Bezirksbauernschaften mit ungeheurem Nachdruck forderten, daß sämtlichen jüdischen Viehhändlern die Wandergewerbescheine, Legitimationskarten etc. versagt würden, wurde nunmehr in jedem Einzelfalle der entgegengesetzte Standpunkt eingenommen. Es ging sogar so weit, daß ein Bezirksbauernführer einem jüdischen Händler eine Bestätigung über seine Zuverlässigkeit ausstellte.»[5]

Wenn's um den eigenen Vorteil ging, war den fränkischen Bauern die Nazi-Ideologie meist egal. «Nicht einmal die einfachsten Richtlinien der nationalsozialistischen Bewegung» hätten die Landmänner erfaßt, tobte im September 1936 ein Kreisbauernführer und nahm seine unteren Chargen an die Kandare: In Zukunft sollten die Ortsbauernführer «der Kreisleitung Meldung machen, wenn ein Stück Vieh verkauft werden soll; die Kreisleitung wird dann einen leistungsfähigen Viehhändler in die betreffende Gemeinde entsenden, der den Bauern das Vieh zu anständigen Preisen abnimmt.»[6]

Leistungsfähige Viehhändler, anständige Preise? Die Bauern dachten anders. Zwei Jahre später, 1938, machte die Staatspolizeileitstelle München eine «erschreckende Feststellung»: Erhebungen hatten ergeben, daß noch immer «ein großer Prozentsatz der Bauern» mit Juden Geschäfte macht. Auch jetzt wieder wurde «als Ursache dieser Mißstände ... angegeben, daß auf dem Lande ein Mangel an verlässigen, kapitalkräftigen, arischen Viehhändlern bestände, so daß die Bauern gezwungen seien, ihre Viehhandelsgeschäfte mit Juden abzuschließen.»

Natürlich glaubte die Staatspolizei den Beteuerungen der Bauern nicht. In bewährter Manier bog sie das finanzielle Problem zu einer Frage ideologischer Zuverlässigkeit um: «Die tiefere Ursache liegt ... in der Einstellung der Bauern, die jegliches Rassebewußtsein vermissen läßt ... der Großteil der Bauern (ist) gegenüber weltanschaulichen Lehren des Nationalsozialismus vollständig unempfänglich.» Da half nur Druck: «durch materielle Nachteile» sollten die Bauern «gezwungen werden, mit arischen Händlern in Geschäftsverbindung zu treten. Es wurden deshalb dem Reichsnährstand ... alle Bauern gemeldet, von denen bekannt ist, daß sie bei Juden einkaufen, damit ihnen alle Begünstigungen des Reichsnährstands (zum Beispiel Modernisierungshilfen) entzogen werden.»[7]

Materieller Druck auf die Bauern, Schikanen gegen die Juden zeigten schließlich Wirkung. Im April 1939 konnten die Inspekteure der Gendarmerie aufatmen: «Der Landkreis Ebermannstadt darf nunmehr als judenfrei bezeichnet werden, nachdem auch die in Aufseß wohnhaft gewesenen drei Familien David, Fleischmann und Günter diesen Ort für immer verlassen haben.»[8]

Tauziehen um eine Kuh

Im Namen des Deutschen Volkes!

In Sache des Alfred Mayer in ... Kläger
gegen den Landwirt Jakob Juster VIII. in ... Beklagten
wegen Forderung
hat das Amtsgericht ...
auf die mündliche Verhandlung vom 5. Juli 1938
durch den Gerichtsassessor ...
für Recht erkannt:

1. Die Klage wird als unbegründet abgewiesen.
2. Der Kläger hat die Kosten des Rechtsstreits zu tragen.
3. Das Urteil ist vollstreckbar.

Tatbestand

Der arische Beklagte kaufte bei dem jüdischen Kläger am 8. 9. 1937 eine frischmelkende Kuh. Auf den Kaufpreis gab er eine andere Kuh dem

Kläger; ferner sollte er noch 60,70 RM bezahlen. Da der Beklagte diese Zahlung verweigerte, verklagte ihn der Kläger und beantragte den Beklagten kostenfällig zu verurteilen, an den Kläger 60,70 RM nebst 5% Zinsen zu zahlen.
Der Beklagte beantragte kostenpflichtige Klageabweisung. Er macht zu seiner Zahlungsverweigerung geltend, daß der Kläger ihm beim Kaufe zugesichert habe, die an ihn gelieferte Kuh gäbe täglich 15 Liter Milch; der tatsächliche Milchertrag betrage jedoch nur 2–3 Liter.
Im Termin zur mündlichen Verhandlung wurde der Bezirksbauernführer Jäger, O ..., als Auskunftsperson gehört. Auf seine Äußerung Blatt 6 der Akten wird Bezug genommen.

Entscheidungsgründe

Dank der langjährigen umfassenden Aufklärung in der Judenfrage durch die NSDAP meidet heute jeder anständige Volksgenosse den Verkehr mit Juden. Er weiß, daß ein solcher Verkehr den Interessen der Volksgemeinschaft zuwiderläuft und daß er sich durch den Abschluß von Geschäften mit Juden außerhalb dieser Gemeinschaft stellt. Wer mit Juden handelt, gilt daher allgemein als unehrenhaft.
Diese Anschauung herrscht auch im hiesigen Bezirk und Wohnort des Beklagten, wo nach den Angaben des Bezirksbauernführers Jäger, O. ..., die Landwirte in jeglicher Hinsicht und bei jeder Gelegenheit in der Judenfrage aufgeklärt worden sind. Demgemäß kaufen die Volksgenossen in den letzten Jahren kaum noch bei Juden. Der Ausfall hat sich für diese in so erheblichem Maße bemerkbar gemacht, daß sehr viele von ihnen ihren Gewerbebetrieb aufgeben mußten. Die wenigen Geschäfte, welche noch von Volksgenossen mit jüdischen Viehhändlern abgeschlossen werden, geschehen in der Regel heimlich. So hat Bezirksbauernführer Jäger bestätigt, daß bei solchen Geschäften oft nachts den Juden das Vieh zugetrieben bzw. von dort geholt oder daß in anderer Weise der Handel verheimlicht und verschleiert worden ist. Dieses Bestreben, den geschäftlichen Verkehr mit Juden zu verbergen, zeigt, daß sich der betr. Volksgenosse seines Verhaltens schämt und schämen muß, weil er unanständig gehandelt hat.
Diese Auffassung bestand auch bereits allgemein ohne Einschränkung im Jahre 1937, der Zeit des Abschlusses des vorliegenden Viehkaufs. Der jüdische Kläger wußte, daß er, wie die Angehörigen seiner Rasse überhaupt, allgemein als lästig und unerwünscht angesehen werden und daß zwischen ihnen und den Deutschen Volksgenossen streng geschieden werden soll. Ebenso war sich der Beklagte nach seinen Angaben bewußt, daß sein Verhalten dem herrschenden Volksbewußtsein widersprach. Es bestand für ihn auch keinerlei dringende Notwendigkeit, bei dem jüdischen Kläger zu kaufen. Er konnte das gesuchte Stück Vieh bei

den verschiedenen, im Bezirk ansässigen arischen Händlern erwerben. Ferner stand ihm die dafür eigens vom Reichsnährstand gegründete Nutzviehbeschaffungsstelle zur Verfügung. Diese gewährt auch nach den Angaben von Bezirksbauernführer Jäger Ausstand, Ratenzahlungen und sonstige Zahlungserleichterungen, welche der Beklagte angeblich von dem jüdischen Kläger zu erlangen hoffte.
Nach alledem verstößt der zwischen den Parteien abgeschlossene Viehkauf gegen die guten Sitten, wie sie nach der Aufklärungsarbeit der Partei schon zur Zeit des Geschäftsabschlusses allgemein im Volk bestanden. Das Geschäft ist daher nach § 138 BGB nichtig.
Man kann die Sittenwidrigkeit eines Geschäfts zwischen Volksgenossen und Juden in Zweifel ziehen, wenn der Abschluß in der Zeit kurz nach der Machtübernahme erfolgt ist, wo die Auffassungen der NSDAP in der Judenfrage noch nicht das Volk in seiner Gesamtheit durchdrungen hatten. Bejaht werden muß diese Frage aber für das Jahr 1937, wo der Nationalsozialismus zur Weltanschauung des Deutschen Volkes geworden war. Und dieser Weltanschauung untersteht auch die Beurteilung der unter ihrer Herrschaft abgeschlossenen Geschäfte, so daß es nicht angeht, daß Erscheinungen, welche die Partei als das Gewissen der Nation aufs schärfste Verurteilt, rechtlicher Schutz und Bestand verliehen wird.
Da der Kauf nichtig ist, vermag der Kläger auch nicht die Zahlung des Kaufpreises von dem Beklagten zu fordern. Die Herausgabe der dem Beklagten gelieferten Kuh hat der Kläger nicht beantragt. Die Klage war abzuweisen. Als Folge dieser Klageabweisung hat der Kläger die Kosten des Rechtsstreits nach § 91 ZPO zu tragen. Das Urteil ist gemäß §§ 20, 18 Entl. VO rechtskräftig und vollstreckbar.

gez. Unterschrift[9]

Liebe hieß jetzt «Rassenschande»

Die Nürnberger Gesetze von 1935

Ort: Bayreuth, Zeit: September 1933:

«... Der Jude Justin Steinhäuser hat vor kurzem das Aufgebot mit einer hiesigen Christin beantragt, und letztere hatte trotz eindringlicher Belehrung durch das Standesamt auf der Erlassung des Aufgebots bestanden. Das Aufgebot wurde erlassen, da gesetzliche Hinderungsgründe nicht bestanden. Die Ehe wurde auswärts geschlossen. Der nationale Staat spricht

Stürmerkasten in Planitz in Sachsen

Einige Amtswalter der N. S. Hago stifteten in Planitz in Sachsen diesen Aushängekasten für den Stürmer

Frauen und Mädchen die Juden sind Euer Verderben!

sich grundsätzlich gegen Judenmischehen aus. Insbesondere haben Kinder aus einer Ehe zwischen Juden und Christen schwere Nachteile für ihr Fortkommen zu erwarten. Da eine Änderung des Personenstandsgesetzes bis jetzt nicht erfolgt ist, können solche Ehen zur Zeit rechtlich nicht verhindert werden. Aus der Einwohnerschaft wurden uns erregte Vorhaltungen über die den Rechts- und Rassenanschauungen der heutigen Zeit widersprechende Aufgebotserlassung gemacht, denen mit Rechtsgründen kaum zu begegnen war. Falls die Ehe hier geschlossen worden wäre, hätte mit peinlichen Zwischenfällen gerechnet werden müssen. Vielleicht empfiehlt es sich, der wohl noch längere Zeit ausstehenden Umarbeitung der Gesetzgebung durch ein Sondergesetz, das derartige Mischehen verhindert, vorzugreifen ...»[10]

Das «Sondergesetz», das der beflissene Bayreuther Stadtrat hier empfahl, ließ auf sich warten. Als 1934 «Mischehen» noch immer nicht verboten waren, nahm die Unzufriedenheit vieler Nazis über die laxe Haltung der Staatsbürokratie zu. Besonders Julius Streicher, Gauleiter von Franken und Herausgeber des *Stürmer* (Untertitel: «Deutsches Volksblatt im Kampfe um die Wahrheit»), inszenierte in seinem Machtbereich eine maßlose Greuelhetze. Überall wurden «Stürmer»-Kästen aufgestellt, bis in die entlegendsten Winkel *Stürmer*-Losungen verbreitet: «Frauen und Mädchen, die Juden sind Euer Verderben!»

Die Haßtiraden hatten Erfolg: Im Frühjahr und Sommer 1935 kam es zu Ausschreitungen, mit gezielten antisemitischen Provokationen wurde die Bürokratie unter Druck gesetzt. Die Polizeidirektion München schildert einen Vorfall:

«Am Freitag, den 3. Mai 1935, abends fand im Ufa-Palast an der Sonnenstraße die Erstaufführung des Films ‹*Natascha*› statt. Der Film, der französischen Ursprungs ist, schildert die Verhältnisse, wie sie im Jahre 1916 in Rußland anzutreffen waren. Die Spielhandlung stellt eine Figur von betontem jüdischen Aussehen besonders heraus. Gegen die Vorführung dieses, das deutsche Wesen beleidigenden Films nahm ein großer Teil der Zuschauer Stellung. Unter den Besuchern entstanden Meinungsverschiedenheiten, die schließlich in kleine Raufereien ausarteten. Die Vorführung des Films mußte abgebrochen und das Theater geräumt werden. Die Räumung ging ohne Schwierigkeiten vonstatten. Die Tätlichkeiten, die sich auf der Straße fortzusetzen drohten, konnten sogleich beigelegt werden. Die Angelegenheit fand ihre Erledigung dadurch, daß der Film vom Spielplan abgesetzt wurde ...»[12]

Der bayerische Reichsstatthalter von Epp wollte sich mit der Version der Polizeidirektion nicht begnügen und holte weitere Informationen ein. Ein Augenzeuge, der als Pressereferent des Kolonialpolitischen Amtes der NSDAP an der Aufführung teilgenommen hatte, erstattete Bericht. Er läßt keinen Zweifel daran, daß es sich hier um eine geplante und von den Polizeibehörden geduldete Sprengung der Vorstellung handelte:

«... Mir fiel schon beim Eintritt auf, daß über dem ganzen Saal eine gewisse ‹Explosivstimmung› lag, welche wir aus vielen Versammlungen der Kampfzeit vor der Machtübernahme gut kennen. Es waren im Saal eine auffallend große Anzahl von jüngeren Leuten in gelben SA-Uniformhosen oder schwarzen SS-Uniformhosen. Des weiteren trugen sie Braunhemd und darüber Zivilrock, ausnahmslos ohne Abzeichen. Zunächst lief eine Wochenschau, welche Ausschnitte aus einer Rede des Führers im Tonfilm brachte. Unmittelbar daran anschließend kam der Hauptfilm ‹*Natascha*›. Schon bei den ersten Szenen erhoben sich stürmische, jedoch rasch wieder abflauende Protestkundgebungen. Gleich darauf kamen Szenen, in welchen ein russischer Jude sich sehr übel gegenüber einem ins Lazarett eingelieferten russischen Frontoffizier benimmt. Bei diesen Szenen kam es zu derartigen tumultähnlichen Stürmen, daß zeitweise ein wildes Gebrüll durch den Saal ging. Der größte Teil der völlig ahnungslosen Besucher erhob sich und verließ das Lokal fluchtartig, die Kasse des Ufa-Palastes bezahlte notgedrungen das Eintrittsgeld zurück. Da ich einen Ranglogenplatz hatte, fiel mir von oben aus auf, daß sich ein junger Mann ... an einzelne Kinobesucher heranmachte und diese teilweise unter Anwendung von Brachialgewalt

Rat vom «lieben Stürmer»

Das Hetzblatt und seine Leser

«Der Schlange Alljuda den Kopf zu zerbrechen», war Ziel des ehemaligen Hauptlehrers Julius Streicher. Sein Kampfinstrument: die Zeitschrift *Der Stürmer*. «Woche um Woche, Monat um Monat», so beschrieben die alliierten Richter 1946 in Nürnberg Streichers Schuld, «verseuchte er die Gedankengänge der Deutschen mit dem Giftstoff des Antisemitismus.» Zuschrift einer dreizehnjährigen: «*Der Stürmer* ist schön, und Vati gibt ihn mir oft zu lesen»; ein anderer Leser bekundet stolz, er «hat viel gelernt und sieht die Welt mit ganz anderen Augen an».

Die begeisterte Leserschaft steigerte die Auflage des Wochenblatts zweitweise auf 800000 Exemplare, selten wurden weniger als 500000 gedruckt. Auf bezahlte Korrespondenten konnte die Schmierschrift verzichten. Die Leser selbst begriffen sich als ehrenamtliche *Stürmer*-Mitarbeiter und lieferten getreulich antijüdische Greuelmeldungen und Denunziationen.

Wer bei einem jüdischen Geschäftsmann ins Minus geraten war, bat den «lieben Stürmer» um Rat, ob er die Summe als arischer Volksgenosse ungestraft schuldig bleiben dürfe. Und wer später, an die polnische oder russische Front kommandiert, erstmals jüdische Menschen gesehen hatte, bestätigte dem «lieben Stürmer» gern, «daß es für uns keine größere und heiligere Aufgabe gibt als restlose Vernichtung des Judentums».

Ein fünfzehnjähriges BdM-Mädchen klagte dem *Stürmer* sein Leid, daß viele in der Klasse noch immer mit Jüdinnen Freundschaft hielten. Wer einen besonders abscheulichen antisemitischen Witz wußte, beeilte sich, ihn dem *Stürmer* zu berichten. Am liebsten freilich waren Streichers Redakteuren die handfesten Denunziationen, die jeweils in der Spalte «Kleine Nachrichten» (Unterzeile: «Was das Volk nicht verstehen kann») versammelt wurden – etwa so:

«Die Junglehrerin Maria Schmidt aus Heiligenbrunn küßte ihre volljüdische Schwägerin am 13. April 1939 (!) in aller Öffentlichkeit auf einer Straße in Güssing.»

Oder ganz lapidar aus derselben Schandspalte:

«Die Familie Leonhard Breunig in Hainstadt geht fast täglich zu dem Juden M. Rosenbaum.»[11]

aus dem Saal bzw. aus ihren Sitzreihen hinausboxte. Ähnliche Szenen beobachtete ich auch an anderen Stellen ... Während ich in den Vorraum des Theaters hinunterging, hörte ich ein wildes Geschrei und sah, wie auch dort die ... bereits gekennzeichneten Kreise teilweise tätlich gegen die das Theater verlassenden Besucher vorgehen. Vollkommen erregt kam mir der Geschäftsführer des Ufa-Palastes entgegen und sagte: ‹Das ist doch ein Skandal, die Reichszensurstelle in Berlin genehmigt den Film und hiesige Parteikreise sprengen die Aufführung.› Er erwähnte, daß er bereits vor zehn Minuten das Überfallkommando verständigt habe. Ich verließ zunächst das Theater und traf draußen den Leiter des Reichssymphonieorchesters Pg. Franz Adam, welcher gleichfalls über die Vorgänge entrüstet war. Im Kassenvorraum machten sich einstweilen die gleichen jungen Leute daran, mit Messern die in den Schaukästen befestigten Szenenbilder des Films zu zerschneiden ... Meiner Schätzung nach kam erst etwa 40 Minuten nach dem Anruf das Überfallkommando. Vorher hatte noch ein Knäuel von jungen Leuten einen Kameraden auf den Schultern auf die über dem Eingang des Ufa-Palastes befindliche breite Türleiste gehoben. Dieser turnte von dort aus zu dem großen, über dem Eingang befindlichen Reklameplakat empor und zerfetzte dasselbe mit einem Messer. Dann wurde er wieder herabgeangelt und ein anderer Genosse schlug ihm auf die Schulter mit den Worten: ‹Jetzt schau, daß du möglichst rasch verschwindest, bevor die Polizei kommt.› Er entfernte sich dann in Richtung Sendlinger-Tor-Platz. Unterdessen war das erwähnte Überfallkommando eingetroffen, das sich lediglich darauf beschränkte, den Platz vor dem Theater zu räumen. Eine Verfolgung des Knäuels von Hauptmissetätern, die sich in Richtung Sendlinger-Tor-Platz entfernten, wurde nicht aufgenommen. Das Überfallkommando bestand meiner Erinnerung nach aus Leuten des Streifendienstes der SA bei der Polizeidirektion München (rote Kragenspiegel und Mützenaufschläge). Als ich noch einmal den Vorraum des Ufa-Palastes betrat, sah ich, daß zwei Ketten des Überfallkommandos jeweils mit dem Rücken zur Wand und mit dem Gesicht nach außen die Wand dort im Halbkreis abgeschlossen hatte, wo sich die Bildtafeln mit den Filmausschnitten, welche größtenteils zerstört waren, befanden. Grotesk war, daß hinter dem Polizeikordon, also gewissermaßen durch diesen gesichert, noch mehrere Jünglinge damit beschäftigt waren, ihr Zerstörungswerk durch Zerschneiden der Bilder fortzusetzen.»[13]

Die Fanatiker waren fast am Ziel. Zwar fehlte noch ein Gesetz auf «rassischer» Grundlage, aber die Justiz wußte schon, wo's lang ging:[14]

«Beschluß.
In Sachen
betreffend die Eheschließung des Karl Gelzenleuchter in ...
mit der Martha Mayer aus ...

hat die 1. Zivilkammer des Landgerichts in ... auf die Beschwerde des Karl Gelzenleuchter gegen den Beschluß des Amtsgerichts ... vom 17. Juni 1935 in der Sitzung vom 19. August 1935 beschlossen:

Die Beschwerde wird kostenpflichtig zurückgewiesen. Der Wert des Beschwerdegegenstandes wird auf 500 RM festgesetzt.

Gründe: Der Beschwerdeführer, der arischer Abstammung ist, beabsichtigt, mit der Jüdin Martha Mayer die Ehe einzugehen. Er hat bei dem zuständigen Standesbeamten das Eheaufgebot beantragt. Dieser hat sich geweigert, das Aufgebot zu erlassen. Der Beschwerdeführer hat hierauf bei dem zuständigen Amtsgericht in ... den Antrag gestellt, daß dieses den Standesbeamten anweisen solle, seinem Verlangen nachzukommen. Das Amtsgericht hat durch den angefochtenen Beschluß den Antrag zurückgewiesen.

Das Beschwerdegericht schließt sich in vollem Umfang den Ausführungen des Amtsgerichts in dem angefochtenen Beschluß, auf den Bezug genommen wird, an. Daß die Reichsführung die Eheschließung zwischen Ariern und Nichtariern nicht billigt, ergibt sich auch aus dem Erlaß des Reichs- und Preußischen Ministers des Innern an die Standesbeamten vom 26. Juli 1935. Die Standesbeamten werden darin angewiesen, bis zu der kommenden gesetzlichen Regelung das Aufgebot oder die Eheschließung in einem Falle wie hier zurückzustellen. Auch angesichts dieses Erlasses sieht sich das Beschwerdegericht nicht in der Lage, dem Standesbeamten die vom Beschwerdeführer gewünschte Anweisung zu erteilen. Der Wille des Führers, den der Reichsminister des Innern als einer seiner engsten Mitarbeiter durch den Erlaß kundgetan hat, ist wie für jeden Volksgenossen, so auch für den Richter schlechthin bindend.

Die Beschwerde war hiernach zurückzuweisen.»

Die vermißte «gesetzliche Regelung» wurde nachgeliefert. Am 15. September 1935 verabschiedete der nach Nürnberg gerufene Reichstag das «Blutschutzgesetz». Auszug:

«§ 1 Eheschließung zwischen Juden und Staatsangehörigen deutschen oder artverwandten Bluts sind verboten. Trotzdem geschlossene Ehen sind nichtig, auch wenn sie zur Umgehung des Gesetzes im Ausland geschlossen sind ...

§ 2 Außerehelicher Verkehr zwischen Juden und Staatsangehörigen deutschen oder artverwandten Bluts ist verboten ...

§ 5 1. Wer dem Verbot des § 1 zuwiderhandelt, wird mit Zuchthaus bestraft.

2. Der Mann, der dem Verbot des § 2 zuwiderhandelt, wird mit Gefängnis oder mit Zuchthaus bestraft ...»

Die Justiz machte von dem neuen Gesetz vielfältigen Gebrauch. Eine besonders widerliche Entscheidung des Reichsgerichts (7. Januar 1937):[15]

«Der Angeklagte, der Volljude ist, hat eines Nachts im März 1936 die V., eine Staatsangehörige deutschen Blutes, mit der er seit dem Jahre 1933 ein Freundschaftsverhältnis unterhalten, vor dem Inkrafttreten des Blutschutzgesetzes auch bereits mehrfach Geschlechtsverkehr gehabt hatte, mit in seine Wohnung genommen. In dem Raum, den er als Wohn- und Schlafzimmer benutzte, hat die V. Kleid, Unterwäsche, Hüftgürtel, Strümpfe und Schuhe ausgezogen, der Angeklagte war damit einverstanden und auch seinerseits bereit und willens, mit der V. geschlechtlich zu verkehren. Einige Minuten später begehrte ein Mann, der den Angeklagten und die V. auf der Straße erkannt hatte und ihnen gefolgt war, Eintritt in das Zimmer, und später nahm ein Polizeibeamter eine Durchsuchung des Zimmers vor.»

Daß es nicht «zur Ausführung des Geschlechtsverkehrs gekommen» war, störte das Reichsgericht nicht. Schon das Lösen des Hüfthalters sah es als «versuchte Rassenschande» an:

«Der Begriff ‹Geschlechtsverkehr› umfaßt zwar nicht jede unzüchtige Handlung, aber auch nicht nur den Beischlaf, sondern allgemein alle geschlechtlichen Betätigungen mit einem Angehörigen des anderen Geschlechtes, die nach der Art ihrer Vornahme bestimmt sind, an Stelle des Beischlafes der Befriedigung des Geschlechtstriebes mindestens des einen Teils zu dienen. Daß der Angeklagte mit der V. in diesem Sinne hat geschlechtlich verkehren wollen, kann nach dem festgestellten Sachverhalt nicht zweifelhaft sein.»

Der Mann landete im Zuchthaus.

Hausschilder aus der Nazi-Zeit
(aus: Kennzeichen J, S. 54)

Bevor die Synagogen brannten

Warum schoß Herschel Grynszpan?

Am Morgen des 7. November 1938 verließ ein siebzehnjähriger Jude in Paris die Wohnung seines Onkels, kaufte sich einen Trommelrevolver und fuhr damit schnurstracks in die Rue de Lille. Sein Ziel war die deutsche Botschaft. Dem Pförtner erzählte der junge Mann, er habe ein wichtiges Dokument zu übergeben. Man verwies ihn an den Botschaftssekretär Ernst vom Rath. Der Besucher kam gleich zur Sache: «Sie sind ein schmutziger Deutscher, und nun übergebe ich Ihnen im Namen von 12000 schikanierten Juden das Dokument.» Er schoß fünfmal auf vom Rath und verletzte ihn schwer. Den Namen des Attentäters kannte am Tag nach dem Mord in Deutschland jeder Schuljunge. Er beherrschte die Schlagzeilen der Zeitungen und fiel stündlich in den Nachrichtensendungen des Rundfunks: Herschel Grynszpan. Sein Opfer starb wenige Tage nach dem Mordanschlag. Die Nazis hatten den lang ersehnten Vorwand, um mit den Juden «abzurechnen». Sie sollten raus aus Deutschland; aber vorher wollte man ihnen noch einen kräftigen Tritt versetzen.

Das deutsche Volk wurde propagandistisch eingestimmt. Quintessenz der NS-Haßgesänge: Der Jude habe mit dem feigen Mord mal wieder sein wahres Gesicht gezeigt. Doch jetzt sei Schluß. Die Hintergründe und Motive der Tat von Paris wurden verschwiegen. Von einem «Generalangriff des Weltjudentums» konnte keine Rede sein, das Attentat war der Verzweiflungsakt eines Einzelgängers, der das Schicksal seiner Familie und vieler anderer deutsch-polnischer Juden rächen wollte. Was war passiert? Auskunft gibt ein Brief von Grynszpans Schwester Berta, aufgegeben am 31. Oktober 1938 in Bentschen (Zbąszyń), Polen[16]: «... Du hast gewiß von unserem großen Unglück gehört. Ich schreibe Dir, was passiert ist. Donnerstag waren Gerüchte im Umlauf, daß alle polnischen Juden einer Stadt ausgewiesen worden waren. Dennoch sträubten wir uns, das zu glauben. Am Donnerstagabend um 9 Uhr ist ein Schupo [Schutzpolizist] zu uns gekommen und hat uns erklärt, daß wir uns unter Mitnahme der Pässe zum Polizeirevier begeben sollten. So wie wir waren, sind wir alle zusammen in Begleitung des Schupos zum Polizeirevier gegangen. Dort fand sich schon fast unser ganzes Stadtviertel zusammen. Ein Polizeiauto hat uns sofort zum Rathaus gebracht. Alle sind dort hingebracht worden. Man hat uns noch nicht gesagt, um was es sich handelte. Aber wir haben gesehen, daß es mit uns aus war. Man hat jedem von uns einen Ausweisungsbefehl in die Hand gesteckt. Man sollte Deutschland vor dem 29. verlassen.

Man hat uns nicht erlaubt, wieder nach Hause zu gehen. Ich habe gebettelt, daß man mich nach Hause gehen ließe, um wenigstens einige Sachen zu holen. Ich bin dann in Begleitung eines Schupos fortgegangen und habe die notwendigsten Kleidungsstücke in einen Koffer gepackt. Das ist alles, was ich gerettet habe. Wir haben keinen Pfennig. Fortsetzung nächstes Mal. Herzliche Grüße und Küsse von uns allen. Berta, Zbąszyń 2, Baracke Grynszpan.»

Am 28. Oktober hatte ein Sonderzug das Ehepaar Grynszpan mit seinen beiden ältesten Kindern, der zweiundzwanzigjährigen Berta und dem neunzehnjährigen Marcus, sowie Hunderten von Leidensgenossen von Hannover in die Nähe der polnischen Grenze gebracht. Bei Bentschen wurden die Juden aus allen Teilen des Reiches auf freiem Feld zusammengezogen und von Beamten der Sicherheitspolizei durchs Gelände gejagt, Richtung Osten. Die Männer mußten sieben Kilometer marschieren, Alte, Frauen und Kinder wurden auf Lastwagen befördert. Nur zehn Reichsmark ließ man den Juden: dann trieben SS-Leute sie mit der Peitsche über die unsichtbare Grenze. Vater Grynszpan stürzte, sein Sohn riß ihn hoch: «Papa lauf schnell, sonst schlagen sie dich tot!»

Die polnischen Posten wollten die Juden nicht hineinlassen. Tausende von ihnen mußten deshalb am 28. und 29. Oktober im Niemandsland lagern, im Freien, hungernd und frierend. Die polnische Regierung protestierte gegen die Ausweisung. Schließlich fand man einen Kompromiß: Die meisten der Wartenden «durften» nach Polen hinein, darunter die Grynszpans. Die anderen konnten zurück nach Deutschland. Unterm Strich ein «Erfolg» für die Nazis: ihre erste Judendeportation war gelungen. Die Familie Grynszpan fand in Bentschen eine provisorische Unterkunft – in einem Pferdestall! Hier entstand der Brief, der in Paris eine Tragödie auslöste.

Die Grynszpans waren wieder in jenem Land, das sie 1911 verlassen hatten, um in Norddeutschland unbehelligt vom Antisemitismus eine neue Existenz aufzubauen. Vater Grynszpan betrieb in Hannover eine kleine Schneiderwerkstatt, zeitweilig einen Altwarenhandel. Große Sprünge konnte die Familie nicht machen: von der Wirtschaftskrise 1929 an lebte sie überwiegend von der Wohlfahrt.

Die Grynszpans besaßen die polnische Staatsangehörigkeit und damit einen gewissen Schutz gegen antijüdische Ausschreitungen in den ersten Jahren der Nazi-Herrschaft. Das Reich wollte damals noch gute Beziehungen zu Polen. Das änderte sich, als Polen sich seiner im Ausland lebenden Juden entledigen wollte. Ab Ende März ließ ein Gesetz zu, polnische Staatsangehörige auszubürgern, die länger als fünf Jahre im Ausland gelebt hatten. Das galt für fast 50000 polnische Juden in Deutschland. Mitte Oktober wurden ihre Pässe mit 14 Tagen Frist für ungültig erklärt. Am Monatsende würden sie als staatenlos gelten und konnten nicht mehr in ihren Heimatstaat abgeschoben werden. Genau das aber hatten die Nazis vor. Solange jedoch mit einer Retourkutsche der Polen zu rechnen war – Ausweisung deutscher Staatsangehöriger aus Polen – wollte man den Schritt nicht wagen. Als das Auswärtige Amt mit dem Versuch scheiterte, die Frist für die Rückwanderung der polnischen Juden in ihre Heimat zu verlängern, nahm SD-Chef Heydrich sich des Problems an. Hunderte von Gestapo-Männern schwärmten aus.

In Hannover holten sie am 27. die polnischen Juden mit Ausnahme von einigen Kranken und von Frauen mit kleinen Kindern, insgesamt 484 Personen, aus ihren Wohnungen, brachten sie zum Rathaus und eröffneten ihnen hier, sie seien ausgewiesen. Dann wurden die Juden in zwei Säle der Gaststätte «Rasthaus» in der Burgstraße gebracht und dort festgehalten.

Vater Grynszpan: «Wir wurden angeschrien, unsere Ausweisung zu unterschreiben. Ein gewisser Silber wollte nicht unterschreiben. Er mußte 24 Stunden in der Ecke stehen ... Die Straßen waren voller Menschen. ‹Juda verrecke!› und ‹Heraus mit euch nach Palästina!› habe man hinter ihnen her gehöhnt.»

Am nächsten Tag ging's mit der Bahn in Richtung Polen. Für die Familie Grynszpan war der Pferdestall in Bentschen allerdings nicht Endstation. Jüdische Organisationen, vor allem das «American Joint Distribution Committee», ermöglichten ihnen die Auswanderung nach Palästina.

Ihr Sohn Herschel saß derweil im Gewahrsam der französischen Polizei. In Deutschland mußten die Juden für seine private Abrechnung nach Django-Manier hart büßen: Die Nazis verwüsteten Geschäfte, plünderten Wohnungen, steckten Synagogen in Brand, verhafteten Tausende von Juden und schreckten auch vor Morden nicht zurück.

Feuer, Flucht und viele Scherben

Die «Reichskristallnacht» vom 9. November 1938

Siegfried Neumann, jüdischer Rechtsanwalt, erlebte die «Reichskristallnacht» und ihre Folgen in einer Kleinstadt nahe Berlin am eigenen Leib:[17]

«Nachts weckte uns unser Mädchen mit dem Ruf: ‹Feuer, Feuer! Die Synagoge brennt.› Unser Haus stand neben der Synagoge. Die Grundstükke waren durch eine hohe Steinmauer getrennt. Wir zogen unsere beiden Kinder und uns selbst rasch an und eilten auf den Hof. Ich glaubte zunächst, daß vielleicht durch den Ofen, der am Abend vorher wegen des englischen Unterrichts geheizt worden war, Feuer ausgebrochen sei. Ich hatte die Schlüssel zur Einfriedigung und zur Synagoge und hielt mich für verpflichtet, damit hinzugehen, da man sie vielleicht brauchen konnte. Die Straße war noch leer. Nur einige SA-Leute standen vor der Umzäunung des Synagogenplatzes. Das Tor war auf. Der Tempel war ein Meer hell lodernder Flammen fast ohne jeden Qualm. Der Wind trug die Flammen über unser Dach hinweg, so daß wir uns nicht trauten, ins Haus zu gehen. Inzwischen füllte sich die Straße mit Menschen. Ein Polizeibeamter forderte uns auf, auf unser Grundstück zu gehen. Unser Untergeschoß lag im Hochparterre. Daher führte zur Haustür außen an der Seitenwand des Hauses eine Steintreppe, hinter der sich der Hofeingang zum Keller befand. Vor diesem Eingang, also durch die Steintreppe gegen Sicht von der Straße verdeckt, stand ich mit meiner Frau und meinen beiden Kindern, die damals zwölf und sechs Jahre alt waren. Neben uns standen unsere christlichen Portierleute und unsere Hausangestellten. Besorgt beobachteten wir den Funkenflug. Mit seinem der Straße entgegengesetzten Ende grenzt der sehr tiefe Synagogenplatz an die Schuppen einer Dachpappenfabrik. Auf dem Dach dieser Schuppen standen einige SS- und Feuerwehrleute, löschten aber nicht.»

Den SA-Horden war strikte Anweisung gegeben worden, nur solche Synagogen anzuzünden, die nicht unmittelbar an Wohnhäuser grenzten, um diese Gebäude nicht zu gefährden. Die Feuerwehr durfte nicht einschreiten. Die Polizei sollte sich zurückhalten, solange die allgemeine Ordnung nicht bedroht war. Für die Einlieferung von Zehntausenden von Verhafteten in die Konzentrationslager war rechtzeitig Vorsorge getroffen worden. Es sollten so viele jüdische Männer wie möglich festgenommen werden.

Die «spontane Volkswut» wird organisiert

«Arier», die Kontakte zum Wirtschaftsministerium hatten, gaben jüdischen Freunden einen Tip: «Schreckliche Dinge» brauten sich da zusammen, sofortige Auswanderung sei wohl das beste. Die Zeichen trogen nicht: Seit Oktober 1938 hatte sich die von Propagandaminister Goebbels gelenkte Hetze gegen die Juden immer mehr gesteigert – Auftakt zu neuen Entrechtungen. Zwar waren die Juden schon aus vielen Berufen verdrängt worden, im Wirtschaftsleben hatten sie jedoch trotz erheblicher Beschränkungen ihre Stellung noch nicht völlig verloren. Das sollte sich jetzt gründlich ändern. Aus offiziellen Ankündigungen, vermischt mit noch vagen Andeutungen, konnte sich der aufmerksame Beobachter zusammenreimen, daß die Nazis einen großen Schlag planten. Leitartikel im SS-Organ «Das Schwarze Korps» am 3. November:

«Die in Deutschland befindlichen Juden sind ein Teil des Weltjudentums, sie sind mitverantwortlich für das, was das Weltjudentum gegen Deutschland unternimmt, und sie haften für die Schäden, die das Weltjudentum uns zufügen will ... Wir haben alle in Deutschland verbleibenden Juden, denen das jüdische Element einen regelmäßigen Lebenserwerb nicht bietet, zu internieren.»

Die «spontane Volkswut» wurde sorgsam in Szene gesetzt: Fernschreiben des Gestapo-Chefs Müller an alle Stapoleit- und Stapostellen vom 9. November:

«1. Es werden in kürzester Frist in ganz Deutschland Aktionen gegen Juden, insbesondere gegen deren Synagogen stattfinden. Sie sind nicht zu stören. Jedoch ist im Benehmen mit der Ordnungspolizei sicherzustellen, daß Plünderungen und sonstige besondere Ausschreitungen unterbunden werden können ...

2. Es ist vorzubereiten die Festnahme von etwa 20000 bis 30000 Juden im Reiche. Es sind auszuwählen vor allem vermögende Juden. Nähere Anordnungen ergehen noch im Laufe dieser Nacht.

3. Sollten bei den kommenden Aktionen Juden im Besitz von Waffen angetroffen werden, so sind die schärfsten Maßnahmen durchzuführen ...»

Anweisungen, Aktionen gegen Juden einzuleiten und Synagogen anzuzünden, erhielten auch die Ortsgruppenleiter der NSDAP von ihren Kreisleitungen, so zum Beispiel der Chef-Nazi von Treysa, Georg Bachmann. «Nach dieser Anweisung sollten hierzu die acht- bis vierzehnjährigen Schüler der Stadtschule mobilisiert werden», heißt es in einem Urteil, mit dem das Landgericht Marburg Bachmann am 8. Mai 1946 wegen Landfriedensbruch für drei Jahre ins Zuchthaus schickte:

«Der Angeklagte begab sich weisungsgemäß am 9. November 1938 zur Stadtschule und veranlaßte, daß der Rektor R. die Schuljungen im Alter von acht bis vierzehn Jahren zur Durchführung dieser Aktion beurlaubte. Auf dem Schulhofe gab der Angeklagte Bachmann an die inzwischen vom Rektor entlassenen vierzig bis fünfzig Kinder nähere Anweisungen darüber, gegen wen und wie die Ausschreitungen vor sich gehen sollten. Er ermunterte sie zu der ersten gegen das in der Nähe gelegene Haus des Juden Schwalm gerichteten Aktion, indem er ihnen zurief: ‹Na, Jungens, ich will mal sehen, wer von euch am besten werfen kann. Werft mal dort in die Fenster!› Dabei wies er auf die Wohnung Schwalm. Die Jungen sammelten Steine auf dem Schulhof und zertrümmerten die Fensterscheiben der Wohnung Schwalm. Anschließend zogen die Schuljungen zu dem Haus des Juden Matthias ... Mit einer drei bis vier Meter langen Stange wurden die Fenster und die Türfüllung der Haustür eingestoßen. Matthias bemühte sich vergeblich, von innen die Stange abzuwehren. Der Angeklagte stieg durch die Fensteröffnung in die Wohnung ein, packte Matthias beim Genick und jagte ihn in der Wohnung herum. Ferner riß er die Uhr und Familienbilder von der Wand und zerstörte mit etwa zehn inzwischen gleichfalls eingestiegenen Jungen die Einrichtung der Wohnung.

Der Angeklagte Bachmann beteiligte sich an dieser und den folgenden Aktionen nicht mehr tätig, sondern hielt sich im Hintergrund. Als er auf dem Wege zum Marktplatz beim Kaufhaus Möller mit Schuljungen aus der Oberschule zusammentraf, forderte er sie zum Mitmachen auf, indem er ihnen sagte: ‹Seid ihr Kerle, dann müssen die Fensterscheiben schon rappeln!› Ferner fragte er die Stadtschüler im Verlaufe der Ausschreitungen: ‹Na, Kinder, brennt denn die Synagoge noch nicht?›»[18]

Auch die SA bekam Befehle:

«... sind sofort innerhalb der Brigade 50 (Starkenburg, Gruppe Kurpfalz) sämtliche jüdische Synagogen zu sprengen oder in Brand zu setzen. Nebenhäuser, die von arischer Bevölkerung bewohnt werden, dürfen nicht beschädigt werden. Die Aktion ist in Zivil durchzuführen ... Vollzugsmeldung bis 8 Uhr 30 ...»

In der Nacht geschah es. Nach 23 Uhr sammelten sich vor den Kneipen, in denen Trauerfeiern für Herrn vom Rath abgehalten wurden, kleine Trupps von uniformierten SA-Leuten, planvoll über die Stadt verteilt. Jeder der Truppführer hatte ein Verzeichnis der jüdischen Betriebe, Büros und Häuser seines Bezirks. Zwischen 23 Uhr nachts und 4 Uhr morgens, als die Bürger schliefen, «tobte sich die entfesselte Volksseele aus», wie es in den offiziellen Berichten des folgenden Tages hieß.

Neumann fürchtete noch Schlimmeres:

«Plötzlich kam mit langen Schritten ein SS-Mann zu uns auf den Hof, den Revolver in der Hand. Mit den Worten: ‹Da ist ja der Jude!› trat er auf mich zu und drängte mich vor den Augen von Frau und Kindern in die hintere Ecke des Hofs. Ich hatte das Gefühl, daß er mich hier etwas mehr außer Sicht der auf der Straße stehenden Menschenmasse – unsere Grundstückseinzäunung deckte nicht gegen Sicht – abknallen wollte.»

Neumann hoffte, auf die Straße flüchten und sich in die Menschenmenge retten zu können.

«Als ich vom Garten unmittelbar neben der Straßenpforte über den Zaun sprang, der dort den Garten von unserem Hof trennte, wurde ich von drei Personen, darunter einem SA-Mann, gepackt und auf die Straße geschleppt. Mit dem Ruf ‹Schmeißt den Juden ins Feuer› schleifte man mich auf dem Bürgersteig vor der die Straße Kopf an Kopf füllenden Menschenmenge, die in völligem Schweigen verharrte, und an dem einzigen vorhandenen Polizisten vorbei zum Eingang des Synagogenplatzes, eine Strecke von etwa dreißig Metern. Dabei wurde mir wiederholt auf den Kopf und ins Gesicht getreten. Vor dem Eingang des lichterloh flammenden Tempels stellte man mich noch einmal auf die Beine.

Jetzt kam der SS-Mann hinzu, der vorher auf unser Grundstück eingedrungen war und der offenbar die Aktion leitete. Er fuhr mich an: ‹Du weißt ja wohl, weshalb das alles ist: Wegen Herschel Grynszpan.› Ich: ‹Was können wir dafür, wenn einer im Ausland wahnsinnig wird. Unsere Religion verabscheut jede Gewalttat und überhaupt den Mord.› Er: ‹Auf einmal.› Da kam mir ein Gedanke. Ich öffnete meinen Mantel und zeigte auf die Abzeichen des Eisernen Kreuzes und des Ehrenkreuzes für Frontkämpfer, die ich an meinem Jackett trug. Ich sagte: ‹Übrigens bin ich Kriegsfreiwilliger und Frontkämpfer und habe das Eiserne Kreuz.› Er: ‹Na, das ist Ihr Glück. Versuchen Sie, ob Sie sich über die Mauer retten können. Dann werden Sie ja wohl noch einen Funken von Deutschtum in sich haben.› (So ähnlich drückte er sich aus.) Damit wies er auf die etwa drei Meter hohe glatte Ziegelmauer, die den Synagogenplatz von meinem eigenen Grundstück trennte. Zur Straße ließ man mich nicht mehr durch. Ich warf den Wintermantel ab und versuchte das Unmögliche. Da die Mauer dem Fuß keinerlei Tritt bot, gelang es mir natürlich nicht.»

Vor den Augen der Schaulustigen floh Neumann weiter, überkletterte einen Bretterzaun und schlüpfte schließlich durch den Kellereingang in eine nahe Villa – zufällig jene, in der er lange Jahre gewohnt hatte. In der leeren Küche im Parterre erwartete Neumann seine Jäger:

«Wie ein verfolgter Verbrecher kam ich mir vor. Und das einzige Verbrechen bestand doch nur darin, Jude zu sein ...

Plötzlich sah ich durch das Fenster einen SS-Mann den Gang auf dem Hof des Grundstücks abpatroullieren. Man hatte meine Flucht in den Keller wohl doch nicht beobachten können, denn er suchte offenbar auch nach Spuren in Richtung auf das anschließende Schulgrundstück. Da hörte ich Schritte schwerer Stiefel auf dem Kellergang vor der Tür. Nur diese unverschlossene Tür trennte mich von der suchenden SS. Hinter dem Haus stand auch ein SS-Mann. Der Versuch einer Flucht durch das Fenster hätte bei der hellen Nacht unter diesen Umständen wenig Chancen geboten ...

Ich hörte die Stimme des Hauswirts auf dem Gange: Sie sehen, hier ist doch niemand. Ich atmete auf, als ich die Schritte verhallen hörte. Jetzt fühlte ich mich gerettet.»

Die Portiersfrau versorgte den verletzten Neumann. Kein Wunder, sie kannten sich.

«Vorläufig konnte ich mich aber nicht hervorwagen. Die Portiersfrau lugte zuweilen hinter der Fenstergardine hervor. Noch immer war die SS draußen. Die Nacht wollte und wollte kein Ende nehmen.

Endlich dämmerte es. Das schwarze SS-Auto war abgefahren. Wir schickten zunächst den siebenjährigen Jungen der Portiersfrau zu meiner Wohnung, um meiner Frau mitzuteilen, daß ich lebe. Er kam zurück und sagte, daß die Straße jetzt leer sei. Rasch lief ich nach Hause.»

Aktionen gegen die Juden gab es im ganzen Land, einige typische Beispiele:[19]

In Dinslaken, im Rheinland, wurde ein jüdisches Waisenhaus zerstört, die Kinder auf die Straße gesetzt. In Emden, Ostfriesland, ließ man die Insassen eines Altersheimes vor der brennenden Synagoge im Paradeschritt mit Gesang vorbeimarschieren. Im Jüdischen Krankenhaus in Düsseldorf befahl die SA allen Patienten, auch den frisch Operierten, die Betten zu verlassen und sich auf der Straße zu versammeln. Die Insassen einer jüdischen Lungenheilstätte im Taunus wurden aus dem Haus gejagt und mußten in der kalten Nacht einen Fußmarsch von mehreren Stunden nach Frankfurt antreten.

Am Nachmittag des nächsten Tages brach mit beginnender Dunkelheit in der Stadt eine hektische Geschäftigkeit aus. Gruppen drängten sich vor den zerschlagenen Scheiben der Läden, liefen durch die Straßen in einer unheimlichen Geräuschlosigkeit. Von den Modepuppen riß man die Blusen, Röcke, Hemden herunter. Wer Glück hatte, erwischte einen Pelzmantel, eine Platinkette, einen eleganten Anzug. Hemmungsloses Plündern der demolierten Geschäfte griff um sich. Der SA-Mob hatte die Uniformen ausgezogen, um mit dem Raub in der Menge untertauchen zu können und huschte mit der Beute durch dunkle Seitenstraßen davon. Was man nicht mitnehmen konnte, wurde zerstört. Kein Ladentisch, kein Regal blieb verschont. In den Ordinationsräumen der Ärzte zertrümmerte man die Instrumente, in den Kanzleien der Anwälte wurden die Akten zerstampft, in jüdischen Häusern zerschlug man die Möbel, riß die Tapeten von den Wänden, zerhackte die Bilder.

Eine «kochende Volksseele» ist offenbar kostspielig. Und die «spontane Volkswut» hat sich recht schön bezahlen lassen. Kennzeichnend ist der Brief eines Parteigenossen Willi Fuhrmann, Ortsgruppe Landsberger Platz, Berlin, an das Gaupropagandaamt der NSDAP, zu Händen des Parteigenossen Wächter: «Beim Abbruch der Bänke auf dem Chor der Synagoge Fasanenstraße ist mein Ulster im Rückenteil mit einem Dreiangel lädiert worden. Da mir Pg. Brötler erzählt hat, daß diese Schäden ersetzt werden, möchte ich bitten, mir eine kleine Entschädigung zukommen zu lassen, da ich den Ulster für Sonntage nicht mehr tragen kann. Ich bin seit dem Jahre 1931 politischer Leiter der Ortsgruppe Landsberger Platz und war auch in der bewußten Nacht von Ortsgruppenleiter Pg. Lübeck zu der Aktion gestellt worden. Gauinspektor Pg. Schach kann bestätigen, daß ich in der Synagoge dabei war. Gleichzeitig gebe ich bekannt, daß auch dem Pg. und politischen Leiter der Ortsgruppe Landsberger Platz, Albert Rudat, in derselben Nacht am selben Ort seine Hose im Vorderteil zerrissen wurde. Auch hier bitte ich um Entschädigung für diesen Parteigenossen.»

Von Schuldgefühl bis Schadenfreude

Am 11. November zog SD-Chef Heydrich Zwischenbilanz:

«Der Umfang der Zerstörungen jüdischer Geschäfte und Wohnungen läßt sich bisher ziffernmäßig noch nicht belegen. Die in den Berichten (der Staatspolizeistellen) aufgeführten Ziffern: 815 zerstörte Geschäfte, 29 in Brand gesteckte oder sonst zerstörte Warenhäuser, 171 in Brand gesetzte oder zerstörte Wohnhäuser, geben, soweit es sich nicht um Brandlegungen handelt, nur einen Teil der wirklich vorliegenden Zerstörungen wieder ...

191 Synagogen wurden in Brand gesteckt, weitere 76 vollständig demoliert. Ferner wurden elf Gemeindehäuser, Friedhofskapellen und dergleichen in Brand gesetzt und weitere drei völlig zerstört.

Festgenommen wurden rund 20000 Juden, ferner sieben Arier und drei Ausländer. Letztere wurden zur eigenen Sicherheit in Haft genommen.»

All dies geschah unter den Augen der Bevölkerung. Wie sie reagierte, schildert ein Reisender, der mit der Bahn von Berlin in seine Heimatstadt Kaiserslautern zurückfuhr:[20]

«Am nächsten Morgen verließ ich Berlin. Die auf allen Stationen zusteigenden Passagiere berichteten über ähnliche Erlebnisse. Nie habe ich eine solche Wortkargheit der Berichterstattung erlebt. Nie auch hatte sich die Berichterstattung über einen so grauenvoll bedeutsamen Gegenstand so sehr auf nüchterne Mitteilung der Fakten beschränkt und so vollständig auf Meinung, Kommentar und Stimmungselemente verzichtet. Keiner traute dem anderen. Alle tauschten sie die nur örtlich abweichenden Details der Tatbestände aus. Nur wenige triumphierten. Die Mehrzahl blieb wortkarg und fürchtete sich.»

Eine einheitliche Reaktion gab es nicht. Mal klopfte sich, wer mitgemacht hatte, stolz auf die Brust. So geschehen in Breslau, wo Walter Tausk «Gruppen halbwüchsiger Jungen und Mädel von fünfzehn bis achtzehn Jahren» beobachtete, die «in teilweise stark übernächtigtem Zustand» durch die Straßen promenierten: «Die Burschen rühmten sich, unter lautem Geschrei der Mädchen, ‹wie sie reingepfeffert hätten› und führten ihre ‹Damen› von einem Laden zum andern.»

Wenige überkam Reue. In Kaiserslautern zog es einen Täter an den Tatort zurück: «Ich wollte mich entschuldigen. Ich war einer der drei SA-Leute, die die Praxis des Doktors verwüstet haben. Ich hatte nicht den Mut, mich zu widersetzen, ich gehorchte, ich wollte meine Stellung nicht verlieren.»[21]

Von Schuldgefühl bis Schadenfreude – die Palette der Reaktionen war breit. Nur lauter Protest war nicht zu erwarten, höchstens stille Mißbilligung. Eine der wenigen löblichen Ausnahmen: die Hamburger Arbeiterschaft. Besonders unter den Hafen- und Werftarbeitern waren Verwünschungen und Flüche zu hören. In einigen Firmen wurden Sammlungen zugunsten mittelloser und hart betroffener Juden veranstaltet. In Eimsbüttel jagten die Arbeiter eines Betriebes den nationalsozialistischen Plünderern das gestohlene Gut wieder ab und erstatteten es den Eigentümern zurück.

Weite Kreise der deutschen Bevölkerung hatten hauptsächlich etwas gegen die «Art der Durchführung der spontanen Aktion» einzuwenden. Grund: «In der Zerstörung von Schaufenstern, Ladeninhalten und Wohnungseinrichtungen sah man eine unnötige Vernichtung von Werten, die letzten Endes dem deutschen Volksvermögen verlorengingen.[22]

Immer noch staatstreu

Da hatten die Nazis sie seit Jahren drangsaliert – aber immer noch glaubten viele Juden, Gehorsam sei erste Bürgerpflicht; es sei schließlich der Staat, der sie traktiere.

«So werde ich wohl oder übel daran glauben müssen», dachte der Frankfurter Anwalt Julius Meyer, als er erfuhr, daß die «Sammelaktion» auch noch am 11. November andauerte. Bis dahin war er von der Verhaftung verschont geblieben; jetzt ergab er sich in das Schicksal: «Dann wenigstens mit Anstand – mit äußerem und innerem –, wenn man mir schon Zeit zur Vorbereitung und Überlegung gibt. Durchgehen? Nein! Also zunächst einmal zum Friseur, die Haare schneiden.»

Für Meyer war die Kristallnacht offenbar immer noch kein Alarmzeichen. In seinem Büro hatte er zwar «die Akten geordnet für den Fall der Abberufung», an der Illusion einer baldigen Rückkehr in den Beruf hielt er aber fest:[23]

«Ich habe vorgestern eine bereits vorbereitete Meldung an den Oberlandesgerichtspräsidenten abgeschickt; denn mit dem 30. November wird die Zulassung aller jüdischen Rechtsanwälte erlöschen, und nur noch eine ganz winzige Anzahl wird als ‹Konsulenten› zugelassen werden. Manche der Kollegen haben von vornherein darauf verzichtet, sich zu melden; sie wollen doch auf alle Fälle auswandern, und sie wollen nicht als ‹Schutzjuden› minderen Rechts am Gericht herumlaufen und sich bemitleiden oder verhöhnen lassen. Wieder andere glauben sich dem Übermaß von Arbeit, das jeden einzelnen der wenigen zugelassenen Konsulenten treffen wird, nicht gewachsen. Ich habe die Meldung abgesandt, denn ich werde zurückkehren, auch wenn ich jetzt fort muß. Ich glaube nicht daran, wohin sie mich auch verschleppen werden, daß sie mich kleinkriegen werden.»

Am nächsten Morgen stand Julius Meyer früh auf; sein Wunsch: «Ich möchte bereit sein.» Mit den beiden SS-Leuten, die ihn abholten, führte er einen gespenstischen Dialog. Er wollte ihnen weismachen, daß er «nicht mit Scheuklappen herumgelaufen» sei, sondern «sehe, was los ist». Antwort: «Ja, wenn eure Rabbiner keine Scheuklappen gehabt hätten, dann wäre vieles anders geworden.» Darauf Meyer, ernsthaft: «Auch unsere Rabbiner sind Beamte und konnten nicht mehr tun, als man sie tun ließ.»

Mit einem falschen Loyalitätsverständnis hatte auch Lehrer Deutschkron zu kämpfen. Den ganzen 10. November über hatte er sich in seiner Schule aufgehalten; schließlich hatte es ihn aber doch nach Haus gezogen. Und das, obwohl ihm seine Frau mitgeteilt hatte, daß schon die Gestapo nach ihm gesucht habe. «Ich dachte, ich müßte mich wohl stellen», gestand er seiner Familie, «schließlich bin ich doch immer noch preußischer Beamter, und wenn die Polizei mich abholen will, dann kann ich mich doch nicht einfach verstecken.»

Tochter Inge über den Gewissenskonflikt ihres Vaters: «Er konnte nicht fassen, daß es rechtens wäre, dieser neuen staatlichen Autorität und ihren kriminellen Gesetzen mit Mitteln zu trotzen, die ‹illegal› waren.»

Nur dem hartnäckigen Drängen seiner Frau war es zu verdanken, daß er sich schließlich dazu durchrang, bei deutschen Freunden in einem anderen Stadtteil Berlins unterzutauchen.

Das «Exil» konnte nur eine Zwischenlösung sein. Dennoch war in den Gesprächen ihrer Eltern, so Inge Deutschkron, nur «gelegentlich von Auswanderung die Rede»:[24]

«Man müßte den Verwandten schreiben, hörte ich meine Eltern sagen, doch wurde dies bis zur Rückkehr in die Wohnung aufgeschoben. Es gab da eine Kusine meines Vaters in England. Sie war dort geboren, da schon ihre Eltern nach England eingewandert waren. Wir hatten nur einmal im Jahr Kontakt zu ihr und ihrer Familie, wenn gute Wünsche zum Jahreswechsel ausgetauscht wurden. Jetzt war das anders geworden. Wir hatten ihnen von Zeit zu Zeit Berichte über das Geschehen in Deutschland geschickt, die von Freunden, die ins Ausland fuhren, mitgenommen und dort eingesteckt worden waren. Vielleicht konnte mein Vater nach England? Diese Möglichkeit erschien zum erstenmal fast verlockend. Später, nach ungefähr vierzehn Tagen, als wir wieder zusammen waren und den Eindruck gewonnen hatten, die Gestapo habe ihre judenfeindlichen Aktionen zunächst abgebrochen, wurde bekannt, daß England bereit wäre, Männer aufzunehmen, die in jenen Novembertagen ins KZ gebracht worden waren.

‹So muß man also erst ins KZ kommen, um gerettet zu werden!› Mein Vater sagte es mit Bitterkeit.»

Kennwort «Schiff gesunken»

Der Landesrabbiner von Oldenburg, Dr. Leo Trepp, hegte schon länger Auswanderungspläne:[25]

«Zur damaligen Zeit hatten sowohl meine Frau wie ich noch je einen Paß aus früherer Zeit, der ohne das ‹J› war, welches den Pässen der Juden aufgestempelt war und sie nur zur Auswanderung berechtigte. Wir hatten im Frühjahr 1938 geheiratet. Zuvor hatte meine Frau als Kindergärtnerin in einem jüdischen Kinderheim in der Schweiz gearbeitet und wußte, daß der Chief Rabbi von England, Dr. Hermann Hertz, jedes Jahr nach St. Moritz auf Ferien kam. Wir beschlossen, die Fahrt zu wagen, kauften eine siebentägige Ferienkarte für die Schweiz, die uns erlaubte, die Nächte in den Zügen zu verbringen, denn Geld durfte man nicht mitnehmen. Mit einem Rucksack voll Brötchen fuhren wir in die Schweiz in der Hoffnung, den Chief Rabbi zu treffen. Hätte er geraten, nicht nach Deutschland zurückzukehren, so wären wir ohne Mittel und ohne eine zweite Garnitur von Kleidern geblieben. Wir hatten nur zur Vorsicht eine Kamera mitgenommen, die wir eventuell zur Beschaffung des Nötigsten verkaufen wollten. Wir trafen den Chief Rabbi. ‹Sie sind der Kapitän des Schiffes›, sagte er, ‹und müssen der letzte sein, der das Schiff verläßt.› Sein Rat beantwortete jede Zweifelsfrage; nach einer Woche waren wir wieder in Oldenburg.»

Nicht für lange; die «Kristallnacht» brachte die Entscheidung. Trepp und seine gesamte Gemeinde wurden in einer Kaserne zusammengetrieben: «Am nächsten Morgen, in aller Frühe, wurden wir dann zum Zug gebracht, und am Abend waren wir in Sachsenhausen.»

Jetzt war die Gelegenheit da. Trepps Frau telegrafierte dem Chief Rabbi: «Das Schiff ist gesunken», und wenig später hielt sie das Visum zur Einwanderung nach England in der Hand.

Achtzehn Tage dauerte die KZ-Haft Leo Trepps, dann war er frei:

«Zum Abschied wurden wir ermahnt: ‹Es ist euch hier gut ergangen, eure Behandlung in der Schutzhaft war sehr menschlich. Wagt niemals, etwas anderes zu sagen, sonst kommt ihr zurück. Selbst wenn ihr aus Deutschland weg seid, sagt nie eine Lüge über schlechte Behandlung. Der Führer erreicht euch, ob ihr in England oder Amerika seid. Habt ihr irgendeine Klage? Jetzt habt ihr die Möglichkeit, sie vorzubringen.› Keiner hatte eine Klage, und wir unterzeichneten eine Erklärung, daß wir sehr gut behandelt worden seien …

Innerhalb von vierzehn Tagen hatte ich Deutschland verlassen. An der Grenze wurden meine Frau und ich nochmals bis aufs kleinste untersucht. Die Hoffnung der Grenzleute, daß der Zug ohne uns abfahren würde, wur-

Die Bücher kosten nur noch
ein Fünftel ihres früheren Preises…

de vereitelt. Holländer halfen uns, unsere paar Sachen, die überall in der Halle herumlagen, in den Zug zu werfen.

Ein schweres Ende führte uns zu einem wenn auch schweren Anfang. Andere waren nicht so glücklich, für sie gab es nur das Ende.»

Nach Palästina oder Panama?

Deutsche Juden wissen nicht wohin

«Nichts zeigt die Hoffnungslosigkeit jener Tage so klar wie ein Gespräch, das ein jüdisches Ehepaar in einem Reisebüro führte und dessen Zeuge ich zufällig wurde», schreibt der heutige Israel-Korrespondent der «Frankfurter Rundschau», Herbert Freeden[26]:

«Die Frau fragte den Beamten, wohin man auswandern könne. Er erwiderte, gegenwärtig wäre es lediglich möglich, ein Einreisevisum in die Dominikanische Republik zu bekommen. Dominikanische Republik, wo liegt die denn? Der Beamte wußte nicht viel darüber. Da wandte sich die Frau an ihren Mann: ‹Gehen wir in die Dominikanische Republik, was meinst du?› Wie wenn man auf zwei Wochen in die Ferien geht. Ins Ungewisse und Unbekannte.»

Zunächst hatten die Flüchtlinge nahe der deutschen Grenze Asyl gesucht, in Holland und Frankreich, in Dänemark und der Schweiz. Dort wollten sie den Tag abwarten, an dem der braune Spuk endlich vorbei wäre und sie zurückkehren könnten.

Im Laufe der Jahre änderten sich die Ziele. Während 1933 noch drei Viertel aller jüdischen Auswanderer in Europa blieben, waren es 1937 nur noch gut 25 Prozent. Die meisten machten sich nach Nord- oder Südamerika und nach Palästina auf.

Die «erste Welle» der Emigranten hatte es noch verhältnismäßig einfach, in einem anderen Land unterzukommen. Für die Juden, die bis 1938 noch im Deutschen Reich ausgeharrt hatten, war die Auswanderung zum Glücksspiel mit wenig Gewinnchancen geworden. Immer mehr Staaten schlossen ihre Grenzen oder stellten unerfüllbare Bedingungen – hohe Geldsummen, Verwandte ersten Grades als Bürgen. Für die Regierungen war das Flüchtlingselend eine Kostenfrage; sie fürchteten, daß mittellose Juden ihnen auf der Tasche lägen.

Quälend die Suche nach Staaten, die noch bereit waren, Flüchtlinge aufzunehmen:[27]

«‹Vielleicht könnte man hierhin oder auch dorthin ...› Und die Finger wanderten unruhig auf der Landkarte hin und her. Oder: ‹Was ist eigentlich mit Paraguay?›

‹Hast du schon Neuseeland probiert?›

‹Ich habe gehört, daß der X ein Visum für Panama bekommen hat.›

‹Zehntausend Mark soll ein Visum nach Venezuela kosten ...› Diese Gespräche waren wie ein Gesellschaftsspiel, das nie zu Ende gespielt werden konnte. Denn ein Staat nach dem anderen verschloß sich der Aufnahme von Juden aus Deutschland. Der eine früher, der andere später.»

Nicht über alle Länder ist der Stab zu brechen: Frankreich, Holland und Dänemark waren bereits mit Flüchtlingen überfüllt. Andere Länder wie Australien zum Beispiel, das nun weiß Gott Platz genug gehabt hätte, waren vom antisemitischen Bazillus infiziert: «Wir hatten bisher kein Rassenproblem und wollen auch keins importieren.» Kanadas Dreh: «Wir wollen nur Einwanderer aus landwirtschaftlichen Berufen.»

Nicht einmal der Freiheitshort USA erklärte sich bereit, seine strengen Einwanderungsbestimmungen zu lockern. Das amerikanische Konsulat in Stuttgart durfte monatlich nur 850 Visa ausstellen; beantragt wurden 110000!

Schließlich begann auch noch der Zionistentraum Palästina zu verblassen. Von 1934 bis 1936 waren regelmäßig ein Drittel aller jüdischen Flüchtlinge in den Nahen Osten übergewechselt; 1937 waren es nur noch 10 Prozent. Die britische Mandatsmacht senkte die Einwanderungsquoten drastisch, seit die Araber der jüdischen Landnahme nicht mehr tatenlos zusahen.

Flucht vor dem Feind

Von den 500000 Juden, die 1933 in Deutschland lebten, emigrierten

1933: 37000	1936: 25000
1934: 23000	1937: 23000
1935: 21000	1938: 40000

Auswandern war teuer. Wer konnte sich das 1938 überhaupt noch leisten? Die rund 130000 Juden, die in den ersten fünf Jahren der Naziherrschaft ihre Koffer gepackt hatten, waren vornehmlich Ärzte, Künstler, betuchte Geschäftsleute gewesen. Zurück blieb häufig, wer nicht wußte, wie er anderswo neu beginnen sollte: Arbeiter, kleine Angestellte, Arbeitslose.

Von Jahr zu Jahr wurden die Fluchtchancen kleiner. Berufsverbote zwangen die Juden, jeden Pfennig dreimal umzudrehen; Beihilfen und Steuernachlässe wurden gestrichen; Geschäftsleute wurden zu Zwangsverkäufen erpreßt. Wenige konnten von Ersparnissen zehren, viele verarmten und wurden Kostgänger der Fürsorge. An Startkapital für einen neuen Anfang im Ausland war nicht zu denken.

«Die wenigen jüdischen Handwerker in Berlin schienen», wie Inge Deutschkron beobachtete, «noch am besten dran zu sein. Das galt auch für ihre beruflichen Möglichkeiten im Falle einer Auswanderung. Sie waren plötzlich zur Aristokratie unter den deutschen Juden geworden.» In diesen neuen Adel konnte man nur durch Umschulung auf «Mangelberufe» aufsteigen: «Ich erinnere mich noch genau daran, wie lächerlich uns das alles erschien. Onkel Hermann begann in entsprechenden Kursen der Jüdischen Gemeinde die Herstellung von Konfekt zu erlernen und mußte unendlich viel Spott über sich ergehen lassen. Mein Vater, handwerklich so ungeschickt, daß er zu Hause nicht einen Nagel in die Wand einschlagen konnte, wandte sich dem Schuhmacherhandwerk zu und ging bei einem jüdischen Schuster in der Pariser Straße in Berlin-Wilmersdorf in die Lehre.»

Nach dem Novemberpogrom schmolz auch der letzte Spargroschen dahin. Um die Juden wirtschaftlich kaputtzumachen, hatten sich die Nazis «Sühnemaßnahmen» ausgedacht:

- Die Versicherungssummen für Schäden, die durch die «spontane Volkswut» entstanden waren, wurden zugunsten des Deutschen Reiches beschlagnahmt,
- den Juden «in ihrer Gesamtheit» wurde die «Zahlung einer Kontribution von 1000000 Reichsmark an das Deutsche Reich auferlegt» – um die «feige Mordtat» an vom Rath zu rächen,
- zur «Wiederherstellung des Straßenbildes» müßten alle Juden die entstandenen Schäden auf eigene Rechnung beseitigen lassen.

Die «Kosten der Wiederherstellung» trug zwar der «Inhaber der betroffenen jüdischen Gewerbebetriebe». Aber gleichzeitig mußte auch der letzte Ladenbesitzer endgültig seine Türe schließen: «Juden ist vom 1. Januar 1939 ab der Betrieb von Einzelhandelsverkaufsstellen, Versandgeschäften oder Bestellkontoren sowie der selbständige Betrieb eines Handwerks untersagt.»

Minderbemittelte Juden, denen reichere Glaubensgenossen bisher unter die Arme gegriffen hatten, blieben auf der Strecke; die alten Gönner konnten jetzt nicht einmal ihre eigene Auswanderung finanzieren.

Sie trug den gelben Stern

Eine Berlinerin umgeben von Verboten

«Juden unerwünscht» – Schilder mit dieser Aufschrift an Ortseingängen, vor Geschäften, Restaurants und Freibädern signalisierten den Betroffenen und den «Volksgenossen» spätestens seit dem Sommer 1935 auf Schritt und Tritt: Die vielbeschworene NS-Apartheid war Realität. NSDAP-Ortsgruppen übertrumpften sich gegenseitig mit der Größe der Spruchbänder, die sie über die Marktplätze ihrer Städte spannten: «Die Juden sind unser Unglück» mußte man da täglich lesen.

Für die deutschen Juden waren solche öffentlichen Demütigungen gewiß nicht leicht zu verdauen, doch noch härter trafen sie die konkreten Maßnahmen, die die Nazis mit wachsendem Einfallsreichtum ausheckten, um den «Volksfeinden» das Leben im Deutschen Reich unerträglich zu machen. Aber sie sagten sich: «Mit den Beschränkungen muß man wohl oder übel fertig werden.» Ihre Überzeugung: Schlimmer wirds nimmer.

Sie hatten sich getäuscht. 1938 kam es für Deutschlands Juden noch viel dicker. Zunächst kündigten die NS-Führer in ihren Reden «radikale Eingriffe» und die «Lösung der Judenfrage» an. Mißverständnisse und Zweifel an dem, was die Nazis vorhatten, waren kaum noch möglich, schon gar nicht nach der «Reichskristallnacht».

Wie kamen Juden mit der wachsenden Abschnürung ihrer Lebensmöglichkeiten zurecht? Was taten, dachten, fühlten sie, als die neuen, zum Teil lebensbedrohenden Schläge auf sie herabprasselten? Inge Deutschkron, 1938 sechzehn Jahre alt, gibt Auskunft:[28]

«Uns Kindern blieb auch die erste größere Verhaftungswelle im Juni 1938 nicht verborgen. Von ihr wurden 1500 Juden erfaßt. Es handelte sich dabei um ‹Vorbestrafte›, Juden, die von den Behörden als ‹Asoziale› und ‹arbeitsscheue Elemente› bezeichnet wurden. Ein Vetter von mir gehörte zu diesen Opfern, weil er in einen Autounfall verwickelt gewesen und verurteilt worden war. Ungeachtet dieses Sachverhalts erschien uns das Wort ‹vorbestraft› doch so gewichtig, daß es auch Zweifel an der Persönlichkeit des Betroffenen rechtfertigte. Obgleich wir uns über die Unrechtmäßigkeit dieser Aktion empörten, so berührte uns das Ereignis doch nicht unmittelbar.

Viel härter berührte mich ein anderes, scheinbar bedeutungsloses Ereignis. Ich saß beim Fotografen. Wie jedes sechzehnjährige Mädchen war auch ich eitel. Als der Fotograf mich anwies, das Haar hinter das linke Ohr zu streichen, war ich völlig verstört und den Tränen nahe. Die Bemerkung des Fotografen war sachlich und ohne jeden Hohn geäußert, ein geschäftsmäßiger Hinweis, nicht mehr. Und dennoch empfand ich die Demütigung wie einen Peitschenhieb, aber ich hatte Disziplin gelernt. Dieses Foto von mir sollte nicht verraten, was in mir vorging. Dennoch wußte ich schon damals, daß es mir nicht gelang, daß es nicht Härte, sondern Bitterkeit, Trotz und Tränen erkennen lassen würde.

An der Form des linken Ohrs würde die Rassenzugehörigkeit erkennbar. Das war eine Entdeckung der nationalsozialistischen Rassenforscher. Eines Juden linkes Ohr verriet demnach die semitische Abstammung. Aus diesem Grunde mußten die Paßfotos von Juden so aufgenommen werden, daß die Form des linken Ohrs deutlich sichtbar war. Diese Fotografien waren für die Kennkarten bestimmt, die jeder Jude über fünfzehn Jahre laut Gesetz vom 23. Juli 1938 bei sich zu tragen und ‹jeder Amtsperson unaufgefordert› sofort vorzulegen hatte. Diese Kennkarten waren zudem mit einem großen ‹J› auf der Außenseite und einem gelben ‹J› auf der Innenseite kenntlich gemacht, so daß keinerlei Zweifel über die Abstammung des Inhabers möglich waren.

Ich habe in jenen Tagen oft versucht, an den Ohren meiner Mitbürger in Berlin, denen ich im Autobus oder in der Untergrundbahn nahe kam, festzustellen, was ihr linkes Ohr wohl von dem meinen unterschied. Ich konnte nichts entdecken. Mein Ohr, im Spiegel hundertmal überprüft, glich dem der Arier von Berlin ... Um das ‹Kriminelle› als Wesensmerkmal des Juden hervorzuheben, mußte die Kennkarte nicht nur mit dem vorschriftsmäßigen Foto, sondern auch mit den Fingerabdrücken versehen sein. Linker Zeigefinger, rechter Zeigefinger ... Ich weiß noch genau, wie der Polizeibeamte unseres Reviers in der Grolmannstraße meine beiden Finger behutsam, fast zärtlich von der schwarzen Farbe säuberte. Trog mich mein Instinkt? Mir schien, als wäre ihm die ganze Prozedur peinlicher als mir.

Als ich diesen Ausweis ausgehändigt erhielt, mußte ich zum erstenmal mit dem Zusatznamen ‹Sara› unterzeichnen. Ich hieß nun Ingeborg Sara Deutschkron. Laut Gesetz vom 18. August 1938 erhielten alle männlichen Juden den Zusatznamen ‹Israel›, die weiblichen den Zusatznamen ‹Sara›. Dieser Zusatzname mußte zwischen Vor- und Nachname eingefügt werden und ab 1. Januar 1939 auf allen Ausweisen, Urkunden und dergleichen aufgeführt sein. ‹Zuwiderhandlungen›, also das Weglassen dieses Zusatznamens bei Unterschriften, wurden mit bis zu einem Monat Gefängnis bestraft.»

Ab Januar 1939 gingen die Nazis daran, den Juden das Dach überm Kopf wegzuziehen – ganz legal, per Gesetz, versteht sich. Wohnungseigentümer bekamen genug Möglichkeiten in die Hand, um ihre jüdischen Mieter vor die Tür zu setzen. Inge Deutschkron:

«Unser Hauswirt machte davon auch unverzüglich Gebrauch. Aber da mein Vater bereits vor der Auswanderung stand und wir ihm bald zu folgen hofften, schien es uns ohnehin sinnlos, eine Wohnung halten zu müssen. Und so beschlossen meine Eltern, alles, was für die Auswanderung sinnvoll schien, in einen Lift zu packen und ihn im Hamburger Freihafen abrufbereit zu lagern ...

Kennort:	Frankfurt (Main)
Kennummer:	A 01163
Gültig bis	4. April 1944
Name	Bock Dr. iur
Vornamen	[illegible] Hugo Israel
Geburtstag	14. Dezember 1878
Geburtsort	Frankfurt (Main)
Beruf	Rechtsanwalt
Unveränderliche Kennzeichen	fehlen
Veränderliche Kennzeichen	fehlen
Bemerkungen:	Keine [illegible] 430/42

J

Rechter Zeigefinger

Linker Zeigefinger

Hugo Israel Bock
(Unterschrift des Kennkarteninhabers)

Frankfurt (Main) den 5. April 1939

Der Polizeipräsident
(Ausstellende Behörde)

(Unterschrift des ausfertigenden Beamten)

Polizeipräsident in Frankfurt a. M.

Nach der Abreise meines Vaters mietete meine Mutter ein möbliertes Zimmer für uns beide in Schönebergs Hohenstauffenstraße. Es schien uns ziemlich unwichtig, ob es schön oder bequem war. Es sollte schließlich nur eine Bleibe ‹auf Zeit› sein.»

Am 27. August, drei Tage vor Beginn des Zweiten Weltkriegs, verteilte die Portiersfrau Lebensmittelkarten. «Die unseren waren bereits mit einem ‹J› gekennzeichnet. Die praktische Bedeutung erfuhren wir erst später. Sie schloß uns von allen Sonderzuteilungen und dem Kauf nichtrationierter Lebensmittel aus ...

Für die Juden wurde in den folgenden Monaten eine Vielzahl von Ver- und Anordnungen erlassen, um sie, wie es hieß, an ‹staatsfeindlichen Handlungen› zu hindern. Juden mußten ihre Radiogeräte abliefern. Ihre Telefonanschlüsse wurden abgeschaltet. Juden durften zwischen 20 und 5 Uhr ihre Wohnungen nicht verlassen, im Sommer ab 21 Uhr. Sie mußten bis zur Entwarnung im Luftschutzkeller bleiben, um dem Feind keine Leuchtsignale geben zu können. Jeder Mieterschutz wurde für Juden aufgehoben. Juden mußten Pelze, Feldstecher, Fotoapparate, elektrische Geräte einschließlich Bügeleisen abliefern.

Getreu unserer Gewohnheit ignorierten meine Mutter und ich solche Anweisungen soweit wie möglich. Ein Rundfunkgerät besaßen wir seit der Auflösung unserer Wohnung ohnehin nicht mehr. Andere Geräte und Sachen lieferten wir nicht ab. Immer mehr Gegenstände nahmen Riecks zu sich. Sie waren unsere ‹Aufbewarier›, wie man diese Menschen scherzhaft zu nennen pflegte. Fast jeder Jude hatte einen solchen guten nichtjüdischen Freund, der ihm diesen Liebesdienst erwies. Und oftmals lagen kostbare Perserteppiche jahrelang in Berliner Gartenlauben, wertvolle Musikinstrumente in feuchten Kellern, Pelzmäntel in luftdicht verschlossenen Mottensäcken auf Hängeböden, weil den arischen Freunden der Platz fehlte.

Juden sollten schließlich weder Theater noch Konzertsäle oder Kinos betreten dürfen. Parks und öffentliche Anlagen wurden für sie gesperrt. Selbst das Sitzen auf dort einst für Juden mit einem Judenstern gekennzeichneten Bänken wurde untersagt. Einige Gebiete Berlins wurden zu Sperrgebieten für Juden erklärt: Das Regierungsviertel gehörte dazu.

Gewiß war es meiner Jugend zuzuschreiben, daß ich meiner Mutter unbekümmert erklärte, ich dächte nicht daran, mich an diese Vorschriften zu halten. Ich brauchte den gelegentlichen Theaterbesuch, ich brauchte Musik oder den Spaziergang im Grunewald. Ich hielt es in der Enge der jüdischen Gesellschaft, die nun ganz auf sich angewiesen war, nicht aus. Ihre Gespräche drehten sich nur noch um Schikanen, die die Nazis bereits angeordnet hatten, oder solche, die noch erwartet werden mußten. Angst und depressive Ahnung klangen aus diesen Diskussionen. Man marterte sich selbst:

‹Ich habe von einem zuverlässigen Freund gehört, der wiederum hat es direkt aus dem Propagandaministerium, daß die Nazis dies und jenes planen.› Was dann folgte, ging über die von uns so genannte JMAG, Jüdische Mundfunk AG, von Haus zu Haus und ängstigte und plagte die ohnehin besorgten Menschen.

Es gelang mir sogar, meine Mutter zu kulturellen Veranstaltungen zu überreden, die zu jener Zeit auf hohem Niveau standen, da die Nazis mit finanziellen Zuwendungen für kulturelle Aktivitäten nicht sparten, um die Bevölkerung in ‹Stimmung› zu halten. Viele davon sind mir bis zum heutigen Tag in Erinnerung geblieben. Dazu gehören das herrliche Ballett aus ‹*Die Fledermaus*› in der Berliner Oper, eine jedes Silvester aufgeführte Galavorstellung, oder auch Hans Albers' unvergeßliche Rolle des ‹*Münchhausen*› in dem mit viel Aufwand zum 25. Jubiläum der Ufa hergestellten gleichnamigen Film.

Verboten wurde uns schließlich auch, Wäsche in Wäschereien waschen zu lassen oder ein Friseurgeschäft zu betreten. Nun hat es sicherlich keinen Juden gegeben, der alle diese Verordnungen eingehalten hätte. Wäre es nach den uns zugeteilten Lebensmittelrationen gegangen, hätte sicher keiner von uns auch nur annähernd die Kraft aufgebracht, die sehr bald eingeführte Zwangsarbeit in Berliner Fabriken, auf Kohlenhalden oder bei der Müllabfuhr durchzuhalten.

Die jüdische Bevölkerung Berlins hatte fast ausnahmslos alles, was ihr nach den Lebensmittelkarten versagt bleiben sollte. Berliner Mitbürger sorgten dafür. Da waren zunächst die Inhaber der Lebensmittelgeschäfte, die ihren alten Stammkunden die «Extras» zusteckten. Meine Mutter und ich fuhren einmal in der Woche zu Richard Junghans, einem ehemaligen Sozialdemokraten und Freund meines Vaters, der am Knie (heute: Ernst-Reuter-Platz) ein Lebensmittelgeschäft aufgemacht hatte, nachdem er 1933 seinen Posten bei der Gewerkschaft verloren hatte. Er versorgte uns mit Obst und Gemüse, als sei das das Selbstverständlichste von der Welt. Ähnlich war es mit unserem Fleischer Krachudel, der auf dem Wochenmarkt am Wittenbergplatz seinen Stand hatte und bei dem meine Mutter über fünfzehn Jahre lang eingekauft hatte. Nun gab er meiner Mutter die gleiche Menge Fleisch, die unsere Familie in jenen vielen Jahren pro Woche zu verbrauchen pflegte, ohne daß wir auch nur eine einzige Lebensmittelkarte hätten abgeben können.

Die Versorgung der Juden Berlins war zwar komplizierter geworden, aber das galt ja auch für die nichtjüdische Bevölkerung. Das ‹Hohelied› dieser braven Menschen, die ungeachtet der Gefahr, von Nazi-Mitbürgern denunziert zu werden, ihren jüdischen Kunden wenigstens auf diese Weise zur Seite standen, wird nie geschrieben werden, weil diejenigen, die es tun könnten, nicht mehr am Leben sind. Man erzählte sich damals, daß eine Jüdin Zitronen und Äpfel von ihrem Balkon auf die Straße geworfen hätte, weil sie die Gestapo vor ihrer Wohnungstür vermutete und ihre Lieferanten nicht gefährden wollte – eine durchaus glaubhafte Geschichte ...

Kurz nach Ausbruch des Krieges sperrten die Nazis die Pension meines Vaters mit der Begründung, daß er im feindlichen Ausland lebe und wir daher keinen Anspruch auf das Geld hätten. Wir mußten uns einschränken, obwohl zu jener Zeit nicht viel Geld ausgegeben werden konnte. Der Kauf von Lebensmitteln war begrenzt. Kleiderkarten zum Bezug von Textilien erhielten Juden nicht. Wir zogen in ein bescheideneres Zimmer im Hansaviertel.»

Das Jahr 1940 brachte Anfang Juli eine neue, scheinbar eher harmlose Schikane:

«An den Nachmittagen zwischen 4 und 5 Uhr wimmelte es in manchen Gegenden Berlins von jüdischen Frauen, die ihre Einkäufe tätigten. Das war die einzige Stunde, die ihnen dazu gewährt wurde. Wer vermochte schon, in einer Stunde alle Einkäufe vorzunehmen, zumal in jenen Gegenden, in denen noch relativ viele Juden wohnten. Jüdische Frauen hetzten von Geschäft zu Geschäft, so daß dieser Ansturm den Geschäftsleuten die Möglichkeit erschwerte, ihren alten Kunden etwas zuzustecken. Dennoch fanden sie oft einen Weg, helfen zu können.»

Gipfelpunkt der Erniedrigung war jene Verordnung vom 1. September 1941, die Juden zwang, einen gelben Davidsstern auf der Kleidung zu tragen:

«Ein kleiner, untersetzter Mann erhob sich von seinem Sitzplatz in der U-Bahn.

‹Ich bitte Sie darum, sich sofort zu setzen!› sagte er sehr laut und energisch, indem er mit seiner linken Hand auf den Sitzplatz wies, den er mir anbot. Die meisten anderen Fahrgäste taten so, als hörten sie nichts. Die U-Bahn war voll besetzt wie an jedem Morgen um diese Zeit vor Beginn der Arbeit. Ich war nur eine von vielen, die stehen mußten. Sicherlich hätte der Mann nicht gerade mir seinen Platz angeboten, wenn ich nicht an jenem Morgen das erste Mal einen ‹Judenstern› getragen hätte.

Es war der 19. September 1941, der erste Tag, an dem wir dazu gezwungen waren. Am Abend zuvor hatte ich diesen gelben Lappen wie vorgeschrieben an der linken Brust in Herzhöhe fest an den Mantel genäht. Die jüdischen Wohlfahrtsämter hatten jedem Juden vier solche Sterne gegen ein Entgelt abgeben müssen ...

Am schlimmsten erging es jüdischen Kindern. Vom sechsten Lebensjahr an war das Tragen des ‹Judensterns› Pflicht. Da Kinder grausam sein können und den ständigen Hetzereien gegen Juden ebenso ausgesetzt waren wie Erwachsene, schlugen sie oftmals auf jüdische Kinder ein, wo sie sie trafen, es sei denn, ihre Eltern hatten den Mut, das ihnen vermittelte Judenbild zu korrigieren. Ich habe mehr als einmal nichtjüdische Kinder verdroschen, um jüdischen Kindern Gelegenheit zur Flucht zu geben, ein Unterfangen, das auch für mich nicht ungefährlich war. So war es gleichermaßen gefährlich, ohne wie auch mit Stern zu gehen ...

Der Mensch gewöhnt sich an alles. Auch wir richteten uns ein. Es fand sich immer wieder ein Ausweg. Aber es war offenkundig: Die Situation der Juden in Berlin wurde kritischer. Gerüchte über fürchterliche Dinge, die gegen uns vorbereitet wurden, fanden stets neue Nahrung und wurden beunruhigender. Ich bat meine Mutter, mich mit derartigen Parolen des ‹Jüdischen Mundfunks›, die sie aus ihrer Wohlfahrtsstelle mitbrachte, zu verschonen. Ich wollte nichts davon hören.»

Start in Stettin

Die Verschleppungen aus Deutschland beginnen

Aufsehen wollten die Nazis nicht erregen, als sie das Vorspiel zur «Endlösung der Judenfrage» einleiteten. Aber nur die deutschen Zeitungen konnte man an der kurzen Leine halten, das Ausland brauchte nicht zu schweigen: das dänische Blatt «Politiken» beschrieb die ersten streng geheimen Deportationen sogar bis ins Detail:

«Stettin, den 15. Februar 1940 – Auf besonderen Befehl des Reichsführers SS Heinrich Himmler sind soeben die ersten Deportationen aus dem Deutschen Reich erfolgt. In den Nachtstunden des 12. und 13. Februar 1940 wurden in Stettin sämtliche Juden verhaftet, und zwar nicht von der Polizei, sondern von Mitgliedern der SS und der SA sowie von politischen Leitern der NSDAP. Jede Wohnung erhielt eine Besetzung durch zwei Personen, die den betroffenen Familien mitteilten, sie müßten noch in dieser Nacht ihre Wohnung verlassen und würden mit unbekanntem Ziel abtransportiert. Sie sollten warme Unterkleider anziehen, soweit solche vorhanden waren. An Gepäck durften sie nur einen Handkoffer mitnehmen. Die gesamte Wohnungseinrichtung mußte zurückgelassen werden. Auch Betten durften sie nicht mitnehmen. Das gesamte vorhandene Bargeld, Wertgegenstände mit Ausnahme eines Traurings und einer Uhr mußten abgeliefert werden. Soweit Bankkonten, Haus- und Grundbesitz etc. vorhanden waren, mußte ein Verzicht auf diese Vermögensobjekte ausgesprochen werden. Es wurde zu diesem Zweck ein formularmäßig vorbereitetes Protokoll von den Familienoberhäuptern unterzeichnet.

Die Mitnahme von Lebensmitteln oder von Reiseproviant wurde nicht gestattet. Die noch in den Wohnungen vorhandenen Lebensmittel wurden beschlagnahmt. Zwischen 3 und 4 Uhr morgens wurden die Juden mit Frauen und Kindern, ohne Rücksicht auf ihr Alter und ihren Gesundheitszustand, durch je zwei Posten der SS und SA aus den Wohnungen geholt und zum Güterbahnhof Stettin gebracht, von wo aus der Abtransport nach Ostpolen in den frühen Morgenstunden des Dienstags erfolgte.

Auch die Insassen der beiden jüdischen Altersheime in Stettin, ca. 82 Personen, darunter Frauen und Männer über 80 Jahre, wurden deportiert. Soweit sie nicht mehr zu gehen imstande waren, wurden sie auf Tragbahren zum Güterbahnhof gebracht.

In Stettin und Umgebung sind von der Deportation bisher mehr als 1300 Personen betroffen worden, darunter Säuglinge und Greise. Auf die Frage, ob in Polen eine Unterkunft für die Deportierten bereitstehe, wurde von den begleitenden SS-Leuten erwidert: ‹Das ist nicht nötig, ihr werdet auf freiem Felde ausgeladen und müßt sehen, wo ihr bleibt.› Auf die weitere Frage, wie lange der Transport dauern würde, wurde erwidert, drei bis vier Tage.

Bereits in Schneidemühl mußten die ersten Leichen aus dem Zuge entfernt werden, eine Frau und zwei Kinder.

Selbst Frontkämpfer des Weltkrieges 1914 bis 1918 sind von der Deportation nicht verschont geblieben, darunter mehrere Offiziere, die zum Teil beide Eiserne Kreuze und das vom Führer verliehene Ehrenkreuz für Frontkämpfer trugen. Diese Kriegsauszeichnungen wurden ihnen von SS-Leuten fortgenommen und beschlagnahmt.

In der Provinz Pommern erfolgen die Deportationen in den nächsten Tagen. Es handelt sich dabei um weitere 2000 bis 3000 Personen ...»[29]

Die zweite Verschleppungsaktion hatte andere Ziele: Gurs, Revesaltes und Les Milles – unbekannte Orte irgendwo in Südfrankreich. Juden aus Baden, der Pfalz und dem Saargebiet wurden in den unbesetzten Teil Frankreichs abgeschoben.

Die Vorbereitungen für die von Adolf Eichmann organisierte «Aktion Bürckel», benannt nach dem Gauleiter von Baden, der zusammen mit seinem Kollegen Wagner vom Gau Südpfalz die Transporte offiziell befohlen hatte, begannen am 4. Juli 1940, nur zwei Wochen nach dem Sieg der Wehrmacht über Frankreich. Am Abend des 22. Oktober war es soweit: Bürckel ließ über siebentausend südwestdeutsche Juden ihr karges Bündel packen. Ihnen war eine Frist «zur Vorbereitung» gegeben worden: Sie schwankte von Ort zu Ort zwischen fünfzehn Minuten und zwei Stunden! Nur jüdische Partner in «Mischehen» kamen vorerst davon.

M E R K B L A T T
für die Teilnehmer an den Abwanderungstransporten

Die nachfolgenden Richtlinien sind von jedem Transportteilnehmer genauestens zu beachten.

I. Hinterlegung von Dokumenten!

Die Transportteilnehmer können bei der Jüdischen Kultusvereinigung (ARCHIV) wichtige persönliche Dokumente, wie Geburts-, Heirats- und Sterbeurkunden hinterlegen. Diese Urkunden sind in einem nicht verschlossenen Briefumschlag in einer der Bezirksstellen oder direkt beim Archiv persönlich oder per Post abzuliefern. Auf dem Briefumschlag muß Transport-Nummer, Vor- und Zuname und bisherige Anschrift des Ablieferers sowie ein genaues Verzeichnis der Urkunden aufgeschrieben sein. Ueber die erfolgte Hinterlegung der Dokumente wird von der Sammelstelle eine Empfangsbescheinigung ausgestellt. KENNKARTEN (von Staatenlosen FREMDENPÄSSE) sind nicht zu hinterlegen, sondern mitzunehmen.

II. Mitzunehmende Gegenstände!

1. REISEKLEIDUNG. Die Reisekleidung bezw. der Reiseanzug bestehen zweckmäßigerweise aus:

Bei Männern:		Bei Frauen:	
Strümpfe, Stutzen	Fußlappen	Strümpfe, Socken	Schuhe
Unterhosen	Krawatten	Hemdhosen oder Hemd	Überschuhe
Unterhemden	Stiefel	Schlüpfer	Kopftuch
Oberhemd	Ledergürtel	Strumpfgürtel, Mieder	Wintermantel
Weiche Kragen	Hosenträger	Büstenhalter	Regenmantel
Leibbinde	Sockenhalter	Unterkleider	Warmer Schal
Taschentücher	Wintermantel	Taschentücher	Handschuhe
Puls- und Kniewärmer	Regenmantel	Puls- und Kniewärmer	Hut, Mütze
Anzug	Wollschal	Kleid	Regenkappe
Ohrenschützer	Hand(faust)schuhe	Ohrenschützer	Muff
Strickweste oder	Hut, Mütze	Strickweste oder	
Pullover	Wickelgamaschen	Pullover	

2. JUDENSTERNE sind nicht nur auf dem Reisemantel, sondern auch auf dem Reiseanzug bezw. -Kleid in vorschriftsmäßiger Form festangenäht zu tragen. Von den Kleidungsstücken, die nicht mitgenommen werden, sind die Judensterne abzutrennen und soweit verfügbar auf die im Gepäck mitzunehmenden Anzüge bezw. Kleider aufzunähen.

Das mitzunehmende Gepäck darf je Teilnehmer in keinem Falle 50 Kg überschreiten. Es darf nur bestehen aus einem Coupékoffer, einem Rucksack (REISEgepäck) und dem HANDGEPÄCKstück, bei dem sich eine Schlafdecke befinden muß.

Gegenstände aus Glas und Porzellan dürfen nicht mitgenommen werden. Die Auswahl der mitzunehmenden Gegenstände ist mit größter Umsicht zu treffen, da aus der Wohnung nach der Versiegelung keine Gegenstände entfernt werden dürfen.

a) HANDGEPÄCKSTÜCK. Im Handgepäck kann verpackt werden:

Wasch- und Kammzeug, Thermosflaschen, Feldflaschen, Spielkarten, ein Handtuch und Taschentücher, Reisekissen, ein Geschirrtuch, Hausschuhe, Löffel (keine Messer und Gabeln!), Toilettenpapier, ein Paar Strümpfe, Essgeschirr, Topf oder unzerbrechliche Teller.

ES IST BEI STRAFE VERBOTEN, Zahlungsmittel, Sparkassenbücher und Urkunden, die Vermögensrechte zum Inhalt haben oder sich auf Vermögensrechte beziehen, ferner Wert- und Schmucksachen sowie Lebensmittelkarten auf den Transport mitzunehmen. Verboten ist die Mitnahme von Medikamenten im Handgepäck, jedoch können Medikamente mit Ausnahme von Giften im Reisegepäck mitgenommen werden.

Bitte wenden!

(aus: Faschismus, S. 122)

b) REISEGEPÄCK. Reisegepäck ist ein Gegenstand wie (Coupé-) Koffer oder Rucksack. - Im Reisegepäck kann mitgenommen werden:

Für Männer:		Für Frauen:	
Strümpfe, Stutzen	Fußlappen	Strümpfe,Socken	Kleider
Unterhosen	Stiefel	Hemdhosen od.Hemden	Leichte
Unterhemden	Hosenträger	Schlüpfer	Kleider
Ober(Polo)hemden	Sockenhalter	Strumpfgürtel	Strickjacke
Weiche Kragen	Hausjacke	Büstenhalter	Schuhe
Leibbinde, Pullover	Strickweste	Unterkleider	Handschuhe
Schlafhemd.od.Schlafanzg.	Sommermantel	Schlafanz.od.Nachth,	
Taschentücher	Windjacke	Taschentücher	Windjacke
Anzüge	Wollschal	Leibbinden	Kittelschürze
Hand(faust)schuhe	Krawatten	Frauenbd.,Warmer Schal	

Ferner können im Reisegepäck gepackt werden:

Hauswäsche	Bettwäsche	Taschentücher	Handtücher
Schirm	Schuhpflegemittel	Küchentücher	Wischtücher
Lappen	Kleiderbürste	Spielkarten	Watte
Bücher	Papiertaschentücher	Ersatzbrille	Toilettenpapier

Schließlich können folgende Gegenstände im Reisegepäck verpackt werden:

Kl. Handwerkszeug	Rasierzeug	Näh- und Flickzeug	Talglicht
Schere, Stopfgarn	Taschenlampe	Streichhölzer	Insektenpulver

Medikamente (mit Ausnahme von Giften)

Die Mitnahme dieser Gegenstände darf jedoch gemäß behördlicher Anordnung **nicht** im Handgepäck, sondern nur im REISEGEPÄCK erfolgen!

4. Kennzeichnung der Gepäckstücke

Auf jedes Gepäckstück ist an außen sichtbarer Stelle ein Zettel mit der Transport-Nummer, dem Vor- und Zunamen des Eigentümers, sowie dessen bisheriger Anschrift aufzukleben und zwar nach folgendem Muster:

Transport-Nummer 2165
Karl Israel Müller
Berlin W 15
Meineckestraße 5

Die Gepäckstücke selbst dürfen nicht bemalt werden. Außerdem sind auf der Innenseite des Koffers oder Rucksacks Transport-Nummer, Name des Eigentümers anzubringen. Ferner ist an jedem Gepäckstück, möglichst auf beiden Seiten, je ein Gepäckanhänger mit Draht zu befestigen und gleichfalls nach obigem Muster zu beschriften. Es empfiehlt sich, den Koffer mit starker Schnur oder Riemen zu verschnüren, für den Fall, daß die Griffe abreißen sollten. - Die KOFFERSCHLÜSSEL, am zweckmäßigsten an einem Schlüsselbund, sind ebenfalls mit einem haltbaren Schild zu versehen, auf dem Transport-Nummer, Vor- und Zuname des Eigentümers gut leserlich aufzuschreiben sind.

III. Anordnung betr. Verfügungsbeschränkungen über das bewegliche Vermögen für Juden!

Für sämtliche Gegenstände, soweit sie nicht abgeliefert oder mitgenommen werden, ist die Anordnung betr. Verfügungsbeschränkungen über das bewegliche Vermögen für Juden gemäß dem Rundschreiben der Reichsvereinigung der Juden in Deutschland vom 1. Dezember 1941 zu beachten!

1941 gab es vermehrt Deportationen, im Frühjahr 1942 war kein Jude im deutschen Machtbereich mehr seines Lebens sicher. Wie sich die Schlinge, die die Nazis um den Hals der deutschen Juden geworfen hatten, immer mehr zuzog, verdeutlicht der Bericht der jüdischen Ärztin Lucie Adelsberger aus Berlin, die später nach Auschwitz deportiert wurde, wo sie bis zur Befreiung des Lagers überlebte:[30]

«Frau X, Leiterin der Jüdischen Wohnungsberatungsstelle, war im August 1941 zur Gestapo beordert worden. Die Fama sagt, saß sie sehr bleich und mitgenommen zurückgekehrt sei.» An sich war es nichts Besonderes für Frau X, zur Gestapo zu gehn. Das gehörte mindestens einmal wöchentlich zu ihren Aufgaben, um die sie ohnehin nicht zu beneiden war, «in einer Zeit, wo es zum guten Ton gehörte, Juden aus ihren Wohnungen zu werfen, um die Häuser judenrein zu machen und Ersatzwohnungen in sogenannten ‹arischen› Häusern an Juden nicht zugewiesen werden durften», wie Lucie Adelsberger berichtet. «Auf der Straße schlafen durften sie auch nicht, und so waren die jüdischen Wohnungen mit zahlreichen Familien bis auf die letzte Kammer ausgenutzt. Trotzdem soll Frau X ... in jener Geheimsitzung auf die Frage der Gestapo, ob sie noch mehr Wohnungen judenfrei machen und zur Verfügung stellen und die Bewohner anderswo unterbringen könne, ja gesagt haben – was ihr von einigen verübelt wurde.»

Rund zwei Wochen später bekamen über eintausend jüdische Familien in Berlin gleichlautende Briefe. «Ihre Wohnung ist zur Räumung bestimmt», hieß es da, «Sie werden aufgefordert, eine Liste Ihres gesamten Mobiliars und Ihrer beweglichen Habe der Wohnungsberatungsstelle einzureichen.» Lucie Adelsberger: «Diese Riesenzahl von Kündigungen auf einen Schub schien auch die Befürchtungen der Frau X zu übertreffen. Sie, der auch ihre Feinde Sauberkeit der Gesinnung und Hilfsbereitschaft zuerkannten, konnte nichts tun, um die tausend Familien mit ihren Angehörigen und Untermietern umzulogieren. Ungeduldig Drängenden wurde nur bedeutet, daß sie warten müßten.» Hatte ein Briefempfänger selbst eine neue Unterkunft ausfindig gemacht, verweigerte sie die zum Umzug notwendige Genehmigung und vertröstete die Bittsteller.

«Wochen vergingen, voll der Unruhe, die ein Mensch hat, der nicht weiß, wo er morgen oder vielleicht schon heute abend sein müdes Haupt betten würde, und mit dem ganzen Nervenkribbeln, das jede Unsicherheit zeitigt», bemerkte Lucie Adelsberger. «Aber schließlich gewöhnt man sich an alles, und Mitte Oktober flammte ein neues Gerücht auf. Durch Undichtigkeit an höherer Stelle (war) durchgedrungen, daß die Gestapo am 16. Oktober wieder eine Streife auf Juden unternehmen würde.» Noch steckte den Juden der 30. Juli in den Knochen. Damals hatte die Gestapo schon einmal Überstunden gemacht. Wurde ein Jude nicht Punkt 21 Uhr, zur vorgeschriebenen Zeit, in seiner Wohnung angetroffen oder gar beim «Bummeln» auf der Straße erwischt, schickten ihn die Polizisten in das Arbeitslager Wuhlheide.

«Was interessieren uns die Juden»

Ursula von Kardorff, in den Kriegsjahren Redakteurin bei der Berliner *Deutschen Allgemeinen Zeitung*, notierte am 3. März 1943 in ihrem Tagebuch:

«Frau Liebermann ist tot. Tatsächlich kamen sie noch mit einer Bahre, um die Fünfundachtzigjährige zum Transport nach Polen abzuholen. Sie nahm in dem Moment Veronal, starb einen Tag später im Jüdischen Krankenhaus, ohne das Bewußtsein wiedererlangt zu haben. Welch ungeheuerliche Funktion des Bösen wird hier ausgeübt, und warum bedient es sich gerade unseres Volkes? Durch welche Veränderung ist es eigentlich möglich geworden, aus einem im Durchschnitt gutmütigen und herzlichen Menschenschlag solche Teufelsknechte zu formen? Das spielt sich in einem kaltbürokratischen Vorgang ab, bei dem der einzelne schwer zu greifen ist, Zecken, die sich in den Volkskörper einsaugen und plötzlich ein Stück von ihm geworden sind.

Der Metteur Büssy erzählt mir heute beim Umbruch, daß sich in seiner Gegend am Rosenthaler Platz die Arbeiterfrauen zusammengerottet und laut gegen die Judentransporte protestiert hätten. Bewaffnete SS mit aufgepflanztem Bajonett und Stahlhelm holte Elendsgestalten aus den Häusern heraus. Alte Frauen, Kinder, verängstigte Männer wurden auf Lastwagen geladen und fortgeschafft. ‹Laßt doch die alten Frauen in Ruhe!› rief die Menge, ‹geht doch endlich an die Front, wo ihr hingehört.› Schließlich kam ein neues Aufgebot SS und zerstreute die Protestierenden, denen sonst nichts weiter geschah.

In unserem Viertel sieht man so etwas nie. Hier werden die Juden des Nachts geholt. Ohne Bärchen, die unermüdlich für die jüdischen Familien in ihrem Hause sorgt, wüßte ich nicht, wie das vor sich geht. Wie schnell haben wir uns alle an den Anblick des Judensterns gewöhnt.

Die meisten reagieren mit vollkommener Gleichgültigkeit, so wie ein Volontär, der neulich zu mir sagte: ‹Was interessieren mich die Juden, ich denke nur an meinen Bruder bei Rshew, alles andere ist mir völlig gleichgültig.› Ich glaube, das Volk verhält sich anständiger als die sogenannten Gebildeten oder Halbgebildeten. Typisch dafür ist die Geschichte von dem Arbeiter, der in einer Trambahn einer Jüdin mit dem Stern Platz machte: ‹Setz dir hin, olle Sternschnuppe›, sagte er, und als ein PG sich darüber beschwerte, fuhr er ihn nur an: ‹Üba meenen Arsch verfüje ick alleene.›»[31]

Frau Adelsberger kommentiert: «Dreißig Tage in einem Arbeitslager mit seinem Drill auf Zeit sind eine drastische Erziehungsmethode für unpünktliche Leute, und es wurden sogar alle anderen davon beeindruckt. Die gebrochenen Glieder und die ausgedehnten Wundentzündungen, die die wenigen, die aus Wuhlheide lebend herauskamen und im Krankenhaus vegetierten, aufwiesen, waren für alle ein sehr wirksames Mittel der Erziehung zur Pünktlichkeit.» – Am 16. Oktober saßen alle Juden deshalb lieber in ihren vier Wänden – selbst die Mutigen, die das Ausgehverbot ab und zu links liegenließen.

Es sprach sich bald herum: Die Gestapo hatte wieder ganze Arbeit geleistet. Zwischen 21 Uhr und Mitternacht hatten die Beamten die Juden aus ihren Wohnungen getrieben – mit nur schnell und notdürftig zusammengerafftem Gepäck. Alle Wohnungen, für die der Räumungsbefehl galt, waren am Morgen des 17. Oktober «judenfrei». Ihre Bewohner wurden zur nächsten Polizeiwache geführt, um sich ordnungsgemäß abzumelden, dann marschierten sie zur Synagoge in der Levetzowstraße. Wenig später fuhren Lastwagen vor, die Juden mußten auf die Pritschen klettern, und ab ging es zum Güterbahnhof, wo ein Zug mit Viehwagen bereits unter Dampf stand. Später hörte man durch Kurzkarten, daß der Transport in Lodz (Nazi-Name «Litzmannstadt») gelandet war. So wurde die Wohnungsnot in Berlin behoben.

Überleben im Versteck

Ilse Rewald wußte, was gespielt wurde:[32]

«Allmählich sickern Nachrichten aus den Konzentrationslagern Auschwitz, Birkenau, Riga, Theresienstadt durch. Man hört von Massenhinrichtungen, von Erschießungen, Soldaten erzählen von den Ermordungen in Minsk, und es wird klar, daß jeder ‹Evakuierte› seinem Tod entgegengeht.»

Die junge Berlinerin wollte nicht warten, bis auch sie abtransportiert würde. Ihr Entschluß stand fest: Untertauchen! Rücksichten brauchte sie nicht zu nehmen:

«Der Bruder meines Mannes wird als letzter unserer Familie geholt, und für uns gibt es nun keine Gefahr mehr, die wir unseren Angehörigen durch unsere Flucht bereiten könnten. Wenn sich einer verborgen hält, nimmt die Gestapo ein Familienmitglied als Geisel.

Am 11. Januar 1943, es ist ein Wintertag mit 20 Grad Kälte und schneidendem Ostwind, gehe ich zur Familie P., die ich persönlich überhaupt nicht kenne. Ich habe nur durch Freunde von ihrer großen Menschlichkeit und steten Hilfsbereitschaft gehört. Der jüdische Vater, Arzt, war vor kurzem gestorben. Die christliche Tochter und Mutter tun ihr möglichstes, um sich der verfolgten Juden anzunehmen und ihre Not zu lindern. Ich bin schon so verzweifelt, daß ich es wage, ihnen meine Bitte um Obdach vorzutragen. Sie sagen mir, daß sie schon in großer Gefahr schweben und nicht noch mehr Risiko auf sich nehmen können. Während ich weinend die Treppe hinuntergehe, werde ich von ihnen zurückgerufen. Sie haben es nicht verantworten können, mich der Gestapo zu überlassen und bieten mir an, vorläufig bei ihnen zu wohnen.

Von diesem Tag an tragen wir keinen Judenstern mehr, leben ohne polizeiliche Anmeldung und ohne Lebensmittelkarten. Unsere Wohnung mit allem Inventar, Möbel, Wäsche, Porzellan, haben wir im Stich gelassen. Ich möchte gern noch einmal in die Wohnung gehen, um einen Bettsack und andere warme Sachen zu holen. Meine neuen Freunde sehen darin aber eine zu große Gefahr. Die Schergen der Gestapo sollen oft tagelang warten, weil sie annehmen, daß die ‹Untergetauchten› irgend etwas ihrer Sachen dringend brauchen und zurückkehren werden. Mein Mann und ich gehen von diesem Tag an auch nicht mehr zur Arbeit, denn auch von dort aus werden die neuen Transporte in die Konzentrationslager zusammengestellt.

Wir haben nun zwar ein Unterkommen gefunden, brauchen nicht mehr vor jedem Klingeln zu zittern, aber wir können keineswegs erwarten, daß unsere Gastgeber auch für unsere Ernährung sorgen. Die Rationen sind für alle Verbraucher so eingerichtet, daß sie gerade mit Müh und Not von einer Kartenperiode zur anderen reichen. Wir sind außerdem überall auf der Straße, in einem Kaufhaus, in der Untergrundbahn gefährdet. Es könnte uns jemand als Juden erkennen und uns denunzieren, weil wir keinen Judenstern mehr tragen. Das neue Problem muß also gelöst werden, wir müssen Arbeit finden, um entweder als Entgelt dort zu essen oder uns auf dem schwarzen Markt etwas zu besorgen. Eine weitläufige christliche Verwandte bietet mir an, in ihrer Wäscherei zweimal wöchentlich mitzuarbeiten. Die Angestellten dürfen selbstverständlich nicht ahnen, wer ich bin; meinen Namen habe ich schon längst gewechselt und werde überall ‹Frau Röttgen› genannt. Ich sortiere schmutzige Wäsche, zeichne sie, stehe stundenlang an der Heißmangel und lege ganze Berge von gemangelter Wäsche. Mein Rükken schmerzt, meine Gedanken sind mit allen Problemen beschäftigt, und ich muß mich sehr anstrengen, um die Arbeit durchzuhalten. Aber ich bekomme dort Verpflegung für den Tag und außerdem noch Lebensmittel wie Brot, Eier, Marmelade. Eines Tages öffnet sich die Geschäftstür und ein Mann vom Arbeitsamt kommt, um die Arbeitsbücher zu prüfen. Ich bin ja eine illegale Arbeiterin ohne Anmeldung bei den Behörden und der Krankenkasse und darf keinesfalls auffallen. So gehe ich, scheinbar ruhig, auf die Toilette, in Wirklichkeit aber zitternd zur hinteren Arbeitstür hinaus, um mich vor den Fragen in Sicherheit zu bringen. Als er seine Kontrolle beendet hat, werde ich noch einen Weg geschickt, damit niemand vom Personal Verdacht schöpfen könnte. Es ist wieder einmal gut gegangen!...»

«Mein Mann ist ein Double»

«Unterwegs auf der Straße und in den Bahnen werden die Kontrollen nach Ausweisen immer häufiger. Wir haben unsere jüdischen Kennkarten, die mit einem J gekennzeichnet sind, längst in einem Garten vergraben und erkennen, daß es für uns unbedingt notwendig ist, falsche Papiere zu besitzen. Bekannte raten uns, ihnen unsere Fotos zu geben, denn sie haben durch Dritte gehört, daß ein Beamter für 300 Mark Kennkarten ausschreibt. Wir entschließen uns schweren Herzens dazu, ihnen das Geld auszuhändigen, denn unser Bankkonto ist ja durch unsere Illegalität für uns nicht mehr zugänglich, und das Pfund Butter kostet schon 90 Mark. Aber der Gedanke, in den Besitz falscher Papiere zu kommen, ist wichtig genug. Es vergehen Wochen voll bangen Wartens, bis wir erkennen, daß wir einem Schwindler in die Hände gefallen sind, der nur unser Geld haben wollte. Wir müssen einen anderen Ausweg finden.

Der Reichsbahninspektor, der der Vorgesetzte meines Mannes war, als er noch Zwangsarbeit leistete, hat sich immer als Gegner der Nazis gezeigt. Mein Mann wurde in versteckten Andeutungen von ihm zum ‹Untertauchen› angeregt, so daß wir von ihm Hilfe erwarten dürfen. Am Abend fährt mein Mann zu ihm und erklärt, daß wir ohne irgendwelche Ausweise nicht mehr existieren können. Er hat unsere Fotos mitgenommen und bittet ihn, uns Reichsbahnpapiere zu besorgen. Nach zwei Tagen sind wir im Besitz von zwei Ausweisen der Deutschen Reichsbahn, die mit dem amtlichen Stempel versehen sind. Wir haben unsere Fotografien eingeheftet und den Ausweis meines Mannes auf den Namen: ‹Erich Treptow, Hilfsrottenführer im Dienst der Deutschen Reichsbahn› ausgefüllt. Wir wissen, daß dieser Erich Treptow wirklich existiert, so daß sich bei einer Kontrolle und Rückfrage bei der Polizei oder Reichsbahn die Angaben des Ausweises bestätigen. Mein Mann ist sozusagen ein Double. Aber wie heißt Frau Treptow mit Vornamen, wann und wo ist sie geboren, wo ist sie beschäftigt? Wir können meinen Ausweis nicht ausfüllen, ohne diese Personalien zu wissen. Es bleibt nur ein Weg, den ich unternehme. Ich stecke mir ein Parteiabzeichen an, das mein Mann einmal in einem alten Sessel gefunden hat und fahre in die Wohnung zu Frau Treptow. Dort erkläre ich ihr, daß ich vom Arbeitsamt komme, um die vorhandenen Unterlagen und Akten zu ergänzen. Ich habe mir einen Bogen mitgenommen, in dem schon andere Daten notiert waren, und so stelle ich meine Fragen, um von ihr alles Wichtige zu erfahren. Nach anfänglichen ärgerlichen Reden, daß sie ja längst beim Arbeitsamt registriert sei und daß sie das alles nicht verstehen könnte, beruhigte ich Frau Treptow. Wir hätten sie extra nicht selbst hinbestellt, ich käme, weil die Karteien durch die Bombenangriffe nicht mehr vollständig seien usw. Ich erfahre schließlich alles für mich Wissenswerte und höre auch, daß sie bei der Gestapo beschäftigt ist! Ich kann also meinen Ausweis ausfüllen und lerne auswendig, daß ich Maria Treptow, geb. Juretzko, geb. 3. Mai 1917 in Beuthen, von diesem Tage an bin ...»

Ein Pg. wohnt nebenan

«Am 30. Januar 1944 erlischt das Licht im Keller. Nach einer ohrenbetäubenden Detonation hört man Schreie des Luftschutzwartes: ‹Der Keller muß sofort geräumt werden, Phosphorbombe im Dachstuhl, alle Männer zum Löschen!› Wir versuchen, aus der Wohnung im dritten Stock noch etwas von den kostbaren Sachen der Damen zu retten, bei denen wir jetzt wohnen. Aber der Qualm wird immer dichter, und die hinteren Zimmer sind bereits ausgebrannt. Wir haben wieder unsere Unterkunft verloren. Wo sollen wir hin, und wo werden wir wieder solche hilfsbereiten, gütigen Menschen finden? In der Parterre-Wohnung wird uns allen vieren im Korridor eine Bleibe angewiesen, es gibt kein Licht, kein Gas, kein Wasser mehr. Durch die Ausbombung haben wir auch wiederum Kleidungsstücke und Wäsche verloren. Da ich in dieser Behelfsunterkunft nicht waschen kann, fahre ich zu meiner alten Kinderfrau.

Ich wasche bei ihr und trage dann die nassen Sachen in einem Eimer in der Untergrundbahn nach Hause. Auf der Fahrt spricht mich eine Frau an und fragt mich, ob ich nicht Frau Rewald, früher in Berlin-Charlottenburg, bin. Ich leugne entschieden, erkläre ihr, daß ich niemals in Charlottenburg gewohnt habe und daß sie sich bestimmt irren müsse. Wenn ich in Zukunft in einem Verkehrsmittel fahre, halte ich eine große Zeitung vor mein Gesicht und tue so, als ob ich lese.

Das Wohnungsproblem wird für uns immer dringender, denn in der Korridorbehausung können wir nicht länger bleiben. Ich suche meine ehemalige Kollegin, die Cellistin, aus der Rüstungsfabrik, auf, die mit einem arischen Musikwissenschaftler verheiratet ist. Sie ahnt nicht, daß wir nicht deportiert worden sind, freut sich sehr, von unserem bisherigen Überleben zu erfahren. Inzwischen ist sie wieder zwangsverpflichtet und muß nachts Straßenbahnwagen waschen und fegen. In ihrer kleinen Wohnung in einem Häuserblock ist es unmöglich, uns Unterschlupf zu gewähren, aber sie nennt uns eine Adresse von guten Freunden in einem Einfamilienhaus am Stadtrand. Mein Mann kann dort zunächst einige handwerkliche Arbeiten ausführen, später helfe ich im Haushalt beim Bügeln und Plätten.

Meine Kollegin hat ihnen inzwischen die Wahrheit über uns erzählt, und die politische und menschliche Einstellung ihrer Freunde gibt die Gewähr für Verschwiegenheit. Die kleine Tochter ist in Bayern, um vor den Bombenangriffen sicher zu sein. Ihr Zimmer wurde vom Wohnungsamt erfaßt und an einen Hauptmann des Heeresversorgungsamtes vermietet. So haben wir uns vor ihm, dem Parteigenossen, in acht zu nehmen. Außerdem wohnt noch ein Freund bei ihnen, der Dozent an der Musikhochschule ist. Er weiß Bescheid und hat volles Verständnis für unsere Lage. Die sich ständig wiederholenden und steigernden Luftangriffe lassen eine Übersiedlung von Mutter und Tochter in ein mecklenburgisches Pfarrhaus notwendig werden, so daß wir vorübergehend in dem Häuschen wohnen können. Selbstverständlich darf der Herr Hauptmann keinen Verdacht schöpfen. Wir sagen ihm, daß unsere Wohnung in der Stadt durch Bombeneinwirkung sehr stark beschädigt ist und wir vorläufig nicht darin wohnen können. Morgens muß mein Mann angeblich zum Dienst bei der Reichsbahn, die ihn vom Kriegsdienst auch noch zurückgestellt hat. Er glaubt diese Version, zumal mein Mann von der Eisenbahn viel weiß und erzählen kann. An meinem Geburtstag fragt mich der Herr Hauptmann sehr interessiert, warum ich gar keine Gratulation bekomme. Im Augenblick fällt mir keine rechte Antwort ein, bis mein Mann sich in das Gespräch mischt und ihm sagt, daß die Post in unserer Wohnung in der Stadt liege. In Wirklichkeit ist es so, daß niemand weiß, wo ich mich aufhalte, weil wir unsere Adresse strengstens geheimhalten. Es gibt sogar jüdische Spitzel, die sich selbst so lange frei bewegen können, wie sie andere jüdische ‹Untergetauchte› der Gestapo nennen und ausliefern ...

Kurze Zeit später wird das Heeresversorgungsamt von Berlin in einen kleinen Ort verlagert. Der Hauptmann bedauert sehr, unsere ‹Wohngemeinschaft› zu verlassen, und wir atmen auf! Mein Mann kann sich gar nicht mehr auf der Straße sehen lassen, weil die Wehrmacht verstärkte Kontrollen nach Deserteuren, geflüchteten Fremdarbeitern und nicht an die Front zurückgekehrten Urlaubern macht. Seine Papiere von der Reichsbahn reichen nicht mehr aus, er ist einer Straßenkontrolle um Haaresbreite entkommen. Jeder muß seine Rückstellungspapiere bei sich tragen.»

Die Rewalds hatten Glück: bis zuletzt blieben sie unentdeckt:

«Am 8. Mai ist Berlin erobert, und ... nach zwölf Jahren brauchen wir nicht mehr vor unseren Verfolgern zu zittern! Wir sind noch einmal davongekommen.»

In Gettos zusammengepfercht

Die Vorstufe zur «Endlösung»

Wirr waren die Vorstellungen der Nazis. Mal sollten die Juden
- auswandern – am liebsten nach Palästina
- oder in «Reservate» im Osten gesteckt werden – ähnlich wie die Indianer in den USA
- dann wieder nach Madagaskar verschickt
- oder hinter dem Ural angesiedelt werden.

Meist waren das Gedankenspielereien – kaum ersonnen, schon verworfen. In Angriff wurde dagegen die «Endlösung» genommen, die systematische Ausrottung von Millionen Juden. Hauptschauplatz war das besetzte Polen.

1940 stand die «Endlösung» noch nicht auf der Tagesordnung. Zunächst wurden die Juden in Großgettos zusammengepfercht – in Warschau, Lodz, Krakau, Lublin, Radom und Lemberg. BdM-Führerin Melita Maschmann hatte «wiederholt Gelegenheit, einen flüchtigen Blick in das Lodzer Getto zu werfen», das Ende April «geschlossen» worden war:[33] «Es bestand aus einem Stadtteil, der durch einen Zaun von der übrigen Stadt abgetrennt war. Eine der Hauptausfahrtstraßen führte mitten durch das Getto. Man durfte sie zu Fuß nicht benutzen, aber Straßenbahnen und Autos passierten sie ständig. Während der ersten Zeit nach der Einrichtung des Gettos war der Zaun, der es gegen die Straße abschloß, nur aus einem dünnen Drahtgeflecht. Jenseits dieses Zauns drängten sich Scharen von Spaziergängern, die hier einen Blick in die Freiheit hinauswerfen wollten. Die Seitenstraßen, in die man hineinsehen konnte, waren menschenleer . . .

Als ich die Gettostraße nach einiger Zeit wieder einmal passieren mußte, war sie beiderseits von einem hohen, fugenlosen Holzzaun abgeschlossen. In weiten Zwischenräumen waren Türen eingelassen, die sich manchmal für Augenblicke öffneten: dann hetzte ein Gettopolizist knüppelschwingend ein paar hohlwangige, bleiche Juden über den Fahrdamm, die jenseits wieder von einer anderen Tür verschluckt wurden.»

Wie das Leben hinter dem Zaun aussah, vertraute Schlomo Frank, einer der wenigen, die das Grauen überlebten, seinem Tagebuch an. Eintragungen aus dem Jahre 1941:[34]

«16. Januar: Heute früh fand man wieder zwei junge erfrorene Menschen. Es waren Leib Stoler und Walkan Mardian. Beide ließen halbtote Frauen und Kinder zurück. Die Frauen sind bereits so erschöpft und apathisch, daß der Tod ihrer Männer kaum noch Eindruck auf sie macht . . .

25. Januar: In der Franziskanskastraße 60 ist Fräulein Bluma Lichtenstein vom dritten Stock aus dem Fenster gesprungen. Sie blieb tot liegen. Der Grund ihres Selbstmordes war Hunger . . .

Bekanntmachung Nr. 428.

Betr.: Verkleinerung des Gettos.

Zusätzlich zu den bisher gesperrten Wohngebieten der Juden lt. Bekanntmachung Nr. 427 v. 17. August 1944 sind mit sofortiger Wirkung

bis spätestens 24. August 1944, 7 Uhr früh

nachstehend bezeichnete Gebiete restlos zu **r ä u m e n.**

Die in diesen Gebieten wohnenden Personen haben ihre Wohnungen bis zum genannten Termin zu verlassen und dürfen die geräumten Gebiete

NICHT MEHR BETRETEN.

Wer dieser Aufforderung nicht Folge leistet und am Donnerstag, **.24. August 1944, nach 7 Uhr früh** in diesen Gebieten sowie in den bereits geräumten noch angetroffen wird, wird

mit dem Tode bestraft.

4. Februar: Auf dem Friedhof liegen heute wieder 150 Tote. Die Opfer mehren sich. Meistens sterben sie an der Kälte. Es vergeht kein Tag, an dem man nicht Erfrorene findet. Aber es macht schon auf niemand mehr großen Eindruck …

26. Mai: Wieder zwei schreckliche Selbstmorde junger Frauen! Renia Hecht, 37 Jahre alt, sprang aus einem Fenster des dritten Stocks. Sie ließ ihr drei Monate altes Kind und den Mann zurück, der in der Schneiderwerkstatt arbeitet.

Zippe Skschepitzka, 46 Jahre alt, hinterließ drei kleine Kinder. Der Mann ist in Rußland. In ihrem Abschiedsbrief standen die Worte: ‹Ich konnte das Jammern meiner drei kleinen Kinder nicht mehr ertragen. Sie hungern und betteln jeden Tag um ein Stückchen Brot. Ich arme, unglückliche Mutter kann das einfach nicht mehr mit ansehen.»

Es war schon ein Wunder, wenn überhaupt noch eine Jüdin genügend Energie aufbrachte, Nahrungsmittel zu organisieren. Dann aber war gewöhnlich die Gettowache zur Stelle und schoß. Vollzugsmeldung eines Schutzpolizisten:

«Am 1. Dezember 1941 in der Zeit von 14 bis 16 Uhr befand ich mich auf Posten 4 in der Hohensteiner Straße. Um 15 Uhr sah ich, wie eine Jüdin auf den Zaun des Gettos kletterte, den Kopf durch den Gettozaun steckte und den Versuch machte, von einem vorüberfahrenden Wagen Rüben zu stehlen. Ich machte von meiner Schußwaffe Gebrauch. Die Jüdin wurde durch zwei Schüsse tödlich getroffen. Art der Schußwaffe: Karabiner 98. Verschossene Munition: Zwei Patronen.»

Kollaborateur mit Kutsche

«Wie geht es euch denn?» fragte der Reichsführer SS, Heinrich Himmler, als er das Getto Lodz mit seinem Besuch beehrte. Antwort: «Alles in bester Ordnung, Herr Minister.»

Diese zufriedene Auskunft stammte von «Chaim I.», wie der «Älteste der Juden» spöttisch genannt wurde. Über sich selbst pflegte er zu sagen: «Man behauptet immer, ich sei ein Diktator. Das ist aber nicht wahr. Ich strebe lediglich danach – vielleicht habe ich auch den Ehrgeiz – einen kleinen Rest des Judentums zu retten. Die künftige Judenheit wird mir das Dank wissen, denn mein Werk kann nur von der Geschichte beurteilt werden. Und sie wird es rückblickend als segensreich erkennen.»

Eine verhängnisvolle Selbstüberschätzung! In Wirklichkeit war Chaim Mordechai Rumkowski, wie der «Älteste der Juden» richtig hieß, nur eine willfährige Marionette. Wo immer lästige Organisationsaufgaben zu erledigen waren, da war er zur Stelle. Als die Deutschen ihn beauftragten, dafür zu sorgen, daß niemand das Getto verließ, setzte er einen jüdischen «Ordnungsdienst» ein; als die Behörden die Wertsachen seiner Glaubensgenossen kassierten, ging er ihnen zur Hand. Er sorgte für Umquartierungen, wenn Wohnungen geräumt werden sollten; er registrierte sorgsam, wenn wieder ein Jude an Tbc gestorben war. Sein «Ordnungsdienst» war schließlich auch dabei, als die Gestapo schlagartig ganze Häuserblocks abriegelte und die Bewohner in die Vernichtungslager «aussiedelte».

Der Lohn für all die Müh? Chaim I. brauchte nicht zu Fuß zu gehen; seine deutschen Gönner gestatteten ihm großzügig die Benutzung einer alten Kalesche.

Gold, Silber und Brillanten

Schreiben der Gettoverwaltung vom 14. November 1940

«Die Aktion zur Erfassung von Gebrauchsgütern aus jüdischem Besitz wird seit gut einem Monat mit aller Macht betrieben. Die ergriffenen Maßnahmen, die nachstehend weiter erläutert werden, haben jetzt ein durchaus befriedigendes Ergebnis gehabt.

a) Dem Ältesten der Juden wurde die Aufgabe erteilt, die Gettobevölkerung zu veranlassen, Waren aller Art abzuliefern, die sich noch irgendwie verwerten lassen. Der Ankauf von Fertigfabrikaten und Rohwaren geschieht durch die Banken des Ältesten der Juden.

b) Im Einvernehmen mit der Gestapo ist die Judengemeinschaft durch den Ältesten der Juden aufgefordert worden, Warenverstecke außerhalb des Gettos unter Zusicherung von Straffreiheit anzugeben.

Die Anlieferungen hatten bis jetzt wertmäßig ein Ergebnis von insgesamt etwa 308500 RM, wobei darauf hingewiesen werden muß, daß die Bewertung von Spinnstoffen in allervorsichtigster Weise erfolgte, denn ein Teil der aufgefundenen Waren hat infolge der langen Lagerung und der Einwirkung von Feuchtigkeit stark gelitten. Der vorgenannte Betrag setzt sich im einzelnen aus folgenden Posten zusammen:

Ablieferung des Ältesten der Juden:	
Gold, Silber, Brillanten, Wert ca.	RM 165000,–
Spinnstoffe und sonstige Waren, Wert ca.	RM 60000,–
Devisen, Wert ca.	RM 5500,–
Beschlagnahmte Waren und Fundsachen:	
Gold, Silber, Brillanten, Wert ca.	RM 5000,–
Spinnstoffe und sonstige Waren, Wert ca.	RM 65000,–
Devisen, Wert ca.	RM 8000,–
	RM 308500,–

Einsiedlung, Aussiedlung

Laufend trafen Transporte aus dem Altreich oder anderen Teilen Europas in Lodz ein. Allein in der Zeit vom 16. Oktober bis zum 4. November 1941 wurden fast 20000 Juden ins überfüllte Getto gestopft: Aus Wien und Prag kamen 10000, aus Berlin über viertausend, aus Köln zweitausend, aus Hamburg und Frankfurt jeweils mehr als tausend, aus Düsseldorf nur 984. Der kleinste Transport aus Luxemburg brachte 512 Juden nach Radegast, dem Gettobahnhof.

Transportliste

Lfd. Nr.	Name	Vorname	geb. am	Ort	Beruf	Wohnung: Ort Straße
16	Hirsch	Gerda Sara	5. 5. 18	Berlin	Schneiderin	Berlin N 55 Danziger Str. 32
17	Brück	Hermann Isr.	11. 2. 04	Berlin	Arbeiter	dito, Nr. 33
18	Brück, geb. Guttmann	Hilde Sara	5. 12. 08	Berlin	ohne	dito
19	Brück	Eveline Sara	23. 6. 33	Berlin	ohne	dito
20	Brück	Klaus Isr.	15. 10. 35	Berlin	ohne	dito
21	Kaul	Friederike Sara	15. 12. 77	Posen	ohne	dito, Nr. 34
22	Kiewe	Heimann Isr.	11. 4. 81	Dannowitz	Tempelmeister	dito, Nr. 35
23	Kiewe, geb. Lewin	Frieda Sara	17. 9. 89	Wriezen	ohne	dito
24	Marx	Max Israel	17. 1. 84	Geschar	Viehhändler	dito, Nr. 39
25	Marx, geb. Kussel	Rosa Sara	1. 4. 84	Aurold	ohne	dito
26	Bernhardt	Emma Sara	29. 11. 74	Balkow	Serviererin	dito, Nr. 70
27	Kohls, geb. Sommerfeld	Bertha Sara	30. 3. 86	Krojanke	Hausangestellte	dito
28	Heinemann	Theodor Isr.	16. 6. 72	Wolmirstedt	Kaufmann	dito
29	Gulko	Hirsch Isr.	12. 8. 77	Odessa	Schneider	Berlin N 58 Dunkerstr. 2
30	Gulko, geb. Eltzer	Lina Sara	7. 10. 77	Berlin	ohne	dito

Fragment einer Liste Berliner Juden, die im Oktober 1941 nach Lodz «eingesiedelt» wurden.

Dieser Zustrom machte der Gettoverwaltung Kummer: Freie Quartiere, so ihr vergeblicher Mahnruf, gebe es nur noch in den Fabriken und Werkstätten, die für die Wehrmacht arbeiteten.

Natürlich bedrückte die deutschen Verwalter nicht allein die gefährdete Versorgung des Heeres; so nationales Denken lag ihnen eher fern. Sie fürchteten um ihren eigenen Gewinn. Pro Gettosklaven erhielten sie vom Arbeitsministerium sechs Mark, zahlten aber nur 80 Pfennig aus. Dieser Reibach war bedroht, wenn die Juden jetzt enger zusammenrücken mußten: Noch mehr Arbeitskräfte würden durch Unterernährung und Krankheit ausfallen.

Produktion auf vollen Touren

Spitzenreiter der Gettobetriebe waren die Schneiderwerkstätten. Allein in einem Monat wurden dort für 700000 Reichsmark Militärmäntel zugeschnitten und Uniformen genäht.

Die Kleider- und Wäschefabriken standen an zweiter Stelle. Umsatz: 300000 RM pro Monat. Selbst führende Berliner Modehäuser ließen damals im Getto von Lodz arbeiten.

Die Strickereien stellten Handschuhe und Pullover her; sogar eine Korsettfabrik hatte genügend Aufträge.

Die Kürschnereibetriebe frisierten die Pelze, die den Juden abgenommen worden waren, für das Militär um. Selbstverständlich versorgten sich dort auch Beamte der Gettoverwaltung.

Die Gummimäntel für die Kradfahrer lieferte ebenfalls das Getto Lodz; deutsche Vereine oder Militärkasinos bestellten dort ihre Teppiche.

Die Bettfedern der «ausgesiedelten» Juden wurden an einer besonderen Stelle im Getto gesammelt, um nach Hamburg oder Bremen geschafft und an ausgebombte Familien verteilt zu werden. Ob sie wirklich dort landeten, läßt sich kaum noch ermitteln.

Da aus altem Leder und Stoffetzen noch Holzschuhe und Pantoffeln fabriziert werden konnten, hatten auch die Schuhmacher gut zu tun. Es hieß, viele deutsche Firmen hätten damals gern die Gettofabrikate gekauft, weil sie dafür keine Bezugsscheine benötigten.

Lodz war wie alle anderen Gettos nur Durchgangsstation. «Endziel» war das Vernichtungslager Chelmno. Für die meisten Juden war die «Aussiedlung» dorthin eine Fahrt ins Ungewisse. Nur wenige wußten so gut Bescheid wie der Rabbiner von Grabow. Anfang 1942 schrieb er seinem Schwager in Lodz:

«Meine Teuren,

bisher habe ich eure Briefe alle nicht beantwortet, da ich selbst nichts Genaues wußte. Unglücklicherweise weiß ich inzwischen aber alles. Ein Augenzeuge der entsetzlichen Geschehnisse, der sich retten konnte, kam nämlich zu mir und hat mich aufgeklärt. Nachdem er der Hölle entkommen war, habe ich nun alles erfahren. Der Ort, an dem alle umgebracht werden, heißt Chelmno. Er liegt ganz in der Nähe von Dabie. Später werden dann die Leichen im Wald von Lochow begraben. Man tötet die Menschen in Chelmno auf zwei verschiedene Arten: durch Erschießen oder durch Vergiften mit Gas. So geschah es jedenfalls schon den Juden von Dabie, Izbica-Kujawska, Klodawa und vielen anderen Orten. Kürzlich brachte man auch Zigeuner aus dem sogenannten Zigeunergetto in Lodz dorthin, um sie umzubringen. Seit einigen Tagen jedoch treffen Tausende von Lodzer Juden dort ein, und mit ihnen allen verfährt man ganz genauso. Denkt bitte nicht, daß euch ein Irrer dies alles schreibt. Es ist leider schreckliche, tragische Wahrheit …

Grabow, den 19. Januar 1942 Jakob Sulzmann»

Bilanz der «Aussiedlung»: 116050 Tote. Meist waren Kranke, alte Leute oder Kinder unter zehn Jahren betroffen. Zurück blieb, wer noch halbwegs

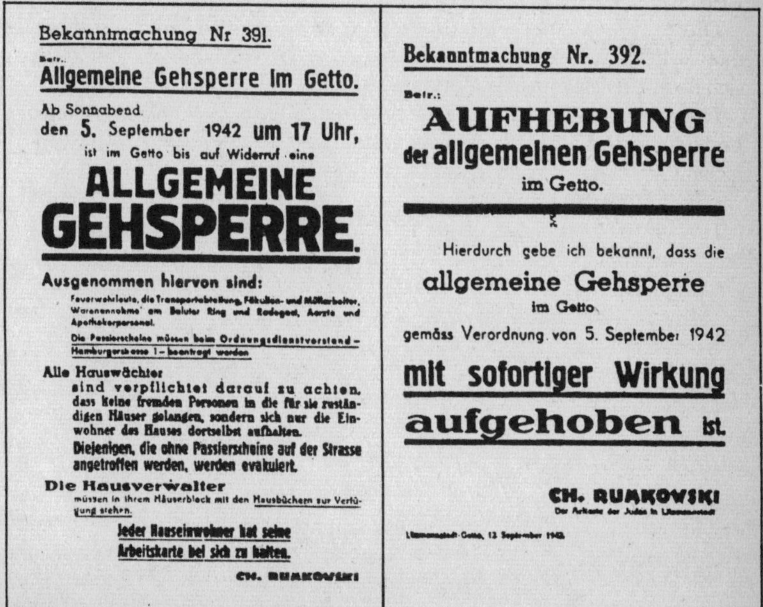

Bekanntmachung Nr 391.

Betr.:

Allgemeine Gehsperre im Getto.

Ab Sonnabend
den 5. September 1942 um 17 Uhr,
ist im Getto bis auf Widerruf eine

ALLGEMEINE GEHSPERRE.

Ausgenommen hiervon sind:
Feuerwehrleute, die Transportabteilung, Fäkalien- und Müllarbeiter, Warenannahme am Baluter Ring und Radegast, Aerzte und Apothekerpersonal.
Die Passierscheine müssen beim Ordnungsdienstvorstand – Hamburgerstrasse 1 – beantragt werden.

Alle Hauswächter
sind verpflichtet darauf zu achten, dass keine fremden Personen in die für sie zuständigen Häuser gelangen, sondern sich nur die Einwohner des Hauses dortselbst aufhalten.
Diejenigen, die ohne Passierscheine auf der Strasse angetroffen werden, werden evakuiert.

Die Hausverwalter
müssen in ihrem Häuserblock mit den Hausbüchern zur Verfügung stehen.

Jeder Hauseinwohner hat seine Arbeitskarte bei sich zu halten.

Bekanntmachung Nr. 392.

Betr.:

AUFHEBUNG
der allgemeinen Gehsperre
im Getto.

Hierdurch gebe ich bekannt, dass die
allgemeine Gehsperre
im Getto
gemäss Verordnung von 5. September 1942
mit sofortiger Wirkung
aufgehoben ist.

CH. RUMKOWSKI

arbeitsfähig war. «Nachdem die Aussiedlung mit dem gestrigen Tag beendet ist», hieß es in einer Bekanntmachung, die die deutsche Verwaltung überall an die Gettomauer kleben ließ, «werden ab Montag, dem 14. September 1942, sämtliche Arbeitsstätten des Gettos wieder voll in Betrieb genommen. Jeder Leiter, Arbeiter und Angestellte ist verpflichtet, pünktlich seinen Arbeitsplatz einzunehmen, wenn ihm daran gelegen ist, sich vor denkbar größten Unannehmlichkeiten zu schützen. Es wird von den nunmehr anerkannten Arbeitskräften verlangt, daß sie mit größtem Fleiß ihre Aufgaben erfüllen und sich befleißigen, die durch die Ruhepause (!) hervorgerufenen Rückstände schnellstens aufzuholen.»

Als in Auschwitz, Treblinka, Majdanek schon längst täglich Tausende von Juden vergast wurden, arbeiteten in Lodz immer noch 70000 Gettosklaven. Erst Mitte 1944 siegte auch hier der ideologische Wahn über die rüstungswirtschaftlichen Interessen: Die letzte Fahrt ging nach Auschwitz.

Alles, was von dem Riesengetto übrigblieb, war ein Häuflein von 870 Menschen. Chaim I. war nicht dabei.

Konzentrationslager

«Diese Suppe würden Sie nicht essen, wenn es den Führer nicht gäbe!»
(Aus: Kurt Halbritter: Adolf Hitlers Mein Kampf)

Erst «wild», dann «staatlich»

Die Anfänge der KZ

Hitler rieb sich die Hände: Als am Abend des 27. Februar 1933 der Reichstag in Flammen aufging, geschah das genau im «psychologisch richtigen Moment». Die Reichsregierung zögerte keine Sekunde, die Kommunisten zu Brandstiftern zu stempeln. Offizieller Vorwurf: Das lodernde Parlamentsgebäude habe das Fanal zum Aufstand sein sollen. Obwohl eine Durchsuchung der KP-Zentrale keinerlei Belastungsmaterial zutage förderte, bliesen die Nazis noch in derselben Nacht zur Kommunistenhatz.

Ausmaß und Plötzlichkeit der Verhaftungen ließen die Gefängnisse schnell aus allen Nähten platzen. Neue Unterkünfte mußten her. Bevorzugt wurden leerstehende Fabrikgebäude, jahrelang nicht mehr genutzte Kasernen, selbst alte Schiffe.

Allein in Preußen wurden in den Monaten März und April mindestens 25000 Personen in «Schutzhaft» genommen – nicht gerechnet die Opfer der «wilden» Aktionen, die aufs Konto der SA gingen. Rudolf Diels, damals Chef der Politischen Abteilung des Berliner Polizeipräsidiums, schrieb siebzehn Jahre später: «... bei den ‹Stürmen› gab es feste Pläne für die Aktionen in den Kommunistenvierteln. Jeder SA-Mann war in jenen Märztagen ‹dem Feind auf den Fersen›, jeder wußte, was er zu tun hatte. Die ‹Stürme› säuberten die Bezirke. Sie kannten nicht nur die Wohnungen, sondern sie hatten auch von langer Hand die Unterschlüpfe und Treffpunkte ihrer Gegner ausgekundschaftet ... Nicht nur die Kommunisten, sondern jeder, der sich einmal gegen Hitlers Bewegung ausgesprochen hatte, war gefährdet ... In diesen Märztagen entstanden die Konzentrationslager um Berlin. Es kamen Nachrichten über Lager bei Oranienburg, Königswusterhausen und Bornim ... In den einzelnen Stadtteilen entstanden ‹Privatgefängnisse›. Die ‹Bunker› in der Hedemann- und Voßstraße wurden zu infernalischen Stätten der Menschenquälerei.»[1]

Nachdem die «Haftlokale» und «wilden» Lager, in denen die SA-Kommandos mit den Feinden der «nationalen Erhebung» abgerechnet hatten, aufgelöst worden waren (in Preußen im Frühjahr 1934), wurden «staatliche KZ» die Regel. Bayern war Vorangegangen: Das Lager Dachau unterstand von Anfang an einer staatlichen Behörde, nämlich der Politischen Polizei (Leitung: Heinrich Himmler).

Das System der Konzentrationslager

Flüsterwitz

Einer, der sich den Mund verbrannt und etliche Wochen «weltanschauliche Schulung» im KZ genossen hatte, wurde von einem Freund gefragt, wie es denn so gewesen sei. «Großartig», erzählte er, «morgens um 9 Uhr wurde uns das Frühstück ans Bett gebracht – Bohnenkaffee oder Kakao nach Wahl. Dann konnte, wer Lust hatte, ein bißchen arbeiten; die anderen trieben Sport. Zwischendurch gab es um 11 Uhr belegte Brote und Fleischbrühe. Mittags gut, aber einfach: Suppe, Fleisch oder Fisch, Nachspeise. Nach Tisch zwei Stunden Ruhe. Dann, nach Kaffee und Kuchen, etwas leichte Arbeit. Abendessen: Milchbrei und belegte Brote. Abends Gesellschaftsspiele oder Vorträge, auch wohl mal eine Filmvorführung.»

Der Frager war tief beeindruckt. «Toll», sagte er. «Was doch zusammengelogen wird! Neulich habe ich den Meyer gesprochen, der auch drinnen war. Na, und der hat mir Dinge erzählt!» Der Berichtende nickte. «Der sitzt ja auch schon wieder drin», sagte er.[3]

«Ihr seid hier nicht im Mädchenpensionat ...»

Ankunft im Lager

«Ihr seid hier nicht im Mädchenpensionat, sondern im Konzentrationslager.» Diese Begrüßungsformel signalisierte den Neuankömmlingen das Ende des normalen Lebens: Sie betraten einen rechtsfreien Raum, in dem sich die Nazi-Schergen nach Belieben austoben konnten.

Bei der Aufnahme ins Lager scharf aufzupassen war ein Überlebensgebot. Schon in den ersten Stunden lernten die Häftlinge, ihre Gesinnung zu verbergen; lernten, wie man auf Fragen und Anordnungen der SS zu reagieren hat; lernten, Schläge, Tritte und Beschimpfungen hinzunehmen, ohne Gegenwehr zu leisten. Manche Neulinge versuchten zwar, spontan, noch unter den Augen der SS-Wächter, ihren Kameraden zu helfen, aber gerade dies reizte die Männer mit dem Totenkopf-Emblem an der Uniform zu weiteren Quälereien. Andere unerfahrene Häftlinge bekamen schnell mit, solche öffentlichen Hilfeleistungen in Zukunft besser zu unterlassen.

In Dachau wurden die Häftlinge als erstes in die Lagerordnung eingeführt – ein Brauch, der später von anderen Lagern übernommen und zu einem besonders grausamen Mittel psychischer Unterdrückung ausgebaut wurde. Der Dichter Ernst Wiechert schildert, wie er 1938 die Aufnahmeprozedur im KZ Buchenwald erlebte.[4] Der Grund seiner Verhaftung: Er hatte sich geweigert, dem Anschluß Österreichs zuzustimmen, und in einer öffentlichen Erklärung abgelehnt, für das «Winterhilfswerk» zu spenden:

«Was Johannes (= Wiechert) sah, war eine breite Lagerstraße, von Rasenflächen und niedrigen Baracken begrenzt, saubergehalten und nicht einmal eines dürftigen Blumenschmuckes ermangelnd. Doch ahnte ihm, daß dies wohl der Ort der Herrenwelt sei und daß die Sklavenwelt hinter einem Quergebäude mit einem Turm liegen müsse, auf dem er undeutlich den Umriß von Maschinengewehren zu erkennen meinte.

Auch blieb ihm keine Zeit, denn sie wurden in eine der Baracken gestoßen, in deren schmalem Gang sie in zwei Gliedern Aufstellung zu nehmen hatten. Alles in dem Raum war aus Holz, das Dach mit Dachpappe gedeckt, und die Sonne brannte durch die Fenster in ihren Rücken erbarmungslos auf sie herab. Hier mußten sie zwei Stunden bewegungslos unter dem Kommando «Stillgestanden!» stehen und dann nacheinander in den Schreibstubenraum treten, wo man ihre Personalien aufnahm oder verglich.

Nach der ersten halben Stunde sah Johannes, wie ein paar der älteren unter ihnen zu schwanken begannen. Sie wurden von ihren Gefährten gestützt, so gut es ohne Verletzung des Kommandos möglich war, doch stürzten sie dann doch vorneüber, mit dem Kopf gegen die Holzwände, und auch Johannes vermochte den vor ihm stehenden ‹Vater Hermann›, den Fabrikbesitzer aus seiner Zelle in Halle, nicht mehr zu halten. ‹Laßt die Schweine liegen!› schrie jemand, und so blieben sie, bis das Bewußtsein ihnen wiederkehrte.

Von Zeit zu Zeit kam einer der SS-Männer den Gang entlang, ging langsam die Reihe hinunter und starrte in jedes Gesicht, als suche er sich sein Opfer schon heraus. Da war ein über siebzigjähriger Jude mit einem bekannten Namen, der sich eben von der Erde wieder aufgerichtet hatte und der die Blicke der Vorübergehenden besonders auf sich zog. Fast jeder versprach, ehe er weiterging, ‹mit dieser alten Judensau schon Schlitten zu fahren›. Und ehe sie den Raum wieder verließen, war das alte Gesicht schon von Faustschlägen geschwollen ...

Nach zwei Stunden erschien der Unterlagerführer wieder. Er hieß Hartmann, und sie sagten, er sei der Sohn eines Pfarrers. Sein Name soll hier aufbewahrt und in einem traurigen Sinn unsterblich bleiben.

Sie wurden durch das große, waffenstarrende Tor unter dem Quergebäude in den Hof geführt. Herumlungernde Wachmannschaften verfolgten grinsend jeden ihrer Schritte. Über dem Torbogen erblickte Johannes zwei Inschriften, ihm wohlbekannt, aber in unheimlicher Bedeutung an dieser

Stelle. Die eine hieß: ‹Recht oder Unrecht: mein Vaterland!›, die andere darunterstehende: ‹Jedem das Seine!›...

‹An die Scheißhäuser!› brüllte der Führer, und sie mußten auf dem Hof sich gleich nach links wenden, laufend, und dann wieder in zwei Gliedern regungslos stehen.

Hier, während sie die erste und letzte ‹Erziehungsstunde› geschenkt bekamen, versuchte Johannes, alles aufzufassen, was er sehen und hören konnte. Sie standen mit dem Rücken gegen den Hof gewendet, der auch der Appellplatz war, und was er sah, war nur ein langer Streifen des Drahthindernisses, der niedrige linke Flügel des Quergebäudes und dahinter der lockere Buchenwald. Das Hindernis zeigte zunächst einen breiten niedrigen Streifen, wie spanische Reiter durcheinandergeflochten (es war der Streifen, in den diejenigen sich zu werfen pflegten, die mit ihrem Dasein auf diese Weise ein Ende machen wollten; sie wurden dann von den Posten auf kurze Entfernung erschossen, obwohl von einer Flucht bei einem in diesen Drähten Hängenden natürlich nicht die Rede sein konnte). Dahinter stieg die hohe Wand der elektrisch geladenen Drahtmauer auf, mit Lampen gesäumt und von hohen Holztürmen unterbrochen, auf denen Posten mit Maschinengewehren standen.

Von hier aus glitt ein Blick zu dem niedrigen Gebäudeflügel. Der Mittelteil, der den Turm trug und sich über dem Tor befand, war von drei Posten mit einem Maschinengewehr besetzt und mit acht oder zehn Scheinwerfern ausgerüstet, die wie blinde Augen in das Lager starrten. Der niedrige Flügel, der bis zu ihrem Standpunkt reichte, zeigte nur vergitterte Fenster, zwölf oder dreizehn nebeneinander, und nach der anderen Seite wohl ebensoviel. Es waren die ‹Bunker›, von denen Johannes noch hören sollte, Betonlöcher, in die man bei besonderen Anlässen die Gefangenen warf und von denen immer ein Teil – meistens der größere – mit den Wachmannschaften der SS belegt war, die sich ihrer besonderen Uniform und Aufgabe nicht ganz würdig erwiesen hatten.

Aus einem dieser Bunker drang während der ganzen Zeit, die sie hier standen – es waren wieder zwei Stunden – die wilde, klagende, sinnlose Stimme eines Wahnsinnigen, den man mit einem evangelischen Pfarrer zusammengesperrt hatte. Aus anderen drang der scharfe Laut herniederfallender Schläge und das fast unmenschliche Geschrei und Gestöhne der Mißhandelten. Über allem stand ein hoher blauer Himmel mit weißen Wolken, die über das helle Grün der Buchenwipfel lautlos glitten.

Währenddes erteilte der Pfarrerssohn die ‹einführende Instruktion›. Wer sich dem Drahtverhau auf dreißig Meter näherte, würde ‹abgeschossen›. Wer einem Befehl nicht gehorchte, würde ‹abgeschossen›. Wer sich einem Wachtposten während der Arbeit auf weniger als sechs Meter näherte, würde ‹abgeschossen›. Sollte in einer der Baracken zur Nachtzeit ein Brand ausbrechen, so war das Verlassen des brennenden Raumes verboten, und das

Feuer aller Maschinengewehre würde auf diese Baracke gerichtet. Während er diese einfachen Gesetze verkündete, trat er mitunter auf einen der Gefangenen zu, schlug ihn ins Gesicht oder trat ihn mit Füßen, weil Haltung oder Gesicht des Betroffenen ihm nicht zusagten.

Johannes folgte ihm unablässig mit den Blicken. Es war ein schmächtiger Mensch, einige zwanzig Jahre alt, mit einem glatten, nichtssagenden Gesicht, von einem künstlichen Hochmut erfüllt, wie ihn junge Leute mit Befehlsgewalt leicht zeigen. Das Besondere an ihm war nur, daß er den Leib etwas vorgestreckt trug, was ihm das Aussehen gab, als sei er guter Hoffnung, und seine ganz helle Stimme, die an die eines quäkenden Hasen erinnerte. Doch verwischte das leicht Komische seiner Erscheinung sich schon durch die abgrundtiefe, kalte Verächtlichkeit seiner Haltung und Sprache, wie Johannes sie später an fast allen Lenkern dieses Lagers festgestellt hat. Es war, als gingen sie durch die sieben- oder achttausend Opfer, die man hier zusammengeschleppt hatte, nicht wie durch Tiere hindurch, sondern wie durch stinkenden Unrat. Auch hörte Johannes aus dem Munde des Pfarrerssohnes nie anders von ihnen sprechen als von ‹Mistvögeln› und ‹Wildsäuen›...

Noch während der Pfarrerssohn seine Erläuterungen gab, hörte Johannes, wie hinter ihnen der Appellplatz sich langsam belebte. Auch sah er durch das Tor von draußen lange Kolonnen einmarschieren, mit Hacken und Spaten über der Schulter und in seltsam zebrahaft gestreifter Kleidung, die Mützen in der Hand, mit geschorenen Köpfen. Er empfing den flüchtigen Eindruck einer müden, stolpernden Tierherde, ohne Hoffnung, ohne Heimat, ja ohne Gesicht, so sehr ähnelten sie einander in der grauenhaften Eintönigkeit ihres Bildes.

Er hörte Kommandos, Meldungen, eine Stimme, die durch den Lautsprecher Nummern aufrief, nicht Namen, hörte Flüche und Schläge und stand regungslos, nach rückwärts lauschend, wo seine Zukunft vor sich ging, in die er bald eingereiht würde wie die anderen auch, ein Mensch mit einer Nummer, mit kahlgeschorenem Kopf, abgetrennt vom Leben, der Schönheit, der Güte, der Sauberkeit, angeschmiedet an die Galeere eines Staates, der seine Zweifler in den Tod schickte.

Dann sah er von der Seite, wie zwei der Gefangenen – Schutzhäftlinge hießen sie nun – von dem Ende des niedrigen Gebäudes einen seltsamen hölzernen Gegenstand holten, einen Bock auf vier Füßen, in der Längsrichtung zu einer länglichen Mulde vertieft, mit Riemen, die lose herabhingen. Und noch während er zu erraten versuchte, zu welchem – wahrscheinlich bösen – Zweck dies Instrument dienen mochte, hörte er die scharfen, pfeifenden Schläge im Takt fallen und den hohen, entsetzten Schrei des Geschlagenen. Er sah starr geradeaus, über die Buchenkronen in den sich abendlich färbenden Himmel hinein, aber er zählte, zählte mit, um es nicht zu vergessen vor jenem großen Gericht, an das er dachte, zehn, fünfzehn, zwanzig, fünfundzwanzig Schläge. Das Schreien war zu einem stimmlosen Röcheln geworden, dem Röcheln eines Tieres, dem das Lebensblut entströmt, und eine kalte Stimme rief: ‹Halt!›

Eine Pause trat ein, in der Johannes nur sein Herz schlagen hörte, und dasselbe begann von neuem, nur daß das zweite Opfer lautlos blieb. Dieselbe kalte Stimme, dieselbe Pause, und immer weiter so, sechs oder acht oder zehn Male.

Später hat Johannes erfahren, daß diese Henkerstunde immer angeordnet wurde, sobald ein neuer Transport zum erstenmal auf dem Hofe stand, also an jedem Montag und Donnerstag. Nicht etwa, daß sie nicht auch auf jeden anderen beliebigen Abend gefallen wäre, aber diese beiden Tage gehörten zum Programm. Es war ein Teil der neuen Menschenerziehung, und es sollte den Neuangekommenen schon am ersten Abend den Sinn des Wortes ‹Jedem das Seine› erläutern.

Dann rückten die Kolonnen ab, und auch sie wurden zur Kammer geführt, um ihre Sachen zu empfangen. Auf diesem Wege nun sah Johannes zum erstenmal das Lager. Er sah den großen Appellplatz mit ein paar hohen, kümmerlichen Buchen und dahinter in langen Reihen die niedrigen, grüngestrichenen Baracken, zwischen denen Straßen entlangliefen, die vom Feuer der Maschinengewehre bestrichen werden konnten. Dahinter stand wieder Wald, zwischen dessen Bäumen hier und da ein Stück des hohen grauen Drahtzauns durchschimmerte.

Aber was ihre Blicke am meisten anzog, war der Galgen in der Mitte des Appellplatzes. Er war auf einem hohen Sockel errichtet, zu dem eine Treppe hinaufführte, und sein hölzerner Arm mit der Rolle an seinem Ende zeigte drohend über die Baracken hin. ‹Am liebsten möchte ich euch alle dran baumeln sehen›, bemerkte der sie Führende freundlich.

Sie empfingen Rock und Hose aus schlechtem Kunststoff, blau und grau in der Längsrichtung gestreift, ein Hemd, eine Unterhose, ein Paar wollene Strümpfe, schwere Schnürschuhe, eine schirmlose Mütze. Das war nun für Sommer und Winter ihr einziges Hab und Gut. In der ‹Effektenkammer› gaben sie alles ab, was sie besaßen. Nur eine kleine, bunte Tasche mit Dingen zur Hautpflege durfte Johannes behalten. Sie erschien ihm in dieser Umgebung wie etwas von einem fremden Stern. Dann führte man sie wieder ins Freie, nackt, und schor ihnen Kopf- und Körperhaar. Sie empfingen Nummern und rote Tuchdreiecke, die auf Rock und Hose angenäht wurden. Johannes hatte die Nummer 7188. Die rote Farbe bedeutete politische Gefangene.

Sie waren nun alle wie die anderen.»

Gehetzt von früh bis spät

Der Tagesablauf der Gefangenen

Bis in die letzte Einzelheit war der Tageslauf im KZ Dachau, das überall als «Musterlager» galt, geregelt.[5] Nur abends konnten die Häftlinge eine Ruhestunde einlegen. Ansonsten waren sie immer in Eile. Geweckt wurde um fünf Uhr. Bis zum «Antreten», um Kaffee zu fassen, blieb ihnen eine viertel oder eine halbe Stunde Zeit, in der sie ihre bloßen Oberkörper unter die Wasserleitung halten, einen Sitzplatz im «Scheißhaus» ergattern und die Betten machen mußten. Die SS kontrollierte den Bettenbau peinlich genau. Für unvorschriftsmäßig gemachte Betten wurden Kollektivstrafen verhängt – dem ganzen Block drohten «Sport- und Exerzierübungen». Nur wenn die Häftlinge Hand in Hand arbeiteten, ließ sich das morgendliche Pflichtpensum bewältigen. Häftlingsäußerung: «Mich hat das Pritschenmachen in der ersten Zeit fast um den Verstand gebracht.» Wer nicht fertig wurde, bevor der Pfiff zum Frühstück ertönte, mußte aufs Waschen oder den Gang zur Toilette verzichten.

Vor dem Ausrücken zur Arbeit traten die Häftlinge zum Zählappell an. Wenn ein SS-Mann sich verrechnet hatte, mußten sie so lange stehenbleiben, bis der Fehler entdeckt wurde. Mitunter zogen sich die Appelle über Stunden hin – ohne Rücksicht auf geschwächte oder notdürftig bekleidete Gefangene, bei Hitze und bei Kälte.

Gearbeitet wurde je nach Jahreszeit und Art des Arbeitsplatzes von 6 oder 7 Uhr bis 16 und 18 Uhr. Da mochten die SS-Spitzen darüber diskutieren, ob die Arbeit nun «Erziehungsmittel» oder wirtschaftlich ergiebig sein sollte: Für die Häftlinge war sie reine Schurigelei, sonst nichts. Sand von einem Haufen zum anderen zu karren und umgekehrt, Gruben auszuheben und wieder zuzuschütten gehörte allemal zu den Ritualen, die sich die unteren SS-Chargen für ihre Opfer ausdachten. Maschinelle Hilfen waren verpönt. In Dachau zog ein Häftlings-«Gespann» die Straßenwalze, die zur Planierung des Lagergeländes benutzt wurde.

Eine Dachauer Spezialität waren die Handwerkerkompanien. Bis zu 500 Häftlinge waren 1933 in Tischlerei, Schlosserei, Schuhmacherei, Sattlerei, Schlachterei und anderen Werkstätten beschäftigt. Walter Hornung, Dachauer der ersten Stunde, berichtet: «Die Handwerker hatten die längste Arbeitszeit, etwas mehr Brot und zu ihrer Arbeit nicht noch Schläge wie die anderen Sklaven. Ihre Arbeit war so begehrt, daß sie auch sehr oft am Sonntag antreten mußten.

Am Abend versammelten sich die Häftlinge zum zweiten Appell. Wieder wurde gezählt und noch mal gezählt. Damit nicht genug: eine schiefe Linie beim Aufstellen, verbotenes Reden, «unzufriedenes» Singen beim Marschieren – für die SS Anlaß genug, den Tag mit schikanösen Strafen abzurunden.

«... wird erschossen»

Aus der Dachauer Strafordnung vom 1. Oktober 1933

«... § 11 Wer im Lager, an der Arbeitsstelle, in den Unterkünften, in Küchen und Werkstätten, Aborten und Ruheplätzen zum Zwecke der Aufwiegelung politisiert, aufreizende Reden hält, sich mit anderen zu diesem Zweck zusammenfindet, Cliquen bildet oder umhertreibt, wahre oder unwahre Nachrichten zum Zwecke der gegnerischen Greuelpropaganda über das Konzentrationslager oder dessen Einrichtungen sammelt, empfängt, vergräbt, weitererzählt, am fremde Besucher oder an andere weitergibt, mittels Kassiber oder auf andere Weise aus dem Lager hinausschmuggelt, Entlassenen oder Überstellten schriftlich oder mündlich mitgibt, in Kleidungsstücken oder anderen Gegenständen versteckt, mittels Steinen usw. über die Lagermauer wirft oder Geheimschriften anfertigt, ferner wer zum Zwecke der Aufwiegelung auf Barackendächer und Bäume steigt, durch Lichtsignale oder auf andere Weise Zeichen gibt oder nach außen Verbindung sucht, oder wer andere zur Flucht oder zu einem Verbrechen verleitet, hierzu Ratschläge erteilt oder durch andere Mittel unterstützt,

wird kraft revolutionären Rechts
als Aufwiegler gehängt!

§ 12 Wer einen Posten oder SS-Mann tätlich angreift, den Gehorsam oder an der Arbeitsstelle die Arbeit verweigert, andere zum Zwecke der Meuterei zu den gleichen Taten auffordert oder verleitet, als Meuterer eine Marschkolonne oder eine Arbeitsstätte verläßt, andere dazu auffordert, während des Marsches oder der Arbeit johlt, schreit, hetzt oder Ansprachen hält, wird als

Meuterer auf der Stelle erschossen
oder nachträglich gehängt ...»

Dienstvorschriften für Totenkopfträger

«Der SS-Mann hat Stolz und Würde zu zeigen ... Die Anrede ‹Du› kommt einer Verbrüderung gleich. Erniedrigend ist es für einen Totenkopfträger, der sich von Bolschewiken und Bonzen zum Botengänger machen läßt ... Dem SS-Begleitposten ist es verboten, außerdienstliche Gespräche mit den Gefangenen zu führen ...

Wer einen Gefangenen entweichen läßt, wird festgenommen und wegen fahrlässiger Gefangenenbefreiung der bayer. politischen Polizei übergeben. Versucht ein Gefangener zu entfliehen, dann ist ohne Anruf auf ihn zu schießen. Der Posten, der in Ausübung seiner Pflicht einen Gefangenen erschossen hat, geht straffrei aus.

Wird ein Posten von einem Gefangenen tätlich angegriffen, dann ist der Angriff nicht mit körperlicher Gewalt, sondern unter Anwendung der Schußwaffe zu brechen. Ein Posten, der diese Vorschrift nicht beachtet, hat seine fristlose Entlassung zu gegenwärtigen ...

Meutert oder revoltiert eine Gefangenenabteilung, dann wird sie von allen aufsichtsführenden Posten beschossen. Schreckschüsse sind grundsätzlich untersagt.»

«Ewig kann's nicht Winter sein»

Ein Lied schafft Zusammenhalt

Tag für Tag mußten sie harte Arbeit leisten: Von morgens bis abends, bei jedem Wetter in den weiten Mooren des Emslandes. Sie – das waren Regime-Gegner, die die Nazis ab Frühjahr 1933 in eines der Moorlager gesteckt hatten: Börgermoor, Esterwegen oder Neusustrum.

Tausende von politischen Häftlingen büßten hier in den ersten Jahren der NS-Herrschaft ihren Kampf gegen die Nazis, viele Unbekannte und ein paar Prominente. Als «Moorsoldaten» haben sie sich selbst bezeichnet, in einem Lied, das die Solidarität der Lagerinsassen verdeutlicht und zeigt, daß in der Frühphase der Konzentrationslager bescheidene kulturelle Aktivitäten eine wahrhaft lebenswichtige Funktion hatten: Sie gaben Hoffnung, moralischen Halt und psychische Kraft.

Zunächst war es nur eine vage Idee: Die Börgermoor-Häftlinge wollten eine «Kulturveranstaltung» durchführen, «um den SS-Leuten den Unterschied zwischen ihrer eigenen primitiven und der Lebensauffassung ihrer politischen Gegner vor Augen zu führen», wie Ex-Häftling Rudi Goguel formuliert.[6] Bei einem Spaziergang im Lager kam ein Mithäftling auf den Düsseldorfer Schauspieler Wolfgang Langhoff zu, der nach dem Reichstagsbrand Ende Februar 1933 verhaftet worden war. «Du bist doch der Schauspieler, was? Also, das hier ist unser Dichter. Der hat schon im *Ruhr-Echo* Gedichte drin gehabt, und für bürgerliche Gesangvereine hat er sogar schon Lieder geschrieben.» Der «Dichter» war Johann Esser, ein Bergmann aus Moers. Langhoff fragte ihn: «Könntest du nicht mal so ein Lied dichten, das wir dann alle zusammen im Lager singen können? Verstehst du, das darf natürlich kein Lied sein, das uns die SS verbieten kann. Es

WIR SIND DIE MOORSOLDATEN
Text und Musik von Politischen Schutzhäftlingen, Börgermoor:
Partitur
Wo- hin auch das Au- ge blik ket Moor u. Hei-de nur rings- um
Vo- gel- sang uns nicht er- qui- cket Ei- chen ste- hen Kahl u. Krum. Wir
sind die Moor sol- daten und zie- hen mit dem Spa- ten in's Moor
ier in dieser öden Heide ist das Lager aufgebaut
o wir ferne jeder Freude hinter Stacheldraht verstaut
frain: Wir sind die Moorsoldaten ----
eimwärts, heimwärts jeder sehnet zu den Eltern Weib u. Kind
nche Brust ein Seufzer dehnet, weil wir hier gefangen sind
ef: Wir sind die Moorsoldaten ---
3. Morgens ziehen die Kolonnen in das Moor zur Arbeit hin
Graben bei dem Brand der Sonn; doch zur Heimat steht der Sinn
Refrain: wir sind die Moorsoldaten ----
5. Auf und nieder gehn die Posten, Keiner, keiner kann hindurch
Flucht wird nur das Leben kosten, vierfach ist umzäunt die Burg
Ref. wir sind die Moorsoldaten --
6. Doch für uns gibt es kein klagen ewig kanns nicht Winter sein
Einmal werden froh wir sagen Heimat du bist wieder mein
Dann ziehen die Moorsoldaten Nicht mehr mit dem Spaten in's Moor

Das Börgermoorlied

«Wohin auch das Auge blicket,
Moor und Heide nur ringsum.
Vogelsang uns nicht erquicket,
Eichen stehen kahl und krumm.
Wir sind die Moorsoldaten
Und ziehen mit dem Spaten
Ins Moor . . .»

»Wir sind die Moorsoldaten
Und ziehen mit dem Spaten
Ins Moor . . .

Hier in dieser öden Heide
Ist das Lager aufgebaut,
Wo wir ferne jeder Freude
Hinter Stacheldraht verstaut.
Wir sind die Moorsoldaten
Und ziehen mit dem Spaten
Ins Moor . . .

Morgens ziehen die Kolonnen
In das Moor zur Arbeit hin.
Graben bei dem Brand der Sonnen,
Doch zur Heimat steht der Sinn.
Wir sind die Moorsoldaten
Und ziehen mit dem Spaten
Ins Moor . . .

«Heimwärts, heimwärts jeder sehnet,
Zu den Eltern, Weib und Kind.
Manche Brust ein Seufzer dehnet,
Weil wir hier gefangen sind.
Wir sind die Moorsoldaten
Und ziehen mit dem Spaten
Ins Moor . . .

Auf und nieder gehn die Posten,
Keiner, keiner kann hindurch.
Flucht wird nur das Leben kosten,
Vierfach ist umzäunt die Burg.

Wir sind die Moorsoldaten
Und ziehen mit dem Spaten
Ins Moor ...»

«Doch für uns gibt es kein Klagen,
Ewig kann's nicht Winter sein,
Einmal werden froh wir sagen:
Heimat, du bist wieder *mein*!

«Dann ziehn die Moorsoldaten
Nicht mehr mit dem Spaten
Ins Moor!»

müßte auf unser Lager Bezug nehmen und auf unsere Familien zu Hause. Weißt du, so ein Heimatlied, bloß nicht so kitschig, wie ‹*Nach der Heimat möcht ich wieder ...*›. «Ja, so etwas kann ich schon machen. Ich will mich mal drangeben und bring dir dann im Laufe der Woche das Gedicht in deine Baracke.»

Esser hielt Wort. In sechs Strophen schilderte er die Situation der Börgermoor-Häftlinge, noch ein bißchen holprig zwar, doch Langhoff brachte sie in Form. «Dabei tauchte der Gedanke auf, dieses Gedicht zu unserem Lagerlied zu machen», erinnert sich Goguel. «Langhoff schuf den Refrain, und dann wurde gefragt, wer wohl eine Melodie machen könne. Ich meldete mich und versprach, einen vierstimmigen Männerchorsatz zu schreiben, vorausgesetzt, daß ich etwas Zeit und vor allem Ruhe fände.»

Goguel wurde für ein paar Tage ins Krankenrevier geschmuggelt, um sich eine Melodie einfallen zu lassen. «Das war nicht ganz einfach, denn im Revier arbeiteten einige Häftlinge als Anstreicher, die von morgens bis abends bei der Arbeit sangen und pfiffen. Nach drei Tagen war der Satz fertig und gleichzeitig die Einzelstimmen zu Papier gebracht. Die drei gleichbleibenden Töne, mit denen das Lied beginnt, sollten die Öde des Moors und die schwere Situation charakterisieren, unter denen die Moorsoldaten leben mußten. Nun stellte ich mir aus unserem Lagerchor ein Quartett zusammen, jede Stimme vierfach besetzt. Wir übten abends nach dem Einrücken aus dem Moor unter den erforderlichen Sicherheitsvorkehrungen in dem kleinen Waschraum von Baracke 8.»

Im August 1933 wurde das Lagerlied uraufgeführt, auf einer «Kulturveranstaltung», die die Häftlinge «Zirkus Konzentrazani» getauft hatten. Goguel: «Die sechzehn Sänger, vorwiegend Mitglieder des Solinger Arbeitergesangvereins, marschierten in ihren grünen Polizeiuniformen (unsere damalige Häftlingskleidung) mit geschultertem Spaten in die Arena, ich selbst an der Spitze in blauem Trainingsanzug mit einem abgebrochenen Spatenstiel als Taktstock.» Einer sagte: «Kameraden, wir singen euch jetzt das Lied vom Börgermoor, unser Lagerlied. Hört gut zu und singt dann den Refrain mit.»

Zunächst saßen die fast tausend Häftlinge wie erstarrt da, unfähig mitzusingen, doch bereits bei der zweiten Strophe begannen sie den Refrain zu summen. Es wurden immer mehr, und bei der letzten Strophe sangen alle mit. «Bei den Worten ‹Dann ziehen die Moorsoldaten nicht mehr mit dem Spaten ins Moor› stießen die sechzehn Sänger die Spaten in den Sand und marschierten aus der Arena, die Spaten zurücklassend, die nun, in der Moorerde steckend, als Grabkreuz wirkten», erinnert sich Goguel.

Der Lagerkommandant hatte sich das Lied, wie Wolfgang Langhoff berichtet, «den Kopf nach unten» angehört. Er «scharrte mit dem Fuß im Sand. Die SS still und unbeweglich.» Zwei Tage später wurde das Moorsoldaten-Lied vom Kommandanten verboten. «Aber die SS-Leute kamen immer wieder und sagten: Habt ihr nicht das Lied? Wir haben es oft aufgeschrieben. In der Schreinerei haben wir Stämme schräg abgeschnitten und darauf die Verse geschrieben, auf diese Holzscheiben. Überhaupt hat uns das Lied viel geholfen», erzählt Börgermoor-Häftling Karl Schabrod. «Wenn irgendeine Veranstaltung war, wenn ein Kamerad verabschiedet wurde, der entlassen wurde, dann haben wir für ihn die erste und meist auch die letzte Strophe gesungen. Und es war klar, daß dieses Lied in Verbindung stand mit den Gesprächen, die wir vorher geführt hatten, was der Kamerad draußen machen würde, daß er mit uns in Verbindung bleiben würde – das Lied war so ein Zeichen unserer Gemeinsamkeit, unserer Verbundenheit gegen Hitler, gegen die Faschisten ... Der Entlassene nahm das als bleibendes Andenken mit nach Hause und als Aufforderung, den Kampf gegen diese Tyrannei fortzusetzen. Es war ein Trotzlied, ein Trotz- und Kampflied und ein Lied der Kameradschaft.»

Ziel: die SS kirre kriegen

Häftlinge und ihre Wächter

Für die einen waren sie allesamt Todfeinde, andere wollten unterscheiden: «Wer haut drauf, wer schlägt, und wer beteiligt sich nicht an den Mißhandlungen?», fragte Häftling Karl Schabrod im KZ Börgermoor seine Kameraden, wenn das Gespräch auf die SS-Männer kam.[8] «Wir hatten 125 Mann Bewachung (bei rund tausend Häftlingen), und nachher haben wir an den Fingern abgezählt: Wieviel schlagen jetzt noch? Zum Schluß waren wir bei fünf oder vier angelangt, und auch die haben wir noch kleingekriegt.» Kaum zu glauben; große Töne oder Tatsache? Schabrod, der vom Frühjahr 1933 bis zum 1. April 1934 in Börgermoor einsaß, berichtet:

«Ich war ja Schreiner von Beruf, und wir hatten uns eine Schreinerei eingerichtet, in der wir Lagerarbeiten machten, da hab ich mir den Werkzeugkasten genommen und bin einfach hingegangen zum Lagertor. Hab mit dem Hammer an die Leiter von dem Bewachungsturm geklopft – Ho, was ist denn los! – Hier soll ein Brett los sein! Muß repariert werden! – So bin ich dann rauf, hab ein bißchen rumgeklopft, irgendwo gab's da immer was zu machen. Der war natürlich interessiert, auch mal ein Gespräch zu haben. Das begann dann ungefähr so: Stinklangweilig! Monat für Monat sitzt man hier. Schon seit Februar! – Für uns ist es auch langweilig! – Kann ich mir denken. – Haben Sie denn Arbeit gehabt, daß Sie da weg mußten, auf Wachkommando? – Arbeitslos! – Arbeitslos? Und von Beruf? – So kam das Gespräch in Gang, daß er auch im Bergbau gewesen war und sich dann hat anheuern lassen für die SS, als Arbeitsloser. Mußte man rasch überlegen: Wie weit kann man gehen? Fing ich wieder an, von unten, wo ich lag und kloppte: Uns ärgert das, daß Arbeiter hier auf Arbeiter schlagen. Hätten wir das im Pütt gemacht? Niemals hätten wir uns als Kollegen im Berg gegenseitig geschlagen, oder? – Ach, das sind doch bloß ein paar Schläger! – Wer denn? – Die hatten uns ja alle 102 Mann meiner Baracke in einer Nacht, wegen dem Tabak, so verprügelt, daß wir mehrere Schwerverletzte hatten. War natürlich eine gewagte Diskussion. Man mußte die richtig aussuchen, man konnte ja schon am Dialekt hören, ob sie aus unsrer Gegend waren, welche soziale Herkunft.»

Nach und nach bekamen die Häftlinge einiges über ihre Wächter heraus. Wolfgang Langhoff:

«Ihre soziale Zusammensetzung war so: etwa 60 Prozent waren Söhne von verarmten Kaufleuten, Gastwirten, kleinen Ladenbesitzern, Post- und Eisenbahnbeamten, deren Eltern ihnen kein Studium, keine Zukunft mehr bieten konnten. 20 Prozent waren ‹Gebildete›, das heißt verkrachte Lehrer, Ingenieure, Techniker, Studenten – und ungefähr 20 Prozent Arbeiter.

Die Führerstellen waren aber fast durchweg mit den ‹Gebildeten› besetzt oder mit alten Berufssoldaten aus der Reichswehr und Baltikumkämpfern. Von Arbeitern waren nur solche chargiert, die sich durch besondere Brutalität auszeichneten.

Die Hauptschlägergruppe bestand aber aus den Herren der ‹besseren Kreise›. Zum Beispiel ‹Zachel›, der das Polytechnikum in Aachen besucht hatte, ‹Entenschnabel›, der ein verkrachter Junglehrer war, ‹Großkopf›, der Laute spielte und Nietzsche las!

Diese Leute gaben auch den ‹politischen› Ton in der Mannschaft an.»

«Teils ging's nicht so im guten», erzählt Karl Schabrod, «sondern mit Grobheiten. Einer dieser SS-Schläger, der hatte in meiner Baracke, als wir arbeiteten, die Figuren geklaut, die einige Kameraden aus der Mooreiche schnitzten. Dauerte nicht lange, da kam der wieder rein in unsre Baracke, ich meldete vorschriftsmäßig, wollte der mich wegschieben, hab ich mit erhobener Stimme gesagt: SS-Mann, was wünschen Sie! Brummelte der was, da fahr ich den an: Sie waren doch derjenige, der hier vor einigen Tagen eingedrungen ist und hat das mitgenommen, was die Kameraden in ihrer

Freizeit gebastelt haben! Ist der rückwärts aus der Tür wieder raus. Und die Kameraden haben sich eins gefeixt, Weil ich den so angeblasen habe. Ich hatte eine ziemlich scharfe Stimme damals.»

Schabrod riskierte einiges: «Wir haben Mittel angewandt, um die SS kirre zu kriegen, die man später nicht mehr anwenden konnte. Zum Beispiel morgens, wenn wir angetreten waren zwischen den Baracken, da mußte ich ja vorschriftsmäßig melden: Baracke zehn angetreten mit 98 Mann, zwei Mann in der Küche, zwei Mann im Arrest! Hab ich einfach dazu gesagt: Außerdem muß ich melden: Es sind wiederum zwei Mann meiner Baracke geschlagen worden! – Was! Frechheit! Stubenältester, was bilden Sie sich wieder ein! – aber anstatt auf die SS einzugehn, hab ich mich rumgedreht und das Kommando gegeben: Die zwei Mann, die geschlagen worden sind, vortreten! Ja, da traten die beiden Kameraden vor. Jetzt die SS: Sie sind geschlagen worden! Wo! Von wem! – SS-Mann Sowieso. Und da der Platzmeister dabei war, mußte er offiziell davon Kenntnis nehmen, daß die zwei Kameraden mißhandelt worden waren. Und das an den Kommandanten melden. Ihnen passierte nichts. Mir auch nicht. Aber der fragliche SS-Mann hat in Zukunft die Finger von uns gelassen. So habe ich die Gelegenheit der Meldung öfter benutzt, um was für die Kameraden rauszuholen. Auf diese Weise hatten wir uns auch die Hochachtung der SS-Leute erworben, die an den Befehlston gewöhnt waren. Grade weil wir so frech auftraten. Kameraden, die aus Esterwegen oder Neusustrum zu uns kamen, die waren erstaunt, was bei uns für eine Atmosphäre war.»

Schabrod kennt den Grund: «Ich glaube, wir hatten deshalb in Börgermoor eine bessere Atmosphäre, weil wir von Anfang an eine Organisation und eine illegale Lagerleitung hatten, eine politisch feste Führung. Wir sagten uns: Es muß ein Kopf da sein, der bei gefährlichen Situationen oder auch wenn irgendwelche Scheißhausparolen auftraten, der dann weiß, Was los ist ... Moritz – wenn Moritz was sagte, dann war das maßgeblich. Moritz war die Parteileitung. Was Moritz sagte, konnte weitergegeben werden. Deshalb haben wir auch eine scharfe Disziplin gehalten, zu unserm Schutz. Es gab da richtige Strafen, zum Beispiel, daß einer von der Tischgemeinschaft in der Baracke ausgeschlossen wurde. Nur durch diesen Zusammenhalt konnten wir so viel erreichen. Die Kameraden sind uns heute noch dankbar dafür, für viele hat da das Leben dran gehangen.»

«Sagen Sie, ich sei am Ende»

Wie die Nazis mit einem prominenten Kritiker umgingen

5. Februar 1934. Im KZ Esterwegen trifft ein prominenter Häftling ein. Ein knappes Jahr «Sonderbehandlung» durch sadistische SA-Schläger im Zuchthaus Sonnenburg in der Neumark liegt bereits hinter ihm, man sieht

es auf den ersten Blick. Der Name des Gefangenen: Carl von Ossietzky. Ein Mithäftling schildert die erste Begegnung:[9]

«Als ich Ossietzky gegenüberstand, war ich, der ich wahrhaftig viel Grauenhaftes gesehen hatte, aufs tiefste erschüttert. Nicht ein Mensch stand vor mir, sondern ein wandelnder Leichnam. Es war ihm nicht möglich, auch nur eine Sekunde ruhig stehen zu können, die Hände zitterten ihm, sein Mund konnte die Worte nicht mehr formen, um eine lückenlose Unterhaltung zu führen. Tief lagen die Augen in den Höhlen. Für die Umwelt war er fast tot... Zu einer Arbeitsleistung irgendwelcher Art war Carl von Ossietzky absolut nicht mehr imstande. Die barbarischen Mißhandlungen, die an ihm im Laufe der Zeit in den Folterkammern der Gestapo verübt worden waren, hatten ihr Ziel erreicht: Carl von Ossietzky war physisch zugrunde gerichtet worden ...»

Die Nazis hatten damit eine alte Rechnung beglichen. Ossietzky, überzeugter Pazifist, führendes Mitglied der Deutschen Liga für Menschenrechte, hatte seit 1926 als Chefredakteur der kulturpolitischen Wochenzeitschrift *Die Weltbühne* scharf geschossen: gegen das Kapital, die Bürokratie, die Kirche, das Militär, gegen alte Autoritäten, die er ebenso in Frage stellt wie mögliche neue. Außenpolitisch wollte Ossietzky keine Grenzrevision, dafür Aussöhnung mit den Nachbarvölkern. Als «Volksgenosse» für das «Dritte Reich» taugte er jedenfalls nicht.

Unbequem war er schon für die Regierungen der Weimarer Republik gewesen: Wegen eines Artikels über Deutschlands getarnte Wiederaufrüstung – Vorwurf «Landesverrat» – hatte man ihn zu achtzehn Monaten Kerker verurteilt. Knappe acht Monate mußte er absitzen, dann brachte ihn die «Weihnachtsamnestie» Ende 1932 auf freien Fuß. Zwei Monate später sperrten die Nazis den unbequemen Mahner bereits wieder ein.

«Draußen» vergaß man ihn nicht. Der Schweizer Diplomat und Historiker Carl Jacob Burckhardt erinnerte sich an Ossietzky, als er im Oktober 1935 vom Internationalen Roten Kreuz beauftragt wurde, ein deutsches KZ zu inspizieren. Dieser Auftrag hatte eine Vorgeschichte: Im Juli war in Österreich ein nationalsozialistischer Putschversuch gescheitert, seine Teilnehmer saßen in Lagern. Hitler verlangte vom Roten Kreuz, sich ihrer anzunehmen. Man sagte ja – unter der Bedingung, auch deutsche Konzentrationslager besuchen zu dürfen. Die Nazis zögerten lange, doch schließlich stimmten sie zu. Sie glaubten, die Ausländer an der Nase herumführen zu können. Burckhardt berichtet:[10]

«Als ich in Berlin eintraf, wurde mir vom Deutschen Roten Kreuz ein Programm für den Besuch bestimmter Lager vorgelegt. Es war vorgesehen, daß ich mich im Verlauf meiner Besuche mit den Häftlingen in Gegenwart des Lagerkommandanten und seiner Untergebenen unterhalten könne. Auch der mich begleitende SS-Offizier sollte dabei sein. Ich erklärte eine unter solchen Umständen stattfindende Inspektion von vornherein für sinnlos und verlangte, im letzten Augenblick den Namen eines Lagers zu nennen, um mich unverweilt dorthin zu verfügen und mit den Häftlingen zeugenlos zu sprechen.»

Burckhardt blieb stur – und setzte beim damaligen Chef der Konzentrationslager, SS-Obergruppenführer Heydrich, seinen Willen durch.

«Am nächsten Morgen wurde ich von einem Beamten namens Tamaschke, der den humoristischen Titel ‹Sturmbannführer› trug, in früher Stunde aufs Tempelhofer Feld geholt. Eine Polizeimaschine stand auf dem Flugplatz bereit, und ich erklärte, mich nach Esterwegen begeben zu wollen. Der Sturmbannführer telefonierte mit verschiedenen Stellen, aber in so kurzer Zeit war in Esterwegen nichts eingreifend zu ändern. Wir landeten bei Wilhelmshaven, dort erwartete uns ein Wagen, der uns hinaus ins Moor führte. Aus dem Bodennebel, als wir uns unserm Ziel auf einem Dammweg näherten, tauchten die Umrisse eines römischen Castrums auf ... nach dem Eingang eine Art Villenviertel für die Wachmannschaften; ein Weiher, ein kleiner, von den Häftlingen angelegter Berg oder besser Hügel mit Bergform, mit Blumen und Sträuchern bepflanzt, im zweiten, größeren Teil des Rechteckes die Baracken der Häftlinge, Küche, Lazarett, Latrinen und die Verhörräume. Das Übliche, man hat es inzwischen hundertfältig gesehen und erlitten.»

Der Lagerkommandant namens Loritz, Unteroffizier im Ersten Weltkrieg, war von Beruf ein Schlächter aus Bayern ... Höflichkeitszeremonien ohne Ende, zuerst kasernenhofartig, dann unterwürfig ... Die Herren wollten mir früh am Morgen ein Glas deutschen Sekt anbieten; nachdem ich aber abgelehnt hatte, betraten wir als finstere gereizte Gruppe das eigentliche Konzentrationslager.

Ich sprach mit einer ganzen Anzahl von Häftlingen zeugenlos. Die Lagergewaltigen, wenn ich sie aufforderte zurückzutreten, gehorchten verlegen, fast knirschend, um den angsterfüllt auf sie einredenden Tamaschke geschart ... Mit 24 Häftlingen habe ich an dem Vormittag ohne Zeugen gesprochen. Ich wollte Zeit gewinnen, möglichst viele Eindrücke sammeln, die Arbeitsgruppen sehen, die aus dem Moor zurückkehrten ... Wir hatten auf mein Begehren in der Kantine der Sträflinge etwas zu uns genommen, dann haben wir weiter besichtigt. Um 3 Uhr nachmittags, mitten auf dem großen Freiplatz zwischen den Baracken, sagte ich zu dem Kommandanten, Standartenführer Loritz: ‹Jetzt wünsche ich Herrn Ossietzky zu sehen und zeugenlos mit ihm zu sprechen, den Hamburger Pazifisten und Schriftsteller Ossietzky, den Nobelpreisträger.› [Tatsächlich war O. damals erst Kandidat für den Friedensnobelpreis.]

Die Umstehenden nahmen eine fast drohende Haltung an, Loritz hochrot im Gesicht, preßte hervor: ‹Wen wollen Sie sehen? Wer ist das?›

‹Sie wissen es genau!›

‹Kein Häftling dieses Namens ist hier.›

‹Doch, er ist hier, falls er noch lebt. Wir wollen keine Zeit verlieren›, dann lauter, ‹falls er nicht mehr lebt, mache ich Sie persönlich verantwortlich.›

Rheuma gab es gratis

Das Moorlager Esterwegen

Am Ortsrand von Esterwegen, einem kleinen Ort in der Einsamkeit der Emslandmoore nahe der holländischen Grenze, entstand auf Befehl des Gauleiters Weser-Ems, Carl Röver, ein Konzentrationslager. Da es in Esterwegen keinen Gleisanschluß gab, ließ die SS ihre Häftlinge von den Bahnhöfen Papenburg und Dörpen dreißig oder gut zwanzig Kilometer ins Lager marschieren. Zweimal je zehn Baracken waren eilig zusammengezimmert worden, um Platz für rund tausend Schutzhäftlinge zu schaffen. Damit Fluchtversuche von vornherein aussichtslos erschienen, zogen die Nazis einen Drahtverhau von vier Meter Höhe und einen zwei Meter hohen Stacheldraht rund ums Lager. Dazwischen lag ein zwei Meter breiter Streifen, in dem schwerbewaffnete SS-Männer patroullierten. Zusätzlich gab es Wachttürme, auf denen schußbereite Posten das Lager und seine Umgebung nicht aus den Augen ließen – besonders nachts, wenn Scheinwerfer den Todesstreifen taghell beleuchteten.

«Mit einem Lied auf den Lippen» ließen die SS-Männer die Häftlingskolonnen frühmorgens im Marschtritt zur Arbeit ins Moor ausrücken. Den Spaten in der Hand mußten die Nazi-Gegner Torf stechen oder Gräben und Kanäle ausheben, um die Feuchtgebiete des Emslandes zu kultivieren. Konnte in den ersten Monaten jeder Häftling seine Tagesleistung noch selbst bestimmen, so diktierte ab Frühjahr 1934 die SS das Arbeitspensum: Jeder Gefangene mußte täglich einen achtzehn Meter langen, achtzig Zentimeter breiten und neunzig Zentimeter tiefen Graben buddeln. Dabei reichte das Wasser oft bis über die Knöchel, Nebelnässe durchdrang die dünne Kleidung – mancher Gefangene konnte vor Rheumaschmerzen schon nach wenigen Wochen kaum noch richtig laufen. Wer sein Tagessoll nicht schaffte, erntete Schläge von seinen Bewachern. Nur Schwerkranken blieb die tägliche Schufterei im Moor erspart: Sie schälten Kartoffeln für die SS, fegten Baracken und halfen in der Werkstatt.

Jetzt schrie Loritz: ‹Unmöglich, ausgeschlossen, ich weigere mich.›

Tamaschke, der Verzweiflung nahe, versuchte, auf mich einzureden. Nun, ein einziges Mal, entschloß ich mich zu dem Kasernenhofton:

‹Was ist das für eine verdammte Schweinerei, daß hier Befehle nicht durchgehen. Sie kennen Ihren Befehl, ich sehe die Häftlinge, die ich zu sehen wünsche, und spreche mit ihnen, Sie wissen, um was es geht.›

Mehr brauchte der Unteroffizier nicht. Schon lief einer aus dem Gefolge in die hinterste Baracke. Dann standen wir schweigend, wieder schaute ich auf die Armbanduhr, drei Minuten, fünf, zehn.

Nach zehn Minuten kamen zwei SS-Leute, die einen kleinen Mann mehr schleppten und trugen als heranführten.

Ein zitterndes, totenblasses Etwas, ein Wesen, das gefühllos zu sein schien, ein Auge verschwollen, die Zähne anscheinend eingeschlagen, er schleppte ein gebrochenes, schlecht ausgeheiltes Bein.

Ich ging ihm entgegen, reichte ihm die Hand, die er nicht ergriff.

‹Melden!› schrie Loritz.

Ein unartikulierter, leiser Laut kam aus der Kehle des Gemarterten.

Ich zu Loritz: ‹Zurück!›

‹Herr von Ossietzky›, sprach ich ihn an. ‹Ich bringe Ihnen die Grüße Ihrer Freunde, ich bin der Vertreter des Internationalen Komitees vom Roten Kreuz, ich bin hier, um ihnen, soweit uns dies möglich ist, zu helfen.›

Nichts. Vor mir, gerade noch lebend, stand ein Mensch, der an der äußersten Grenze des Tragbaren angelangt war.

Kein Wort der Erwiderung.

Ich trat näher. Jetzt füllte sich das noch sehende Auge mit Tränen, lispelnd unter Schluchzen sagte er:

‹Danke, sagen Sie den Freunden, ich sei am Ende, es ist bald vorüber, bald aus, das ist gut.› Und dann noch ganz leise: ‹Danke, ich habe einmal Nachrichten erhalten, meine Frau war einmal hier; ich wollte den Frieden.›

Dann kam wieder das Zittern. Ossietzky verneigte sich leicht in der Mitte des weiten leeren Lagerplatzes und machte eine Bewegung, als wolle er militärische Stellung annehmen, um sich abzumelden. Dann ging er, das eine Bein nachschleppend, mühsam Schritt vor Schritt, zu seiner Baracke zurück.»

Im Januar 1935 wurde Ossietzky für den Friedensnobelpreis nominiert, im Mai kam er von Esterwegen in ein Berliner Krankenhaus. Ende November 1936 wurde Ossietzky der Preis zugesprochen, die Nazis verboten ihm jedoch die Reise zur Verleihung nach Oslo. Zuvor war ein Erpressungsversuch gescheitert: Freiheit für den Verzicht auf die Nobel-Ehrung und Absage an den Pazifismus. Dieses Geschäft mit NS-Reichstagspräsident Göring war Ossietzky zu schmutzig. Er lehnte ab: «Ich war Pazifist und werde Pazifist bleiben.» Die Nazis hatten ihn nicht untergekriegt, seine Gesundheit aber ruiniert. Ossietzky starb am 4. Mai 1938 in einem Berliner Krankenhaus an Lungentuberkulose. Er hatte sie sich im KZ Esterwegen zugezogen.

«Die Stimmung war gespannt»

SPD und KPD im KZ

Im KZ trafen sie sich wieder, die feindlichen Brüder von KPD und SPD. Die Sozialdemokraten kamen später und waren weniger. Bis zum Verbot der SPD waren 80 bis 90 Prozent der Schutzhäftlinge KP-Mitglieder gewesen. Ihr Anteil verringerte sich erst merklich, als die Nazis Ende Juni 1933 Jagd auf die Sozialdemokraten machten.

Die Neuankömmlinge von der SPD hatten einen schweren Stand. Die Kommunisten hielten ihnen die illusionäre Tolerierungspolitik ihrer Parteiführung vor. Diese Politik habe die Arbeiterbewegung geschwächt; die Opfer seien die Angehörigen beider Parteien geworden.

Für Gespräche blieb in den KZ wenig Zeit, Anspielungen ersetzten oft die Diskussion, aber die Standpunkte waren klar. Retourkutsche der Sozialdemokraten: die KPD habe eine revolutionäre Gewaltpolitik betrieben, die nur Gewalt habe ernten können. Darunter hätten sie nun alle zu leiden.

Wie groß die Hindernisse waren, die einer Verständigung zwischen SPD- und KPD-Häftlingen im Weg standen, schildert Karl Billinger, 1933 Insasse im KZ Hubertshof, in seinem autobiographischen Roman ‹*Schutzhäftling Nr. 880*›:[11]

«Das Verhalten der Gefangenen gegenüber der Arbeit im Lager war ein Prüfstein für ihre politischen Qualitäten. Allein nach diesem Merkmal konnte man die kommunistischen und sozialdemokratischen oder parteilosen Häftlinge voneinander sondern. Auch hier waren die Kommunisten die Aktiven, die Sozialdemokraten die passiven oder zumindest zögernden Elemente. In der neuen Arbeitskolonne, der ich zugeteilt worden war, kam es nach kurzer Zeit zu dem politischen Scheideprozeß, der zeitweise für sämtliche Arbeitskommandos charakteristisch war.

Die Verwaltung hatte uns bei der Umorganisierung aller Außenkommandos absichtlich durcheinandergewürfelt, um die Anknüpfung neuer Fäden zwischen den Häftlingen und der SS-Wache zu erschweren. Es hatte in Anbetracht der verschärften Kontrolle noch keine politische Wanderung von und zu anderen Gruppen einsetzen können. In meiner Kolonne waren fünf Kommunisten, drei Sozialdemokraten und ein parteiloser Student, der verhaftet worden war, weil die Polizei bei einer Razzia ein paar alte Nummern der pazifistischen Zeitschrift *Die Weltbühne* in seinem Zimmer gefunden hatte. Keiner kannte den anderen näher. In den ersten Tagen sprach kaum einer ein Wort, das nicht im Zusammenhang mit der Arbeit nötig gewesen wäre. Aber nach etwa einer Woche war die politische Trennungslinie in der Kolonne wie mit dem Messer gezogen. Der erste Zusammenstoß fand zwischen Dick und Petersen statt, die bei der Arbeit nebeneinander standen. Dick sagte zu Petersen: ‹Du schuftest ja, als ob Du's bezahlt bekämst.›

Petersen, ein etwas beschränkter Mann, hatte es sicher nicht darauf angelegt, einen guten Eindruck bei der Wache zu schinden. Er arbeitete, wie er es gewöhnt war und beschleunigte, ohne es zu wissen oder zu wollen, sein Tempo mehr und mehr. Dadurch zwang er seine Nebenleute, mit ihm Schritt zu halten. Das ereignete sich einmal, zweimal, dreimal. Dick, für den es jetzt eine grunsätzliche Frage geworden war, trieb passive Resistenz. Zwei, drei andere folgten ihm. Als der Posten aufmerksam wurde und sie die Sabotage aufgeben mußten, nannten sie Petersen wütend einen Streikbrecher. Petersen wurde halsstarrig und schimpfte Dick einen Faulenzer. Dick erklärte, er sei stolz darauf, hier im Lager ein Faulenzer zu sein. ‹Faulenzer ist Faulenzer, hier oder draußen›, entgegnete Petersen.

Die Kommunisten ergriffen Partei für Dick, die Sozialdemokraten für Petersen.

Die Stimmung in der Kolonne war von nun an gespannt. Petersen setzte seinen Stolz hinein, zehn Loren täglich mehr zu laden, Dick beobachtete ihn mit feindseligen Blicken und murmelte Verwünschungen und Drohungen vor sich hin. In den Pausen verzehrten die beiden Parteien ihre Schmalzstullen getrennt. Der Pazifist wußte nicht, wem er sich anschließen sollte und kam einmal zu uns, einmal zu den Sozialdemokraten. Er versuchte zu vermitteln, aber er hatte keinen Erfolg.

Die typische Situation der Arbeiterbewegung wiederholte sich im Lager. Die Kommunisten waren im Angriff, die Sozialdemokraten in der Verteidigung. Es war nicht das zahlenmäßige Übergewicht der KPD-Häftlinge, von der die Haltung der beiden Parteien bestimmt wurde, sondern die Logik der politischen Situation. Ernsthafte Diskussionen kamen selten zustande, nicht nur wegen der Kontrolle, die hätte bei der Außenarbeit umgangen werden können, sondern weil die Sozialdemokraten auswichen.

Dazu kam der Altersunterschied. Die Sozialdemokraten waren meistens ältere Männer, über vierzig, die jüngeren Häftlinge gehörten fast ausschließlich zur KPD. Ein alter Sozialdemokrat aber läßt sich nicht gern von einem jüngeren Kommunisten belehren, besonders nicht ein deutscher, der sich mit Stolz daran erinnert, daß seine Partei eine Tradition von fünfundsechzig Jahren hinter sich hat ...

Ein besonderes Hindernis für eine Verständigung zwischen SPD- und KPD-Gefangenen ergab sich aus dem Umstand, daß Mitglieder beider Parteien aus denselben Betrieben und Wohnorten im Lager waren, Arbeiter und Funktionäre, die sich von früher kannten.

Ich erinnere mich an einen Sozialdemokraten, der in seiner Eigenschaft als Vorsitzender des Betriebsrates einer großen Maschinenfabrik in Mitteldeutschland seine Lebensaufgabe darin gesehen hatte, alle Kommunisten aus dem Betrieb zu werfen und jeden Streikversuch der Belegschaft abzuwürgen. Er war in der kommunistischen Presse wiederholt als Streikbrecher und Unternehmeragent gebrandmarkt worden, und die Kommunisten hatten es nicht vergessen. Mit einem solchen Lumpen auch nur sprechen? Kam gar nicht in Frage. Noch erbitterter waren sie über einen SPD-Häftling, der früher ein hoher Staatsbeamter gewesen war und als solcher die Notverordnungen der Brüning- und Papen-Regierung durchgeführt hatte, die so schweres Elend für die Massen bedeuteten.

Seine kommunistischen Landsleute erkannten ihn, wie ihn die Geheime einlieferte, wenn er jetzt auch wieder erheblich proletarischer aussah, als in den guten Zeiten, da er ein Monatsgehalt von tausend Mark bezogen und die Unterstützungssätze der Erwerbslosen von zehn auf sechs Mark in der Woche gekürzt hatte.

Es wäre leichter gewesen, ruhig über die Vergangenheit zu sprechen und gemeinsam die Zukunft vorzubereiten, hätten nicht diese Gesichter die Bitterkeit der letzten Jahre jeden Tag aufs neue heraufbeschworen.»

Die SS versuchte, die politischen Differenzen auszunutzen. Ihr Gedanke war: Wenn die Häftlinge sich untereinander bekriegten, säße sie noch fester im Sattel. Manchmal kündigte sie die Einlieferung bekannter Sozialdemokraten Tage vorher an, um die rechte Empfangsstimmung zu verbreiten. Umsonst: sich zu Tätlichkeiten hinreißen zu lassen, so weit ging das Zerwürfnis von Kommunisten und Sozialdemokraten nicht.

Wenn die SS dann nachholte, was die kommunistischen Häftlinge in ihren Augen versäumt hatten, konnte sie auf hämische Freude kaum rechnen. Im Gegenteil: Die Sozialdemokraten mochten verhaßt sein, das hinderte doch nicht daran, sie zu pflegen und möglichst so lange im Block zu halten, bis sie arbeitsfähig waren.

Hilfe war vor allem von den Häftlingsfunktionären zu erwarten. Die SS hatte diese Posten geschaffen, um sich lästige Kontrollaufgaben vom Leibe zu halten. So hatten die Block- und Stubenältesten dafür zu sorgen, daß der vorgeschriebene Tageslauf eingehalten und auf Ordnung und Sauberkeit in der Baracke geachtet wurde; sogenannte Kapos hielten die Arbeitskommandos in Trab.

Die Funktionäre nahmen sich das Recht, ihre Anordnungen mit handgreiflichem Nachdruck durchzusetzen. «Es gab auch mal eine Ohrfeige», erinnert sich der ehemalige Dachauer Häftling Otto Huber. Dennoch lag es im Interesse der Mitgefangenen, die Vormachtstellung der Ältesten zu akzeptieren. Gerade für Ordnungswidrigkeiten wurden häufig Kollektivstrafen über den gesamten Block verhängt. Huber: «Damit man nicht auffällt, mußte auf Disziplin geachtet werden, zum Beispiel beim Bettenbau.»

Die Selbstverwaltung war nicht unumstritten. Arbeitete man damit nicht der SS in die Hände? Vor allem die Sozialdemokraten befürchteten anfangs, daß die Häftlinge für ihre eigene Unterdrückung eingespannt würden. Anders die Kommunisten. Sie besetzten, ohne zu zögern, die ihnen angebotenen Funktionsstellen. Nur so, argumentierten sie, sei entkräfteten Kameraden wirksam zu helfen; nur so könnten konspirative Aktionen vor der SS geheimgehalten werden. Die Häftlingsselbstverwaltung mit Leuten der eigenen Couleur zu besetzen, versprach soviel Nutzen, daß sich schließlich auch die Sozialdemokraten über ihre Bedenken hinwegsetzten. Moritz Thape schreibt über seine Aufnahme in Buchenwald:[12]

«Am dritten Tag, nach dem Appell, gab mir der Blockälteste einen kleinen Zettel mit dem Bemerken, ich sollte mich in der Schreibstube melden.

... Ein kleiner Mann in Häftlingskleidung begrüßte mich väterlich ... und ließ mich wissen, er sei Sozialdemokrat aus Dortmund und hätte aus der Zugangsliste erfahren, wer ich sei ... Ich sollte nicht verzagen, es gäbe im Lager noch mehr Sozialdemokraten. Zuverlässige Kameradschaft, in die man natürlich nicht sofort aufgenommen würde, sei eine starke Stütze in dieser rechtlosen Welt. Soweit er mir helfen könne, werde er es tun, das Wichtigste sei, daß ich in einen Block verlegt würde, den einwandfreie politische Häftlinge bewohnten ...

Viel schneller, als ich zu hoffen wagen durfte, kam ich, natürlich durch Baumeister (den betreffenden Häftling aus der Schreibstube), in den Block 40, dessen A-Flügel geprüfte politische Häftlinge einnahmen.»

Ruhe vor dem Sturm

Die Entwicklung bis zum Krieg

Von 1934 bis 1937 herrschte Ruhe vor dem Sturm: die Zahl der Konzentrationslager, jetzt allesamt in der Hand der SS, schrumpfte, immer weniger NS-Gegner wanderten in die Lager. Im Winter 1936/37 war mit rund 7500 Häftlingen der Tiefstand erreicht. Das Regime hatte sich offenbar gefestigt, das Terrorinstrument schien weitgehend entbehrlich.

Während dieser Übergangszeit wurden nicht mehr nur politische Gegner inhaftiert, zu ihnen stießen jetzt auch «Asoziale», «Gewohnheitsverbrecher» und «ernste Bibelforscher». Nach geltendem Recht hätten diese «Volksschädlinge» nichts zu fürchten gehabt: «Arbeitsscheue» genausowenig wie Verbrecher, die ihre Strafe längst abgesessen hatten, oder Gläubige, die auf Jehova schworen. Die Nazis aber machten kurzen Prozeß: Statt sich an die Sprüche der ordentlichen Gerichte zu halten, bogen sie kurzerhand die Schutzhaft zur Ersatzstrafe um.

Den Zeugen Jehovas warfen sie «Wehrkraftzersetzung» vor. Als «Grund» reichte ihnen schon aus, daß hier eine Gruppe auf buchstäblicher Erfüllung des fünften Gebots bestand. Verstärkt setzte die Verfolgung der Sekte 1935 ein, als Hitler (Sektenmeinung: «Diener des Satans») die allgemeine Wehrpflicht in Deutschland einführte: Die «Zeugen» pochten auf das Tötungsverbot der Bibel und verweigerten den Wehrdienst.

Neben den religiösen Sektierern füllten die «Asozialen» die KZ. Die Bayrische Polizei machte sich 1936 die Mühe aufzuzählen, wer alles dazugehörte: Bettler, Landstreicher, Zigeuner, Arbeitsscheue, Müßiggänger, Prostituierte, Querulanten, Gewohnheitstrinker, Raufbolde, Verkehrssünder, Geisteskranke, vertragsbrüchige Landarbeiter, Preistreiber auf dem Lebensmittelmarkt. Der Wirrwarr von Gruppen macht deutlich: Wer «asozial» war, lag im Ermessen der Behörden. Sie entschieden nach eigenem Gutdünken, wer «der Gemeinschaft zur Last fiel und sie dadurch schädigte».

1938 schwoll der Häftlingsstrom erneut an; im Juni wurden mindestens 10000 Personen – im allgemeinen weder politisch auffällig noch kriminell vorbelastet – im die KZ geschafft. Der Grund war simpel: Die SS wollte Unternehmer spielen. Auf dem Bausektor, wo bereits ein empfindlicher Arbeitskräftemangel spürbar war, sah sie ihre Chance, mit großen Häftlingskontingenten eigene Ziegeleien und Steinbrüche zu betreiben.

Das war nicht der einzige Grund, warum die KZ voller wurden. Weitere Ursache: 1938 wurde das Dritte Reich «großdeutsch». Sonderkommandos brachten den Nazi-Gegnern in Österreich und im Sudentenland bei, was «Gleichschaltung» bedeutete.

Geradezu katastrophal überbelegt waren die KZ nach der «Reichskristallnacht» vom 9. November 1938: Ungefähr 35000 Juden wurden in einem Schub in die Lager gepfercht, fast 10000 allein in das KZ Buchenwald:[13]

«Am Tor stauten sich die Massen – immer je 1000 kamen zugleich an –, weil von der SS nicht das große Gittertor, sondern nur ein kleiner Durchgang für je einen Mann geöffnet wurde. Neben diesem Durchgang standen die Blockführer und schlugen mit eisernen Ruten, Peitschen und Knüppeln auf die Leute ein, so daß buchstäblich jeder neu angekommene Jude Wunden hatte. Was sich damals im Lager zutrug, läßt sich mit wenigen Worten nicht schildern. Erwähnt sei lediglich, daß gleich in der ersten Nacht 68 Juden wahnsinnig geworden und von *Sommer* (SS-Hauptscharführer) wie tolle Hunde – immer je vier Mann – totgeschlagen worden sind. In den berüchtigt gewordenen Blocks 1a bis 5a, die später abgerissen wurden, lagen je 2000 Juden, während der Raum dieser primitiven Notbaracken nur für 400 bis äußerstens 500 Leute berechnet war. Die sanitären Verhältnisse waren unvorstellbar. Hundertmarkscheine wurden als Klosettpapier benutzt (die Juden hatten sehr viel Geld mitgebracht, zum Teil Zehntausende von Mark). SS-Scharführer steckten Leuten die Köpfe in die überfüllten Latrinenfässer, bis die Opfer erstickt waren. Als eines Tages nach Genuß von kaltgewordenem Walfischfleisch fast alle Insassen der Baracken 1a bis 5a an Durchfall erkrankten, bot das Barackenlager, das durch einen Drahtzaun vom übrigen Lager getrennt war, einen fürchterlichen Anblick. Neben den Latrinen häuften sich ganze Berge von Hüten, Kleidern und Unterwäsche, die infolge des Durchfalls nicht mehr brauchbar waren.

Da die Zahl der plötzlich Eingelieferten zu groß war, hatte die SS anfangs die Personalien der Juden nicht aufnehmen können. Der Rapportführer verkündete daher über den Lautsprecher: ‹Wenn sich einer von den Juden aufhängt, soll er gefälligst einen Zettel mit seinem Namen in die Tasche stecken, damit man weiß, um wen es sich handelt!› Ein Breslauer namens *Silbermann* mußte zusehen, wie sein Bruder von dem SS-Unterscharführer *Hoppe* grausam zu Tode gefoltert wurde, indem er ihn zuerst so lange mit den Stiefelabsätzen traktierte, bis er blutüberströmt dalag, dann mit Strikken an einen Pfahl band und verbluten ließ. *Silbermann* wurde beim Anblick des Martyriums seines Bruders wahnsinnig und verursachte in den Abendstunden durch sein Toben, ‹die Baracke brenne›, eine Panik. Hunderte stürzten aus den oberen Etagen nach unten, ganze Pritschen brachen zusammen, und obwohl SS-Leute in die Massen schossen und Häftlings-Helfershelfer mit Knüppeln dreinschlugen, war es erst nach langen Bemühungen möglich, die Ruhe wiederherzustellen. Der Lagerführer *Rödl* konstruierte daraus eine Meuterei der Juden und ließ sieben Geiseln aus den Baracken holen, die mit Handschellen aneinandergefesselt wurden. Dann hetzten drei Blockführer dressierte Hunde auf die Unglücklichen und ließen sie zerfleischen. Als infolge der Überbelastung in einer eisigen Nacht zwei Baracken zusammenbrachen, wurde alles in die restlichen drei hineingestopft. Häftlinge, die bei dem irrsinnigen Gedränge nicht gleich den Eingang finden konnten, wurden von der SS niedergeknallt.»

Trotzdem konnte von einer systematischen Massenvernichtung, wie später in den Kriegsjahren, noch nicht die Rede sein. Die Einweisung war als Druckmittel gedacht: wer sich verpflichtete, aus Deutschland auszuwandern, kam wieder frei. Die Erpressung gelang: bei Kriegsbeginn war die Zahl der Häftlinge auf 25000 zurückgegangen.

Polen, Tschechen und Franzosen

Häftlinge aus den besetzten Gebieten treffen ein

Vier Tage vor Kriegsbeginn ahnte der Generalstaatsanwalt beim Oberlandesgericht Stuttgart, was passieren würde: «Die derzeitige gespannte Lage wird es voraussichtlich mit sich bringen, daß die Geheime Staatspolizei zahlreiche Personen in Schutzhaft nimmt.»[14]

Er sollte recht behalten. Heydrich, der Chef der Sicherheitspolizei, erläuterte am 3. September, dem Tag des englisch-französischen Kriegseintritts, wie rigoros gegen «Staatsfeinde» vorgegangen werden sollte: «Jeder Versuch, die Geschlossenheit und den Kampfeswillen zu zersetzen, ist rücksichtslos zu unterdrücken.»

In der Praxis sah das so aus:[15]

«Der katholische Pfarrer W. hatte im Oktober 1939 bei einem Einkaufsgespräch einem Verkäufer gegenüber geäußert, daß er nicht alle Greuelnachrichten glauben würde, die in der Presse zu lesen seien. Auch die propagandistischen Berichte über die Sittlichkeitsverbrecher unter den Geistlichen seien falsch.

Der Verkäufer zeigte den Pfarrer an.

Die Gestapo Stettin stellte fest, daß W. schon einmal wegen politischer Vergehen zu sechs Monaten Gefängnis verurteilt worden war. Auch gab W. nach dem Gestapo-Bericht bei seiner Vernehmung an, daß er sich auch in Zukunft verpflichtet fühlte, als Katholik seine Meinung zu sagen. Daraufhin empfahl die Stettiner Gestapo dem RSHA, W. in KZ-Haft zu nehmen.

Am 21. November benachrichtigte das Gestapo Stettin, es sei ‹von hier aus beabsichtigt, besondere Maßnahmen gegen Pfarrer W. zu ergreifen ...› Die Angelegenheit wurde dem Chef der Sipo zur Entscheidung vorgelegt. Am 9. 1. 1940 wurde der Schutzhaftbefehl ausgestellt und W. anschließend ins Konzentrationslager Sachsenhausen eingeliefert. In seinen Begleitakten befand sich ein ausführlicher Bericht an die Kommandantur über Ws. Vergehen, der mit dem Urteil schloß:

W. ‹ist daher als unbelehrbarer und unverbesserlicher Hetzer anzusehen, der seine Freiheit nur dazu benutzt, eine volksverhetzende Tätigkeit auszuüben›.

Am 31. 1. kam W. ins Lager, am 22. 2. war er tot.»

Weniger als einen Monat hatte die «Exekution auf Zeit» gedauert – manchmal ging auch dies den Nazis noch nicht schnell genug. Der spätere Auschwitz-Kommandant, Höß, 1939 Adjutant im KZ Sachsenhausen, schreibt in seinen autobiographischen Aufzeichnungen:[16]

«Am selben Abend wurde die erste Exekution des Krieges in Sachsenhausen durchgeführt. Ein Kommunist, der in den Junkerswerken in Dessau sich geweigert hatte, Luftschutzarbeiten durchzuführen, wurde auf die Anzeige des Werkschutzes hin von der dortigen Stapo verhaftet und nach Berlin zur Gestapo gebracht und verhört, der Bericht dem Reichsführer SS vorgelegt, der die sofortige Erschießung befahl.» Auch nach damaligem Recht ein glatter Mord.

Die verschärfte «Staatsicherung» bekamen zunächst ehemalige Kommunisten und Sozialdemokraten zu spüren, die als besonders unsichere Kantonisten galten. Zum Teil waren sie schon vor 1939 im KZ gewesen, jetzt wurden sie abermals in «Schutzhaft» genommen. Der größte Teil der Neueingelieferten stammte allerdings aus den besetzten Ländern. Vor allem Polen waren darunter, dann auch Tschechen, Norweger, Franzosen, Belgier, Holländer, Serben.

Unmittelbar nach dem 22. Juni 1941, dem Tag des Überfalls auf die UdSSR, wurden in den meisten KZ besondere Abteilungen für sowjetische Kriegsgefangene abgezäunt. Über 20000 von ihnen wurden von der SS er-

Bei Nacht und Nebel

«Als nächstes», sagte der amerikanische Ankläger Robert G. Storey im Nürnberger Prozeß, «möchte ich zu dem Thema übergehen, daß Gestapo und SD Zivilpersonen aus den besetzten Gebieten zu geheimen Verfahren und Bestrafungen nach Deutschland brachten. Es handelt sich um den sogenannten Nacht- und Nebel-Erlaß, der am 7. Dezember 1941 von Hitler herausgegeben wurde.» Das Dokument trägt die Unterschrift des Angeklagten Wilhelm Keitel, Chef des Oberkommandos der Wehrmacht. Es lautet:

«Es ist der lange erwogene Wille des Führers, daß in den besetzten Gebieten bei Angriffen gegen das Reich oder die Besatzungsmacht den Tätern mit anderen Maßnahmen begegnet werden soll als bisher. Der Führer ist der Ansicht: Bei solchen Taten werden Freiheitsstrafen, auch lebenslängliche Zuchthausstrafen, als Zeichen von Schwäche gewertet. Eine wirksame und nachhaltige Abschreckung ist nur durch die Todesstrafe oder durch Maßnahmen zu erreichen, die die Angehörigen und die Bevölkerung über das Schicksal des Täters im ungewissen halten. Diesem Zweck dient die Überführung nach Deutschland ... Keitel.»

Für die meisten der über 7000 «Nacht- und Nebel-Häftlinge» war Endstadtion im KZ. Floris Bertold Bakels, Jurist aus Rotterdam, berichtet:[19] «Für den Transport von etwa achtzig Holländern aus (dem polizeilichen Durchgangslager) Amersfoort mit unbekanntem Ziel stand ein Schnellzug bereit, als ob es sich um eine alltägliche Reise handelte. Für uns hatte man allerdings einen besonderen Wagen angehängt ... Es war der 9. Juli 1943. Zu unserem Transport gehörte auch Häftling Nr. 1400, der in Amersfoort schon einen üblen Ruf gehabt hatte. Es hieß, daß es sich bei ihm um einen holländischen SSler oder einen NSBer handelte, der wegen des einen oder anderen Vergehens im KZ gelandet sei. Während der Fahrt sprang dieser Mann wiederholt von seinem Platz auf, lief durch die anderen Abteile, kam dann wieder zurück. Er fiel durch seine Rastlosigkeit auf. Nach einiger Zeit kam er in unser Abteil, hielt sich an der Gepäckablage fest, beugte sich vornüber und redete auf uns ein. Er sagte: ‹Ich habe mit dem Transportführer gesprochen. Wir fahren in ein Lager irgendwo in den Vogesen. Ihr arbeitet dort in Steinbrüchen.› – ‹Ihr? Und du nicht?› – ‹Es ist ein übles Lager, ein NN-Lager.‹ – ‹Was soll das heißen?› – ‹NN heißt Nacht und Nebel, eure Familien erhalten keine Nachricht, wo ihr seid, es gibt keine Verbindung mit zu Hause mehr. Ihr werdet spurlos verschwinden.› – ‹Ihr? Und du?› – ‹Ich nicht. Der Transportführer hat mir gesagt, daß ich als einziger Holländer das NN-Lager in den Vogesen überleben werde.›»

schossen, da sie als «fanatische Kommunisten» oder einfach als Juden eingestuft wurden.[17]

In Neuengamme beobachtete der holländische Häftling Albert van de Poel das Ende der Russen:[18]

«Von den tausend Russen, die an einem Wintertag des Jahres 1941 als Kriegsgefangene durch das Gittertor marschierten – es war ein stattlicher Anblick, diese kräftigen jungen Burschen in ihren gutsitzenden erdbraunen Uniformen langsam und würdig nach ihrer Abteilung ‹Kriegsgefangenenlager› schreiten zu sehen – von diesen tausend war nach einem halben Jahr höchstens noch ein Drittel am Leben. Täglich, wenn der immer mehr zusammenschmelzende Trupp vom Elbkommando zurückkam, brachten sie ihre toten oder sterbenden Kameraden mitgeschleppt. Schließlich wurde des Kriegsgefangenenlager, das aus zwei isolierten Blocks in der Mitte des Barackengeländes bestand, geschlossen, und der Rest der Gefangenen wurde zusammen mit neuen Transporten von Russen auf die übrige Belegschaft aufgeteilt, um in der gewöhnlichen ‹Sträflingsuniform› oder dem, was dafür gelten sollte, gemeinsam mit den anderen Häftlingen den Todesgang nach der Elbe, dem Klinkergelände und der ‹Fertigungsstelle› anzutreten.»

Im Dienst der Kriegswirtschaft

1942: Die deutschen Heere eilten nicht mehr von Sieg zu Sieg, das Nazi-Reich geriet in die Defensive. Um bei den hohen Verlusten die Wehrmacht weiterhin mit Waffen und Munition bedienen zu können, wurden die KZ jetzt endgültig in den Dienst der Kriegswirtschaft gestellt. Himmlers Traum gewann Konturen: die Rüstungsproduktion unter SS-Regie.

Doch er hatte die Rechnung ohne die Industrie gemacht. Sie hatte Angst vor Konkurrenz. An billigen Arbeitskräften dagegen waren die Unternehmen interessiert. Himmler konnte liefern, was sie brauchten. Gegen eine Leihgebühr, versteht sich:

»Facharbeiter pro Tag, bei elfstündiger Arbeit
gleichviel ob bei Tag oder Nacht: RM 6,00
Hilfsarbeiter: RM 4,00»

Wo immer Firmen Häftlinge orderten, ließ die SS in Werksnähe kleinere Nebenlager errichten. Der Kommandant von Buchenwald gab sich besorgt: «Die Unterkunft der Häftlinge mußte, um großen Anmarsch zu verhindern, in der Nähe des Arbeitsplatzes sein, da die meisten Häftlinge mit Holzschuhen bekleidet waren.»[21]

In der «Ostmark» hatten die Flugmotorenwerke der Steyr-Daimler-Puch-AG einen Tip parat:

«Für den Aufbau des Lagers steht ein Bauarbeiterlager als Grundstock

Rentabilitätsrechnung der SS über Ausnützung der Häftlinge in Konzentrationslagern

Täglicher Verleihlohn durchschnittlich RM 6,–
abzüglich Ernährung RM –,60
durchschnittl. Lebensdauer 9 Mt. = 270 × RM 5,30 = RM 1431,–
abzüglich Bekl. Amort. RM –,10

Erlös aus rationeller Verwertung der Leiche:
1. Zahngold 3. Wertsachen
2. Kleidung 4. Geld

abzüglich Verbrennungskosten	RM 2,–
durchschnittlicher Nettogewinn	RM 200,–
Gesamtgewinn nach 9 Monaten	RM 1631,–
zuzüglich Erlös aus Knochen und Aschenverwertung[20]	

zur Verfügung, das in Wiener-Neudorf direkt neben dem Werk liegt und das in kürzester Frist als KL installiert werden kann.» Hauptsache, Arbeitskräfte rückten an. Händeringend schrieb der Generaldirektor «an den Reichsführer SS Heinrich Himmler»: «Die allergrößten Schwierigkeiten bestehen auf der Seite des Arbeitseinsatzes. Ich bitte Sie daher, Reichsführer, zu genehmigen, daß per sofort in Wiener-Neudorf ein Außenlager des KL Mauthausen erstellt wird, mit einer Belegstärke von ca. 2000 Mann, und daß in dieses Lager 1000 Häftlinge, die bisher in der eisenverarbeitenden Industrie irgendwie tätig waren, und 1000 Häftlinge, die vorerst vorwiegend für Bauarbeiten eingesetzt werden sollen und bei denen es genügt, wenn sie Hilfsarbeiten verrichten, überstellt werden.»[22]

Die Phrix-Werke in Wittenberge, Großabnehmer von Häftlingen aus dem KZ Neuengamme, schmierten ihren Lieferanten Honig um den Bart. Dankesbrief an den SS-Hauptscharführer Kierstein: «Sie haben sich immer für die Belange des Betriebs eingesetzt, haben aber auch stets dafür gesorgt, daß die von ihnen beaufsichtigten Häftlinge so betreut wurden, daß sie ihren Aufgaben jederzeit gerecht werden konnten.» Bestes Schmiermittel war immer noch Geld: «Wir haben uns erlaubt, Ihnen als sichtbares Zeichen unseres Dankes den Betrag von RM 250 zu überreichen.»[23]

Effektiver Arbeitseinsatz war der SS-Führung jetzt wichtiger als ausgedehnte Appelle oder sinnloses Exerzieren. Das Lager-Reglement lockerte sich, sogar Leistungsprämien wurden gewährt. Auszug aus einer Dienstvorschrift (1943):

«Häftlinge, die sich durch Fleiß, Umsichtigkeit, gute Führung und besondere Arbeitsleistung auszeichnen, erhalten künftig Vergünstigungen. Diese bestehen in Gewährung von

1. Hafterleichterung,
2. Verpflegungszulagen,
3. Geldprämien,
4. Tabakwarenbezug,
5. Bordellbesuch ...»[24]

Die unteren Chargen der SS konnten sich allerdings nur mühsam umstellen. Für sie war es schwer zu begreifen, wie aus «Staatsfeinden», die vernichtet werden sollten, kriegswichtige Ressourcen wurden.

In dieser Phase größter Rüstungsanstrengungen wurde mit dem Antisemitismus blutiger Ernst gemacht. Ein paradoxes Verhalten: Die SS versuchte, die Lebensdauer ihrer Zwangsarbeiter zu erhöhen, perfektionierte aber auch die «Endlösung» der «Judenfrage».

In den großen Vernichtungslagern des Ostens allerdings – in Treblinka, Belzec, Sobibor, Chelmno – war von ökonomischem Nutzen keine Rede, hier wütete nur noch ideologische Verblendung. Anders dagegen in Auschwitz: Dieses Lager war Riesenarsenal für den Arbeitskräftebedarf der Rüstungsindustrie, zugleich aber größte Massenvernichtungsstätte. Nirgendwo wurde das deutlicher als auf der «Rampe» von Auschwitz-Birkenau, wo die Transporte mit Juden aus allen Teilen des besetzten Europa eintrafen: Die «arbeitsfähigen» Männer und Frauen wurden ins Lager übernommen, die anderen – Mütter und Kinder, Alte, Kranke – in die Gaskammern abgeführt. Aber auch die Juden, die in die Arbeitskommandos gesteckt wurden, hatten kaum Überlebenschancen: Ihnen allen stand die «Vernichtung durch Arbeit» bevor.

Konzern mit eigenem KZ

Die «IG-Farben» und Auschwitz

Deutschlands erster Multi hatte schon immer eine verhängnisvolle Neigung zu Opportunismus und moralischer Indifferenz. Krassester Fall: die Bedenkenlosigkeit, mit der der Konzern Hitlers Expansionspolitik zur Geschäftsgrundlage machte. 1940 übernahm der Chemiegigant den Auftrag, die Öl- und Buna-Produktion zu erweitern. Treibstoff und Gummi waren gefragt, der Rußland-Feldzug stand vor der Tür. Geplant waren neue Fabrikanlagen, für die IG-Farben-Vorstandsmitglied Otto Ambros einen Standort suchen sollte.

Ambros fand den geeigneten Platz in Oberschlesien; er empfahl sich durch Eisenbahn- und Autobahnanschlüß sowie durch ein noch im Bau befindliches großes Konzentrationslager, das – wie Ambros gleich erkannte – reichlich Arbeitskräfte für die Errichtung der IG-Fabriken liefern könnte. Der Name des schlesischen Standorts: Auschwitz.

Der IG-Vorstand akzeptierte den Vorschlag fast einstimmig und bewilligte für das Projekt IG Auschwitz umgehend die damals enorme Summe von 900 Millionen Reichsmark. Alsbald begannen Verhandlungen mit der SS über die Zuteilung von KZ-Insassen.

Die neuen Geschäftspartner einigten sich schnell: SS-Chef Himmler bot der IG unverzüglich 10000 Häftlinge an.

Der Arbeitslohn war in die SS-Kasse zu zahlen – pro Tag vier Reichsmark für gelernte, drei Reichsmark für ungelernte Arbeiter. Später lieferte die SS auch Kinder zum Tageslohn von 1,50 Reichsmark.

Unter der Aufsicht von SS-Wächtern marschierten fortan lange Häftlingskolonnen täglich vom Lager Auschwitz zu den sechs Kilometer weit entfernten IG-Baustellen. Am Abend schleppten sie ihre Toten zurück, die beim Lager-Appell mitgezählt werden mußten. Von den rund 35000 Zwangsarbeitern, die bis Kriegsende die «IG Auschwitz» durchliefen, kamen 25000 bei den Bauarbeiten ums Leben.

Doch weder barbarische Strafmaßnahmen der SS noch zusätzliche Nahrungsrationen der IG – Häftlingsjargon: «Buna-Suppe» – konnten bewirken, daß die ausgemergelten KZ-Insassen das festgelegte Arbeitssoll erfüllten. Die Fertigstellung der Fabrikationsanlagen verzögerte sich immer wieder.

Um die Zwangsarbeiter besser kontrollieren zu können, entschied sich der IG-Vorstand schließlich, in unmittelbarer Nähe der Baustellen ein eigenes Konzentrationslager zu errichten. In dem IG-Lager – Baukosten: fünf Millionen Reichsmark – hatte die SS nur noch die Straf- und Aufsichtsgewalt; für die Unterbringung und Versorgung der Häftlinge war allein die IG zuständig.

Damit entfielen zwar die täglichen kräftezehrenden An- und Abmärsche der KZ– Arbeiter; doch ihre Lage besserte sich kaum. So waren etwa die Krankenreviere im IG-Lager derart unzulänglich, daß sogar die SS nach Abhilfe verlangte – ein Ansinnen, das die Unternehmensleitung mit Hinweis auf die Kosten zurückwies.

Später erweiterte sie die Krankenbaracken, erließ aber eine Verfügung, wonach maximal fünf Prozent der Lagerinsassen gleichzeitig krank sein durften und der Aufenthalt im Krankenrevier auf höchstens zwei Wochen je Häftling begrenzt blieb. Wer länger arbeitsunfähig war, wurde «selektiert» und abgeschoben.

Und weiterhin trieben die SS-Aufseher die Gefangenen zu einem mörderischen Arbeitstempo an. «Faulheit» oder «Drückebergerei» wurden – oft auf schriftlichen Antrag der IG-Angestellten – mit drakonischen Strafen geahndet: Nahrungsentzug, Auspeitschung oder Erhängen.

Trotz allem erwies sich das Unternehmen letztlich als Fehlschlag. Die Buna-Fabrik in Auschwitz ging nie in Betrieb, die Öl-Produktion blieb minimal. Dennoch hat sich die IG-Farben mit dem Projekt Auschwitz einen einmaligen Platz in der Wirtschaftsgeschichte gesichert. Durch Übernahme der

Nazi-Methoden fiel der Konzern hinter den Stand der traditionellen Sklavenwirtschaft zurück, die ihre Zwangsarbeiter immerhin pfleglich behandelt hatte.

In der «IG Auschwitz» aber waren die Häftlinge nicht wertvolles Investitionsgut, sondern nur billiger Rohstoff. Wenn alle Energie aus ihnen herausgepreßt worden war, wurden sie nach Birkenau transportiert – in die Gaskammern und Krematorien des Vernichtungslagers.

Vor dem Nürnberger Sieger-Tribunal präsentierten sich die modernen Sklavenhalter, vertreten durch insgesamt 60 Anwälte, als arglose Geschäftsleute. Nach 152 Verhandlungstagen sprach das Gericht dreizehn angeklagte IG-Manager schuldig; sie wurden zu Gefängnisstrafen zwischen eineinhalb und acht Jahren verurteilt – ein Strafmaß, so Chefankläger Josiah DuBois, das «leicht genug» war, «um einen Hühnerdieb zu erfreuen»[25].

Explosion ab '43

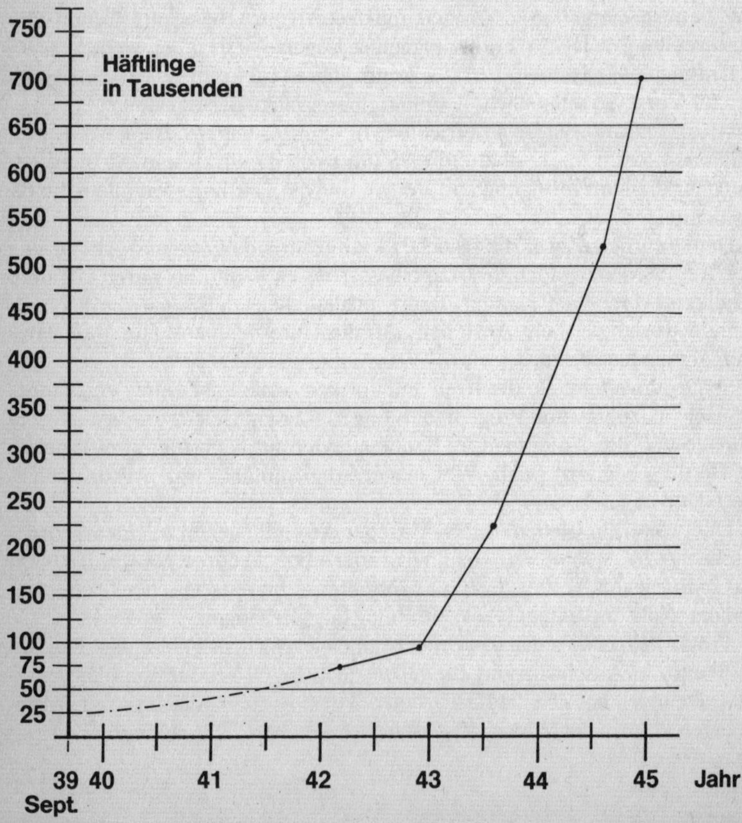

Töten war Routine

Das Arbeits- und Vernichtungslager Majdanek

Majdanek – der Name des nach Auschwitz größten Todeslagers der Nazis, ist in Polen jedem Schulkind geläufig, bei uns jedoch trotz eines jahrelangen Prozesses in Düsseldorf fast unbekannt. Mindestens 250000 Menschen wurden dort ermordet. Sie wurden erschossen, gehenkt, totgeprügelt oder vergast, in jenem Arbeits- und Vernichtungslager nahe der Stadt Lublin im heutigen Südosten Polens. Im Herbst 1941 hatten die Nazis mit seinem Bau begonnen, Ende Juli 1944 befreite die Rote Armee die Überlebenden. Dazwischen lagen für Zehntausende von Häftlingen ihre letzten und schwersten Monate, Wochen oder auch nur Tage.

Die Torturen für die Häftlinge begannen schon bei ihrem Eintreffen im Lager. Sie mußten sich vor einer Holzbaracke aufstellen und sich ganz ausziehen. Die SS-Wächter nahmen ihnen alles ab: Kleidung, Wäsche, selbst persönliche Dinge wie Fotos und Briefe, zum «Aufbewahren», wie es wider besseres Wissen hieß. Dann wurden den Häftlingen die Haare kurzgeschoren, anschließend ging es ins Bad. Der Pole Dr. T. Kosibowicz berichtet[27]:

Aus dem Schulungs-Bilderbuch «Falsch – Richtig»[28]

Bibelforscher lila, Saboteure schwarz

Die Häftlinge wurden je nach Nationalität und Grund der Einlieferung mit bunten Dreiecken gekennzeichnet. Politische Häftlinge trugen rote Dreiecke, die Kriminellen grüne, die Bibelforscher und Anhänger anderer Religionssekten violette, Saboteure, Landstreicher und Arbeitsverweigerer schwarze, die Homosexuellen rosa. Die Juden wurden mit dem Davidstern gekennzeichnet, der aus einem gelben und einem roten Dreieck bestand. Polen bekamen grundsätzlich rote Dreiecke, ungeachtet der Umstände, unter denen sie festgenommen wurden: bei Razzien im Zug oder auf der Straße, mit der Waffe in der Hand, mit Konspirationsblättern oder mit Lebensmitteln, die für die Familie oder zum Weiterverkaufen bestimmt waren.

Die Farbe des Dreiecks war für den Häftling praktisch ohne Bedeutung, denn von wenigen Ausnahmen abgesehen, wurden alle gleich behandelt. Vorzüge genossen nur deutsche Kriminelle, die verschiedene Funktionen in der sogenannten Häftlingsselbstverwaltung ausübten.

In das Dreieck wurde mit schwarzer Tusche der Anfangsbuchstabe der Nationalitätsangehörigkeit des Häftlings eingetragen, zum Beispiel «P» – Pole, «T» – Tscheschoslowake, «F» – Franzose, «D» – Däne. Die Dreiecke der Häftlinge deutscher Nationalität hatten keinen Buchstaben, und sie unterschieden sich auch dadurch, daß ihre Spitze nach oben gerichtet war, während die Dreiecke der übrigen Häftlinge die Basis oben hatten.

Die sowjetischen Gefangenen hatten statt der Dreiecke auf die Jacken und Hosen mit gelber Ölfarbe gemalte Buchstaben SU.

Häftlinge, bei denen man mit einem Fluchtversuch rechnete oder die als besonders gefährlich galten, hatten zusätzlich unter den Dreiecken sogenannte Fluchtpunkte – weißrote Leinenpunkte.

Man begann die Häftlinge systematisch zu numerieren. Die Nummern sollten die verschiedensprachigen Vor- und Familiennamen ersetzten, und damit die letzte persönliche Eigenschaft der Menschen, die das Eingangstor des Lagers überschritten hatten, beseitigen.

Die Nummern wurden in runde oder dreieckige Bleche eingepreßt und mußten ständig auf dem Hals getragen werden. Diesselbe Nummer, mit Tusche auf kleine rechteckige weiße Leinwandschnitzel aufgetragen, mußte vorn oben auf die Jacke und auf die Hose angenäht werden.

In Majdanek wurden die Häftlinge nicht laufend numeriert, sondern die «Zugänge» bekamen die Nummern der Toten. Mit diesem System konnte man die Zahl der Häftlinge tarnen. Aus demselben Grunde wurden Menschen, die von vornherein zur Ermordung bestimmt waren, oder sowjetische Gefangene nicht numeriert, und die Frauen bekamen gesonderte Nummern. Infolgedessen kamen die Nummern in Majdaneck bis kaum 20000, obwohl hier oft zur gleichen Zeit über 40000 Personen gefangengehalten wurden.

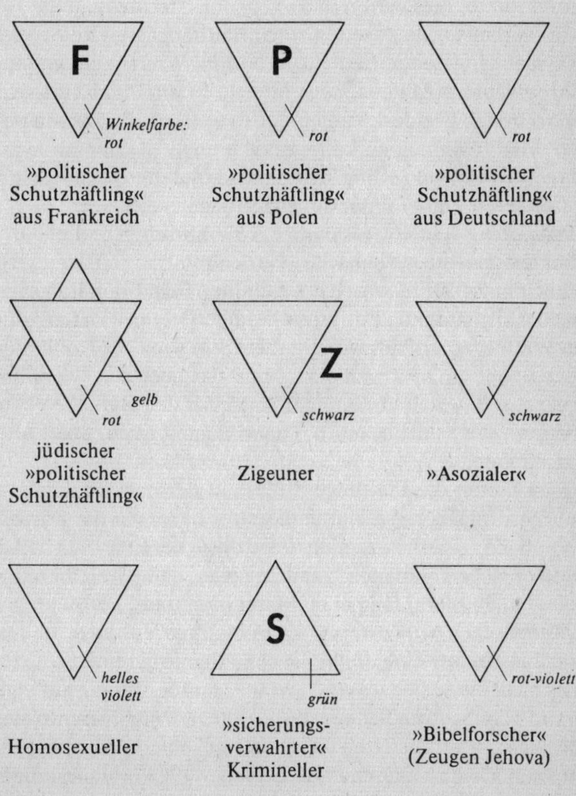

«Als die ersten Transporte kamen, gab es in Majdanek keine Badeanstalt ..., sondern nur ein Gerüst des Gebäudes ohne Türen, Fenster, Fußböden ... Und hier standen einige große, mit kaltem, nach Lysol stinkendem Wasser gefüllte Fässer, in die die Häftlinge bei Kälte und Zugluft der Reihe nach hineinsprangen, und die SS – Männer drückten die Badenden spaßhalber unter das Wasser. Der so desinfizierte Häftling kam aus dem Faß halb erfroren und roch nach Lysol – er geriet aus dem schmutzigen Wasser direkt bis an die Knöchel in den Morast und wurde von den SS-Männern mit Peitschenhieben zur Eile angetrieben ... In dasselbe Wasser sprangen natürlich Hunderte von Häftlingen ...»

Diese Prozedur wurde etwas erträglicher, als die Nazis Duschen mit Zentralheizung errichteten. Dennoch: sich gründlich zu waschen, blieb unmöglich, es gab weder Seife noch Handtücher. Von der Laune des diensthabenden SS-Mannes hing es ab, ob aus den Duschen kochend heißes oder eiskaltes Wasser strömte. Geschoren und «gebadet» steckte man die Häftlinge in verdreckte, verlauste, nicht selten sogar blutbefleckte Uniformen aus dünnem, weiß-blau längsgestreiftem Stoff. Nur im Winter genehmigten die Bewacher ihren Opfern Mützen, ungefütterte Mäntel und Holzschuhe. Den SS-Männern in der Kleiderkammer war es egal, ob die Sachen paßten oder nicht: die einen bekamen zu kurze und zu enge Kleidung, die anderen zu weite. Gegen Regen und Kälte schützte sie ohnehin kein bißchen. Schals, Pullover und selbst Papier unter der Jacke waren verboten.

Trotz häufiger Nachtfröste sammelte die SS schon jeweils im März die «Winterbekleidung» gewissenhaft wieder ein.

Die schneidende Kälte war ein schlimmer Feind der Lagerinsassen: in den zugigen Holzbaracken mit ihren dünnen Bretterwänden voller Ritzen war es im Winter fast so kalt wie draußen. Ein winziger Kohleofen im Mittelgang der Behausung wärmte wenig und das auch nur, wenn man direkt um ihn herum saß. Auch im Sommer war es in den Baracken kaum auszuhalten. Fenster gab es nicht, nur ein paar kleine Luken. Die Luft war muffig, dumpf; es stank.

Anfangs schliefen die Häftlinge direkt auf der nackten Erde, nur durch eine dünne Strohschicht «geschützt». Später bekamen die Baracken Holzfußböden und die Lagerinsassen Papierstrohsäcke. Erst 1943 ließ die Lagerleitung Holzpritschen einbauen, zunächst zwei, dann drei übereinander. Jede Baracke – 40,80 Meter lang, 9,60 Meter breit und 2,65 Meter hoch – wurde mit 250 Pritschen vollgestopft. Zwei bis drei Häftlinge teilten sich ein Bett. Jeder bekam nur eine dünne Decke, die nie gereinigt wurde. Bettwäsche gab es nicht. Wer sich waschen wollte, mußte Wasser auf eigene Faust besorgen: im Winter löste Schnee das Problem. Waschgeschirr war die blecherne Eßschüssel. Oft badeten die Häftlinge monatelang nicht, und solange trugen sie auch ihre Wäsche. Ab Sommer 1943 erhielten die Baracken Latrinen und primitive Waschräume.

Solche Zustände machten das lager zum Tummelplatz von Läusen und Flöhen, die die Pein der Häftlinge erheblich verstärkten. Die Polin R. Bartczak berichtet:

«Es fällt schwer, die Qual zu beschreiben, wenn sich einer ins Bett legen mußte, das von Ungeziefer nur so wimmelte. Die ersten Nächte verbrachte ich schlaflos und wehrte mich verzweifelt. Aber nach einer Woche war ich derart erschöpft, daß ich keine Kraft mehr dazu hatte.»

Täglich Hunger

Kraft aber brauchten die Häftlinge, um zu überleben. Doch das bißchen Nahrung, das die SS ihnen zubilligte, reichte nie. Hunger gab es täglich, nur 30 Pfennig durfte kosten, was die systematisch ausgemergelten Häftlinge aus einem verbeulten Blechnapf oder einer schäbigen Tasse zu sich nahmen: morgens einen halben Liter Ersatzkaffee ohne Zucker oder «Kräutertee»; mittags einen Liter Suppe aus Kohl, verfaulten Kartoffeln oder Rüben, ohne ein einziges Gramm Fett; abends wieder «Kaffee», 200 Gramm Brot, das mit Holzspänen gebacken wurde. Manchmal gab es statt Brot drei bis fünf gammelige Kartoffeln, nur zweimal in der Woche einen Löffel Sirup, Margarine, Magerkäse oder eine Scheibe Pferdewurst. Gegessen wurde stets unter freiem Himmel, ohne Löffel, Messer oder Gabel. Nie gab es Obst, nie Gemüse, nie Milch, nie Fleisch. Die Folgen für die Häftlinge: äußerste Erschöpfung, viele Krankheiten.

Häftling J. Korcz erinnert sich:

«Die meisten waren schrecklich ausgehungert ... ihr Gang war unsicher, die Augen waren erweitert und voll Angst, das Gesicht weißgelb ... die zitternden und mageren Hände griffen nach der Wand. Andere waren angeschwollen, mit Augen wie Ritze, mit Beinen wie Klötze ... Es waren Junge und Alte, aber alle waren im Gesicht so schrecklich verändert, daß man manchmal Bekannte nur mit Mühe erkennen konnte.»

Eine Tagesration in Majdanek bestand aus etwa tausend Kalorien, obwohl ein schwer arbeitender Mensch durchschnittlich rund fünftausend benötigt. Und schwer arbeiten mußten die Lagerinsassen. Ihre Kraft sollte Schritt für Schritt zerstört werden und zugleich Gewinn bringen. Die Häftlinge schufteten in sogenannten «Kommandos», einige von ihnen in Betrieben nahe Lublin, die meisten jedoch im Lager selbst. Sie errichteten Barakken, bauten Straßen, legten Stromkabel und Kanalröhren, arbeiteten als Schuster, Schneider, Tischler oder Gärtner. Sonntagsruhe gab es nicht. Von Oktober bis Mitte April dauerte die Arbeit neun Stunden, von 6 Uhr 30 bis 15 Uhr 30, in den Sommermonaten von 6 bis 18 Uhr mit einer Stunde Mittagspause. Während der Arbeit durften die Häftlinge nicht sprechen und nicht verschnaufen, sonst hagelte es Schläge und andere Strafen.

Arbeit unter Peitschenhieben

Wenn es keine eigentliche Arbeit gab, ließen die SS-Männer eine zwecklose Tätigkeit verrichten, um die Häftlinge körperlich und geistig weiter zu zermürben. Beispiele: Im Sommer 1943 trugen rund tausend Jüdinnen Komposterde von einem Ende der Gärtnerei zum anderen. Schwache und kranke Frauen mußten den ganzen Tag über marschieren – mit einem Ziegel oder einem großen Stück Rasen in den Händen. Die Männer brachten im Laufschritt Erde in Tragkästen von einem Feldende zum anderen und wieder zurück. Der Kapo wachte mit der Peitsche in der Hand, damit niemand das Tempo verlangsamte. Viele Häftlinge starben bei der Arbeit, viele schafften nicht mehr mit eigener Kraft den Weg zu ihrer Baracke. Ein ehemaliger Häftling beschreibt die Rückkehr von der Arbeit:

«Die ins Lager zurückkehrenden Kommandos zogen auf Schlitten Haufen von Leichen; den noch Lebenden mußte man unter die Arme greifen; hinter dem Tor freigelassen, krochen sie in die Baracken, indem sie sich mit Händen und Füßen über den eisbedeckten Platz vorwärtskratzten. Manchen gelang es, sich bis zur Baracke hinzuschleppen und sie versuchten, sich an der Wand aufzurichten, aber sie konnten sich in dieser Lage nicht lange halten.»

Nach der Schinderei bei der Arbeit begann die Tortur der Apelle, oft bis spät in die Nacht hinein. Alle mußten dabei sein, Schwerkranke und sogar Tote wurden neben die Angetretenen gelegt. Gelang einem Häftling die Flucht, gab es Sonderappelle: strammstehen, bis die SS wußte, wer fehlte. Die dann fälligen Strafen wurden vor den Augen aller vollzogen. Prügel waren gang und gäbe. Die Häftlinge mußten sich auf spezielle Prügelböcke aus Holz legen, ehe die Stock- oder Peitschenhiebe auf sie herabprasselten, 25 mindestens, manchmal sogar hundert. Die SS war erfinderisch, wenn es um das Austüfteln neuer Strafen ging: Gefürchtet war das «Baumhängen»: Dem Delinquenten wurden die Hände auf dem Rücken gefesselt, ehe man ihn daran an einem Pfahl aufknüpfte. Oder man ließ die Häftlinge bei Essensentzug zwischen der elektrisch geladenen Umzäunung stundenlang verharren. Mißlang ein Fluchtversuch, endete der Häftling am Galgen, und auch dabei mußten alle zusehen.

Ohne Chance gegen Seuchen

Wenn den Häftlingen ausnahmsweise mal ein Bad, ein Wäschewechsel oder eine Desinfizierung genehmigt wurde, machten die SS-Leute auch dies zu einer Qual. Hungernd und frierend ließen sie die Lagerinsassen mehrere Stunden nackt draußen vor der Baracke stehen, ehe sie eintreten durften. Da war es kein Wunder, daß sich Krankheiten in den erschöpften Körper einnisteten. Mangelnde hygienische Bedingungen und unzureichende ärztliche Versorgung ließen aus zunächst scheinbar harmlosen Beschwerden lebensbedrohende Leiden werden. Seuchen hatten in den verlausten Baracken, im ungewaschenen Geschirr ideale Entstehungsherde. In der ersten Zeit blieben kranke Häftlinge in Majdanek zwischen ihren noch gesunden Kameraden liegen, doch die Ansteckungsgefahr gerade bei dem häufig auftretenden Flecktyphus war enorm und bedrohte auch das Wachpersonal. Die SS wußte Rat: Sie erschoß die Kranken. Als es später zu viele wurden, genehmigte die Lagerleitung eine Krankenbaracke, im Lagerjargon «Revier» genannt. Aufnahmebedingung: 38 Grad Morgentemperatur. Hier waren die Kranken zwar isoliert, von Heilung konnte aber keine Rede sein.

Die inhaftierten Ärzte taten ihr möglichstes, doch sie hatten nur selten eine Chance. Es fehlte selbst an den simpelsten Arzneien, nicht einmal Jod zur Desinfizierung von Wunden war zu haben. In der Lagerapotheke lagen nur Zink- und Ichthyolsalbe, ein weißes Puder gegen Durchfall, Holzwatte und Papierbinden. Normalerweise teilten sich zwei Kranke eine Pritsche. Starb einer, kam ein neuer auf sein altes Bettzeug! Die «Patienten» wurden nie gewaschen und bekamen die gleiche schlechte Kost wie die übrigen Häftlinge. Am ersten Tag gingen sie sogar ganz leer aus, weil sie noch nicht auf der Krankenliste standen.

Aus dem Schulungs-Bilderbuch «Falsch – Richtig»[30]

Die Ärzte der SS machten schon bei der Aufnahme ins Revier ihr Desinteresse deutlich. Sie ließen die Häftlinge auch hier in langer Schlange warten, besahen sie in Meterabstand nur flüchtig. Vermeintliche Simulanten wurden grob beschimpft. Um die Typhussäle machten die SS-Mediziner einen großen Bogen, nur gelegentlich selektierten sie die Schwerkranken für die Gaskammer. Erst als karitative Verbände Medikamente, Instrumente, Diätsuppen und andere Lebensmittel ins Lager liefern durften, besserte sich die Überlebenschance im «Revier».

Dennoch: Verglichen mit anderen Lagern war die Sterberate in Majdanek extrem hoch: Im September 1943 zum Beispiel lag sie zwischen 2 und 3 Prozent. (Zum Vergleich: Dachau 0,32 Prozent, Sachsenhausen 0,78 Prozent, Buchenwald 1,22 Prozent, Mauthausen 1,01 Prozent, Neuengamme 2,12 Prozent). J. Korcz, der Anfang 1943 nach Majdanek kam, berichtet:

«Die Leute starben in den Blocks zu Zehnten. Sie waren in zwei, drei Tagen tot. Manchmal ging ein kraftstrotzender Mann unter den Augen zugrunde; es gab keine Rettung, von nirgendsher kam Hilfe. Der Tod erntete in erster Reihe Alte, Kränkliche und diejenigen, die zusammenbrachen.»

Massenmord mit Musik

Nicht nur die Lebensbedingungen in Majdanek vernichteten die Häftlinge. Es gab sichere, radikalere Formen. Töten war Routine. Massenerschießungen kamen häufig vor, die größte fand am 3. November 1943 statt. Die SS nannte die Exekution zynisch «Erntefest», den überlebenden Häftlingen blieb jener Tag als «Blutmittwoch» in grausiger Erinnerung. 18400 Juden wurden damals in wenigen Stunden in den Erdgruben am Krematorium erschossen, vom frühen Morgen bis zur Dämmerung drückten die SS-Schergen ab. Die nackten Todeskandidaten mußten sich mit dem Gesicht zur Erde in die Gruben legen. Maschinengewehrsalven löschten ihr Leben aus. Auf die Leichenhaufen mußten sich die nächsten Opfer legen, bis die Grube voll war. Um das Geschrei der Ermordeten zu übertönen, hatte die SS spezielle Lautsprecherwagen aufgestellt, aus denen unablässig Musik dröhnte.

«Ich hab an meinen Urlaub gedacht»

Als im Sommer 1976 im Düsseldorfer Majdanek-Prozeß nach dem «Erntefest» gefragt wurde, meinte der Zeuge Johann Barth, der für diesen «Einsatz» nach Majdanek abkommandiert war, kaltschnäuzig: Manche haben geschrien und geweint und haben uns angefleht – um ihr Leben gebeten, aber wir konnten ja nicht helfen.»

Auch SS-Sturmmann Franz Bauer erinnert sich ans «Erntefest». Eines Tages habe es Alarm gegeben. Ein Teil der Hundestaffel wurde zur Sicherung des Lagers nach draußen geschickt. Aus Lublin brachten Lastwagen SS- und Polizeieinheiten; die Absperrung wurde verstärkt. Zwei Stunden später kamen die Häftlinge, «etliche Hundert», wie Bauer schätzte. «In der Überzahl Männer. Frauen waren auch dabei, Kinder – ich glaube nicht, daß die dabei waren». Auch hier irrt Zeuge Bauer; Kinder wurden ebenfalls erschossen, viele in den Armen ihrer Mütter. Frage des Richters: «Hat es sich rumgesprochen, was da passierte?» Bauer: «Also ich hab an meinen Urlaub gedacht.»

Die meisten Menschen starben in Majdanek jedoch in einer der sieben Gaskammern. 7711 Kilogramm des Mordgases Zyklon B wurden dabei verbraucht. Um die Häftlinge bis zuletzt im unklaren zu lassen, wohin man sie führte, hatte die SS Schilder mit der Aufschrift «Bad und Desinfektion» über dem Eingang zur Gaskammer anbringen lassen. Auf Geheimhaltung der Massenvernichtungen legte man großen Wert, sie wurden deshalb meistens nachts durchgeführt. Die Leichen der Vergasten verbrannten Häftlingssonderkommandos in Krematorien, gelegentlich, wenn es allzu viele waren, auch auf Scheiterhaufen im Freien.

Nichts davon gewußt?

Spiegel-Eigner Rudolf Augstein (Jahrgang 1923) beteuert[31]: «Ich habe es nicht gewußt. Erst nach Kriegsende erfuhr ich, daß die Nazis die Juden systematisch ermordet hatten. Auf diese Idee war selbst ich, der ihnen alles zutraute, nicht gekommen ...»

Eine Woche nach diesem Bekenntnis konnte der *Spiegel*-Leser allerdings im gleichen Blatt dann allerdings lesen[32]:

«... die ältere Generation wird sich eine überzeugendere Antwort als die bisher gewohnte Standard-Formel ‹Wir haben es nicht gewußt› einfallen lassen müssen. In vielen Einzelfällen mag die Formel durchaus zutreffen, und doch enthält sie nur eine Halbwahrheit.

Denn: Gerade die Geschichte der Todesfabrik Auschwitz offenbart, daß allzu viele Bereiche der Gesellschaft oder ‹Volksgemeinschaft›, wie das damals hieß, in das Mord- und Plünderungssystem der Konzentrationslager verstrickt waren. Auschwitz war nicht nur eine Sache von ein paar SS-Männern.

Der ehemalige Auschwitz-Häftling Hermann Langbein, von den Historikern als Experte geschätzt, zählt auf, wer noch dazugehörte: ‹Zehntausende SSler wirkten dabei mit, ebenso ungezählte Eisenbahner, viele Bürokraten waren mit der Organisation dieses Mammutunternehmens, mit der Jagd nach den Opfern und ihrer Internierung amtlich befaßt. Tausende waren mit der Verwertung dessen beschäftigt, was als Nebenprodukt abfiel: Die Kleidung (der Ermordeten) wurde ins Reich geschickt, Frauenhaar ging in großen Ballen an Fabriken zur industriellen Verarbeitung ab, Barren von eingeschmolzenem Zahngold liefen Monat für Monat in der Reichsbank ein.›»

Ein anderer Pressezar, Henri Nannen[33], fragt selbstkritisch: «... als man sie dann abholte, die Weiss', die Levis, die Cohns und die mit dem deutschen Namen Windmüller und Visser und Glöss und wie in meiner Heimatstadt Emden die Juden hießen, wohin kamen sie? ...

Theresienstadt, Auschwitz, Treblinka, Majdanek – hielt einer das für Landesverschickungsheime für ‹Andersrassige›? Aussonderungsrampen auf den Endbahnhöfen in Polen; die einen, weil noch bei Kräften, zur Arbeit, die anderen gleich ins Gas – das sollte sich nicht bis in die Heimat herumgesprochen haben? So genau freilich nicht, dank der Diskretion, mit der die Mordmaschine lief. Aber wer sich nicht Augen und Ohren zuhielt und das Gehirn abschaltete, dem blieb nicht verborgen, daß hier das perfekteste Verbrechen seinen Weg nahm.

Wir hätten es wissen müssen, wenn wir es nur hätten wissen wollen. Wer Soldat im Osten war, dem konnten die Judenerschießungen, die Massengräber und beim Rückzug die ausgebuddelten und verbrannten Leichenberge nicht verborgen bleiben. Ich jedenfalls, ich habe gewußt, daß im Namen Deutschlands wehrlose Menschen vernichtet wurden, wie man Ungeziefer vernichtet. Und ohne Scham habe ich die Uniform eines Offiziers der deutschen Luftwaffe getragen.

Ja, ich wußte es, und ich war zu feige, mich dagegen aufzulehnen.»

Widerstand hinter Stacheldraht

Im Frühjahr 1941 ereignete sich in Buchenwald Unerhörtes: Ein jüdischer Häftling zeigte einen SS-Mann an. Was war passiert?

«Im Arbeitskommando ‹Truppengarage› hatte Scharführer *Abraham* den in Wien sehr bekannt gewesenen Filmunternehmer *Hamber* in ein Wasserloch geworfen und war so lange mit den Füßen auf seinem Opfer – zur Strafe natürlich! (daß er nämlich Jude war) – herumgetrampelt, bis er elend gestorben war! *Hambers* überlebender Bruder ging zum ersten Schutzhaftlagerführer und zeigte den Mord an. Daraufhin wurde das gesamte Kommando ans Tor gerufen, um ‹die Wahrheit zu sagen›. Keiner wagte auszusagen, daß er etwas gesehen habe. Alle wurden notiert, anschließend in ihre Blocks geschickt.»[34]

Das Risiko, das der Bruder des Ermordeten auf sich genommen hatte, war immens. Er selbst äußerte: «Ich weiß, daß ich für diese Anzeige sterben muß.» Er sollte recht bekommen.

«Gegen neun Uhr abends wurde *Hamber* erneut ans Tor gerufen, kam aber nach einer halben Stunde zur Überraschung aller wieder zurück. Der Kommandant *Koch*, der Adjutant, die Lagerführer, der Lagerarzt, der Rapportführer hatten ihn vernommen. *Koch* hatte ihm folgendes erklärt: ‹Wir wollen von dir die volle Wahrheit wissen. Ich gebe dir mein Ehrenwort, daß dir nichts geschehen wird.› *Hamber* wiederholte seine Angaben. Um halb zwölf Uhr nachts wurde er dann erneut gerufen und kam nicht mehr. Er ist vier Tage später tot aus dem Arrest gebracht worden.»

Seine Hoffnung war gewesen: «Vielleicht werden sich diese Verbrecher in Zukunft etwas zurückhalten, wenn sie mit der Möglichkeit von Anzeigen rechnen müssen. Dann bin ich nicht umsonst gestorben.» Das war eine Illusion. Nicht nur, daß sein Protest die anderen Häftlinge kalt ließ – sein Verhalten war verantwortungslos:

«Die Aussage der Zeugen, daß sie nichts gesehen hätten, half ihnen nicht, ihr eigenes Leben zu retten. *Hambers* an sich mutige Tat riß alle anderen mit in den Tod. Nach drei Tagen wurden fünf von ihnen ans Tor gerufen und in den Arrest gebracht. Innerhalb einer Woche lebte keiner mehr. Wenige Tage später kamen die nächsten fünf an die Reihe. Nach drei Wochen war der jüdische Teil des Kommandos, 29 Mann, ‹strafweise› ausgerottet.»

Individueller Protest lohnte nicht. Bei jeder Gelegenheit bleute die SS den Gefangenen diese Lehre ein:

«*Schacht- und Baukommando* Buchenwald, Frühjahr 1944. Eine Kolonne von Juden und Polen verrichtet unter persönlicher Aufsicht des SS-Bauführers Erdarbeiten auf steinigem Grund – auch für kräftige Menschen keine geringe Leistung, für abgemagerte ausgehungerte Wracks beinahe unmöglich. Nur die Angst treibt zur äußersten Kraftanstrengung an. Und die Angst ist mehr als berechtigt: der Bauführer erspäht zwei Juden, deren Kräfte schwinden. Er geht hin und erteilt einem Polen (Strzaska war sein Name) den Befehl, die beiden, die sich kaum mehr auf den Beinen halten können, einzugraben. Der Pole erstarrt – und weigert sich. Daraufhin nimmt der Scharführer einen Schaufelstiel, prügelt den Polen und veranlaßt ihn, an Stelle der zwei Juden sich in eine der Gruben zu legen. Dann zwingt er die Juden, den andern mit Erde zu überschütten, was sie in Todesangst und in der Hoffnung, selbst dem grausigen Schicksal entgehen zu können, tun. Als von dem Polen nur noch der Kopf sichtbar ist, befiehlt der SSler ‹Halt!›. Er läßt den Mann wieder herausbuddeln. Nun müssen sich die beiden Juden in die Grube legen, und Strzaska erhält erneut den Befehl, sie mit Erde zuzuschütten. Langsam füllt sich die Grube.»[35]

Erfolgreich Widerstand leisten konnte nur, wer Rückhalt im Lager besaß. Karl Wagner, seit 1936 Kapo in Dachau, wußte, wie man sich den verschaffte:

«... Du mußt dich natürlich auch einsetzen für diese Leute, du mußt auch gegen den SS-Mann auftreten. Ich sage jetzt ein Beispiel:

In diesem Kommando wurden anfangs unzählige Leute erschossen. Sie haben irgendeinen rausgeholt, haben ihn irgendwie an die Postenkette gestellt, haben ihn dort arbeiten lassen, die Postenkette ist einen Meter vorgegangen, der konnte gar nicht aufschauen, der hat das nicht gesehen, daß die vor sind und dann haben sie ihn erschossen. Und die Postenkette ist stehengeblieben. Was haben sie jetzt gemacht? Jetzt haben sie von München noch, das war noch 1940, eine Mordkommission geholt. Überlegt euch doch mal, eine Mordkommission und die Mordkommission hat festgestellt, daß der Häftling aus der Postenkette ist. Also ist der Mann auf der Flucht erschossen worden. Dann hab ich diese Kommandos so eingeteilt, daß keiner mehr weggeht, ohne daß er mir Bescheid sagt. Dann hab ich ihnen das genau nachweisen können, das heißt bereits die SS hat so eine Angst vor mir gehabt, daß sie oft bloß sagte, wo ist denn jetzt der Kapo, wenn solche Dinge vorkamen. Jetzt kannst du also nicht große Dinge machen, das fühlen die Kameraden. Aber es ist mir gelungen, mit der Zeit solch einen moralischen Druck auszuüben, daß das aufgehört hat.»[36]

Der Rückhalt bei den Mitgefangenen war unerläßlich für jede Form von Widerstand. Besser noch war, durch eine fest zusammengeschmiedete politische Gruppe abgesichert zu sein. Emil Carlebach, 1943 Blockältester der jüdischen Häftlinge in Buchenwald, erinnert sich[37]:

«(Nachdem die jüdischen Häftlinge eine Zeitlang relativ sicher gewesen waren), begann eine Zeit, von der wir nicht wissen konnten, ob das Zufall, ob das persönliche Geschichte oder Plan ist, daß jeden Tag auf die Zahl vier Häftlinge meines Blocks im Steinbruch ermordet wurden. War der vierte erschossen, war für den Tag Ruhe, am nächsten Tag wieder vier. Wir konnten uns ausrechnen, wann der letzte dran ist. Damals ging ich zu den Genossen der politischen Leitung und sagte ihnen:

Wir können das nicht mit ansehen, wir warten nicht, bis der letzte von uns tot ist, wir haben die Absicht – mit ‹wir› meinte ich die kommunistische Gruppe und unsere Freunde innerhalb des Blocks – loszuschlagen und so viele SS-Leute umzulegen, wie's geht, dann sollen die uns fertigmachen, dann fallen wir wenigstens im Kampf und lassen uns nicht abschlachten wie die Kälber ...

Und damals hat man mir dann nicht etwa gesagt: macht ruhig, was ihr wollt, bei uns gibt es sowieso keine Pläne, sondern man hat mir gesagt: laß' die Finger davon, es gibt andere Mittel. Und dann hat man tatsächlich über Bestechungen des SS-Arztes und andere Möglichkeiten erreicht, daß diese Zug-um-Zug Liquidierung aufhörte.»

Das «Internationale Lagerkomitee Buchenwald» hielt die Disziplin hoch: sie «ermöglichte vieles, was nicht nur das Leben im Lager leichter machte, sondern uns auch die Tage erleben ließ, die die Freiheit brachten». Deshalb war «man auch gegen Schädlinge aus den eigenen Reihen nicht zimperlich». Ein Beispiel[38]:

«Krause war ein alter politischer Häftling mit jahrelanger Zuchthaus- und Konzentrationslagerstrafe. In Buchenwald verkam er moralisch und fand schließlich ein unrühmliches Ende. Er verübte Einbrüche in die Desinfektion und die Effektenkammer, wo er Häftlingseigentum – Kleidungsstücke und Wertgegenstände – stahl. Einen Diamantring, eine goldene Uhr, 360 holländische Gulden und etwa 500 Dollars schwindelte er einem französischen Professor heraus, indem er den Namen eines Antifaschisten aus der Effektenkammer mißbrauchte. So trieb er es monatelang. Vorhaltungen begegnete er, indem er sagte: ‹Wenn ihr diese Dinge meldet, dann verrate ich eure Waffenverstecke und lasse einige von euch über den Rost gehen.› Das gestohlene Gut verschob er an die SS. Da er zu einer Gefahr für die Antifaschisten des Lagers geworden war, mußte er sterben. Als er wieder einmal eines Diebstahls überführt wurde, bezog er derartige Schläge, daß er an den Folgen starb.»

Der Holländer van de Poel sieht solche Formen der Selbstjustiz wesentlich kritischer[39]: «Irgend jemand hatte sich vielleicht bei einer Gruppe von prominenten deutschen Gefangenen verhaßt gemacht. Man beschloß, ihn verschwinden zu lassen ...

Der Unglückliche, dem dieser Urteilsspruch galt, wurde bei den übelsten Arbeitskommandos eingeteilt. Er wurde zur Arbeit gehetzt, ständig angebrüllt und bei dem geringsten Versehen geprügelt. Keiner durfte ihm helfen. Niemand durfte mit ihm sprechen. Nirgends durfte er ungestört auch nur seine Notdurft verrichten. Wenn er einmal Mantel oder Jacke auszog und beiseitelegte, dann verschwand dieses Kleidungsstück auf der Stelle, er selbst aber wurde wegen Veruntreuung von Lagereigentum bestraft. Bei einer Arbeit, die man mit Vorbedacht besonders schwer und gefährlich gewählt hatte, fiel er vielleicht in einen Graben; am ganzen Leibe durchnäßt, mußte er weiterarbeiten. Wenn er sich in einem Anfall von Raserei seinen Peinigern widersetzte oder wenn er vor Erschöpfung zusammenbrach, dann sorgten Schläge und Stöße, mit Vorliebe ins Gesicht, für eine Beflügelung des Arbeitseifers. War der Tag schließlich zu Ende, dann ließ man ihm keine Zeit, sich einigermaßen wieder zu erholen. Er bekam Arbeitsdienst unter Aufsicht, bis es Zeit zum Schlafengehen war. Aber kaum hatte er sich dann auf seinem Strohsack ausgestreckt, wurde er schon wieder wachgerüttelt und mußte im Waschraum Wasser pumpen. War er mit seinen Kräften am Ende, dann wurde er an den Handgelenken, die man auf seinem Rükken zusammenband, aufgehängt. Verlor er dabei das Bewußtsein, goß man ihm eimerweise Wasser über den Kopf. Kam er dann wieder zu sich, durfte er endlich auf seinen Strohsack zurückkehren.

Früh am Morgen begann das gleiche Spiel von neuem, mit kleinen Abweichungen vielleicht, aber ohne Pause, ohne Gnade systematisch weitergeführt. Ruhe gab es für den Gemarterten nicht mehr. Bis er schließlich die Kette der SS-Wachen durchbrach, unmittelbar die Hand an sich legte oder an Lungenentzündung einging. In fast allen Fällen war sein Ende gewiß. Aber niemand wurde für diesen Ausgang der Aktion verantwortlich gemacht.

Manch einer ist auf diese Weise zugrunde gegangen. Nicht wenige von ihnen waren minderwertige Charaktere, Brotdiebe, Gauner, Verräter oder Leichenschänder. Aber auch völlig Unschuldige waren darunter wie etwa der bedauernswerte George, ein Fremdenlegionär russischer Herkunft aus Marokko, der völlig zu Unrecht aufrührerischer Reden verdächtigt wurde.»

Freiwillig in der Hölle

«Einer der führenden Männer des Widerstands im Untergrund des berüchtigten Konzentrations- und Vernichtungslagers Auschwitz war ein polnischer Offizier namens Witold Pilecki, Mitbegründer der Polnischen Geheimarmee TAP (Tajna Armia Polska), die im Herbst 1939 entstand und später mit der von der polnischen Exilregierung anerkannten ‹Heimatarmee› verschmolz. Pilecki war vierzig Jahre alt – seit zwölf Jahren verheiratet, Vater einer Tochter –, als er im Spätherbst 1940 seinem Vorgesetzten einen kühnen Plan vorlegte.

Wie man wußte, existierte seit Mitte Juni 1940 in Auschwitz ein Konzentrationslager für polnische Häftlinge; Mitte August war von Warschau ein erster Transport mit tausend bis zweitausend Häftlingen dorthin abgegangen. Unter den Gefangenen hatten sich auch Angehörige der Geheimarmee TAP befunden, darunter Offiziere, die sich nicht, wie im Dezember 1939 von den deutschen Militärbehörden angeordnet, freiwillig gestellt hatten, um als Kriegsgefangene interniert zu werden. Offiziere, die bei einer Kontrolle oder Razzia angetroffen und festgenommen wurden, kamen nach Auschwitz.

Auf dieser Verfügung beruhte Pileckis Plan, den er mit Genehmigung und im Auftrag seiner Vorgesetzten im September 1940 in die Tat umsetzte.

Bei einer deutschen Straßenkontrolle in Warschau verhielt er sich so auffällig, daß er nach seinen Papieren gefragt wurde. Er zeigte seinen Offiziersausweis vor, der allerdings auf den falschen Namen Thomas Serafinski lautete. Wie erwartet, wurde er festgenommen und ein paar Tage später nach Auschwitz geschafft.

Was er plante, war folgendes: Im Lager den Widerstand zu organisieren und das Kommando der Geheimarmee TAP regelmäßig über die Zustände und Vorgänge in Auschwitz zu informieren. Für die Verbindung zwischen dem Lager und dem Geheimkommando draußen war gesorgt – Mittelsmänner und Frauen, die als Geheimkuriere in Frage kamen, standen bereit, Losungsworte waren verteilt worden. Das Nachrichtennetz funktionierte. Schon im Dezember 1940 traf Pileckis erster Bericht in Warschau ein.

Zweieinhalb Jahre lang hielt sich Serafinski alias Pilecki, Auschwitz-Gefangener Nummer 4859, in der Hölle dieses Lagers auf, wo Mitte Mai 1942 mit den täglichen Massenvergasungen begonnen wurde. Pileckis Berichte gingen nach London weiter, die ersten authentischen und sehr genauen Informationen – niemand wollte sie wahrhaben.

Gerade zu jener Zeit, als sich das Lager Auschwitz, inzwischen ein Riesenkomplex mit neununddreißig Nebenlagern, in ein Zentrum industrialisierten Massenmords verwandelte, gab es im Lager selbst einen Geheimsender, der eine direkte Funkverbindung zwischen Pileckis Widerstandsgruppe und dem schlesischen Kommando der Geheimarmee sieben Monate lang aufrecht erhielt. Die Wellenlängen und Sendezeiten waren dem Armeekommando durch Kuriere mitgeteilt worden.

Den Sender hatte man aus Einzelteilen, die nach und nach ins Lager geschmuggelt worden waren, mühsam zusammengebastelt. Er war in einem von Typhus verseuchten Teil des Lagers versteckt, den die SS zu meiden pflegte, und wurde rechtzeitig wieder stillgelegt, als man glaubte, daß man ihm auf der Spur wäre ...

Pileckis Widerstandsgruppe war nur eine unter anderen, die unabhängig voneinander und mit verschiedener Zielsetzung in Auschwitz und den dazugehörigen Nebenlagern entstanden waren. Aber Ende 1942 war es Pilecki zu einem guten Teil gelungen, ihre Tätigkeit zu koordinieren und ihren Zusammenschluß herbeizuführen.

An *defensiven Widerstand* konnte erst gedacht werden, nachdem Pilecki und seine Gruppe bei den Lagerhäftlingen, soweit sie ins Vertrauen gezogen werden konnten, stillschweigenden Rückhalt gefunden hatten. Das brauchte seine Zeit, brauchte Mut, Ausdauer, Charakterstärke. Im Dezember 1940 bestand Pileckis Gruppe, ihn selbst mitgerechnet, aus sechs Häftlingen. Im Frühjahr 1941 waren sie acht, anderthalb Jahre später, Mitte 1942, fünfhundert. Josef Garlinski, der selbst der polnischen Geheimarmee angehörte und Auschwitz aus eigener Erfahrung kennt, gab in seinem 1975 in London erschienenen Buch an, daß den Widerstandsgruppen im August 1943 insgesamt «einige tausend» Häftlinge angehörten.

Der defensive Widerstand begann mit der systematischen Unterwanderung der gesamten Lagerverwaltung, soweit sie den Häftlingen zugänglich war. Die Widerstandsgruppe versuchte, ihre besten Mitkämpfer in den Büros und Küchen, in der Krankenpflege, in den Speichern und Vorratslagern unterzubringen. Sie war darauf bedacht, möglichst viele sogenannte Kapos zu stellen – jene Häftlinge, die ihre Mitgefangenen zur Arbeit antreiben mußten –, um unnötige Härten und Brutalitäten nach Möglichkeit zu verhindern. Bewußt betriebene *taktische Kollaboration* war es, wenn – ähnlich wie im Fall der Judenräte – bei Verlegungen in andere Lager, Arbeitseinsätze und ähnlichen Gelegenheiten, eine interne Auswahl zugunsten jener Häftlinge stattfand, die vermutlich die größere Überlebenschance hatten.

Dann die organisierten Fluchtversuche, der verzweifelte Ausbruch aus der Hölle – sie wären undenkbar gewesen ohne einen festgefügten defensiven Widerstand.

Die Flucht glückte insgesamt 667 Lagerinsassen. Mit Sicherheit ist bekannt, daß 270 wieder aufgegriffen wurden. Die Ausbrecher erreichten in Nachtmärschen, von Vertrauensmännern der sozialistischen Résistance eskortiert, ein sicheres Versteck in Krakau, wo Ärzte ihnen die am Arm eintätowierte Häftlingsnummer entfernten, wo sie mit Waffen und falschen Ausweisen ausgerüstet wurden. Dann kehrten sie in Schlupfwinkel nahe Auschwitz zurück, um bei weiteren Ausbruchsversuchen behilflich zu sein. Unter den 780 Angehörigen von vier Partisanengruppen, die sich schließlich in der Nähe des Lagers für die Befreiung bereit hielten und tatsächlich in Kämpfe verwickelt wurden, befanden sich sechzehn Auschwitz-Häftlinge, deren Namen bekannt sind. Pilecki selbst brach Ende April 1943 aus dem Lager aus, kehrte in die polnische Geheimarmee zurück und kämpfte in einem ihrer Verbände während des Warschauer Aufstands im August und September 1944.»[40]

Kaum einer ahnte das Ende

Haben sich die Juden gewehrt, die in Auschwitz und anderswo direkt von der Rampe weg ins Gas geführt wurden? Nur die wengisten ahnten, was ihnen bevorstand. Auf sie hatte die SS ein wachsames Auge. Dazu Auschwitz-Kommandant Höß[41]: «Machte sich Unruhe bemerkbar, so wurden die Unruheverbreiter unauffällig hinter das Haus geführt und dort mit dem Kleinkalibergewehr getötet, das war von den anderen nicht zu vernehmen.»

Die meisten Juden ließen sich täuschen. Höß notierte[42]:

«Das Vorhandensein des Sonderkommandos und dessen beruhigendes Verhalten besänftigte die Unruhigen, die Ahnenden. Weiterhin wirkte beruhigend, daß einige vom Sonderkommando mit in die Räume hineingingen und bis zum letzten Moment darinblieben, ebenso blieb bis zuletzt ein SS-Mann unter der Türe stehen. Wichtig war vor allen Dingen, daß bei dem ganzen Vorgang des Abkommens und Entkleidens möglichst größte Ruhe herrschte. Nur kein Geschrei, kein Gehetze. Wenn sich einige nicht ausziehen wollten, mußten schon Ausgezogene helfen oder die vom Sonderkommando. Mit gutem Zureden wurden auch Widerspenstige besänftigt und ausgezogen. Die Häftlinge des Sonderkommandos sorgten auch dafür, daß der Vorgang des Entkleidens schnell vor sich ging, damit den Opfern nicht lange Zeit zu Überlegungen blieb. Überhaupt war die eifrige Mithilfe der Sonderkommandos bei dem Entkleiden und dem Hineinführen in die Gaskammern doch eigenartig. Nie habe ich erlebt, habe auch nie davon gehört, daß sie den zu Vergasenden auch nur das geringste von dem ihnen Bevorstehenden sagten. Im Gegenteil, sie versuchten alles, um sie zu täuschen, vor allem die Ahnenden zu beruhigen. Wenn sie den SS-Männern nicht glaubten, aber den eigenen Rassegenossen (schon aus Gründen der Verständigung und auch der Beruhigung wurden die Sonderkommandos immer aus den Juden zusammengesetzt, die aus den Ländern stammten, aus denen die Aktionen gerade anliefen) glaubten sie zuversichtlich. Sie ließen sich von dem Leben im Lager erzählen und fragten zumeist nach dem Verbleib Bekannter oder Familienangehöriger aus früheren Transporten. Was die vom Sonderkommando denen alles vorlogen, mit welcher Überzeugungskraft, mit welchen Gebärden sie das Gesagte unterstrichen, war interessant. Viele Frauen versteckten ihre Säuglinge in den Kleiderhaufen. Die vom Sonderkommando paßten da ganz besonders auf und redeten der Frau so lange zu, bis sie das Kind mitnahm. Die Frauen glaubten, daß die Desinfektion den Kindern nicht gut täte, daher das Verstecken. Die kleinen Kinder jammerten meist ob des Ungewohnten beim Ausziehen, doch wenn die Mütter gut zuredeten, oder die vom Sonderkommando, beruhigten sie sich und gingen spielend, sich gegenseitig neckend, ein Spielzeug im Arm, in die Kammern.»

Die Täuschungsmanöver, die die SS inszenierte, taten also ihre Wirkung. Könnte nicht doch noch alles gut werden? Massenhafte Empörung blieb jedenfalls aus – nur vereinzelt spielten sich erschütternde Szenen ab. Rudolf Höß:

«Eine Frau trat einmal im Vorbeigehen ganz nahe an mich heran und flüsterte mir zu, indem sie auf ihre vier Kinder zeigte, die sich brav angefaßt hatten, um die Kleinsten über die Unebenheiten des Geländes zu führen: ‹Wie bringt ihr das bloß fertig, diese schönen lieben Kinder umzubringen? Habt ihr denn kein Herz im Leibe?› Ein alter Mann zischelte mir einmal im Vorbeigehen zu: ‹Diesen Massenmord an den Juden wird Deutschland schwer büßen müssen.› Dabei glühten seine Augen vor Haß. Trotzdem ging er mutig in den Gasraum, ohne sich um die anderen zu kümmern. Eine junge Frau fiel mir auf, da sie übereifrig half, die Kleinkinder, die älteren Frauen, auszuziehen, immer hin und her rannte. Sie hatte bei der Aussortierung zwei kleine Kinder bei sich, sie fiel mir durch ihr aufgeregtes Wesen und durch ihre Erscheinung dort schon auf. Sie sah ganz und gar nicht nach einer Jüdin aus. Jetzt hatte sie keine Kinder mehr. Sie drückte sich bis zuletzt um die noch nicht mit dem Auskleiden fertigen Frauen mit mehreren Kindern herum, redete ihnen gut zu, beruhigte die Kinder. Mit den letzten ging sie in den Bunker. Im Türrahmen blieb sie stehen und sagte: ‹Ich habe von Anfang an gewußt, daß wir nach Auschwitz zur Vergasung kommen, vor der Aussortierung als Arbeitsfähige drückte ich mich, indem ich die Kinder an mich nahm. Ich wollte den Vorgang bewußt und genau erleben. Hoffentlich geht es schnell vorüber. Lebt wohl!› – Ab und zu kam es auch vor, daß Frauen während des Ausziehens plötzlich markerschütternd losschrien, sich die Haare ausrissen und sich wie wahnsinnig gebärdeten. Schnell wurden sie herausgeführt und hinter dem Haus mit dem Kleinkalibergewehr durch Ge-

Häftlingszeichnung: Während die Kolonnen zur Arbeit ausrücken, werden in den Krematorien ihre ermordeten Kameraden verbrannt – ein Schicksal, von dem sie wissen, daß es sie schon morgen erwarten kann.[42]

nickschuß getötet. Es kam auch vor, daß Frauen in dem Augenblick, als die vom Sonderkommando aus dem Raum gingen und sie merkten, was nun geschehen würde, uns alle möglichen Verwünschungen zuschrien. Ich erlebte auch, daß eine Frau aus der Kammer beim Zumachen ihre Kinder herausschieben wollte und weinend rief: ‹Laßt doch wenigstens meine lieben Kinder am Leben.›

Keine Illusionen über ihr Schicksal konnten sich die Juden machen, die im «Sonderkommando» von Auschwitz an der Massenvernichtung mitarbeiten mußten – als Leichenschlepper, die die Gaskammern räumten, oder als Zahnextrahierer, die den Toten die Goldzähne herausbrachen, als Friseure, die den Frauen die Haare abschnitten, oder als Heizer, die die Öfen in Gang hielten. Sie wußten: Von Zeit zu Zeit wurde das Häftlingskommando selbst vergast. Sich zu wehren, war angesichts dieser Bedrohung fast selbstverständlich.

Wie der Aufstand ablaufen sollte, ist heute kaum mehr zu rekonstruieren. Nur soviel ist sicher: Im Sommer 1944, als Hunderttausende von ungarischen Juden ermordet wurden, war das Kommando auf über neunhundert Mann angeschwollen. Nach der Vernichtungsaktion wurde es dezimiert. Filip Müller, ein Überlebender des «Sonderkommandos»: «Als die Todesmühlen auf Hochtouren liefen, brauchten wir um unser Leben nicht zu bangen. Aber jetzt wurden doch immer weniger Häftlinge für den Betrieb der Todesfabriken benötigt. Keiner war mehr sicher.» Schon waren die ersten 200 Mann vergast worden. Das war der Auslöser. Die seit längerem gehegten Aufstandspläne sollten endlich verwirklicht werden.

Die Bedrohung verschärfte sich noch, weil die Ausbruchsvorbereitungen verraten wurden. Darum schlugen die Häftlinge vorzeitig und ohne vorherige Absprache los. Eines der Krematorien konnte in die Luft gesprengt werden; drei SS-Leute wurden getötet; einigen Häftlingen gelang sogar die Flucht aus dem Krematoriumsbereich. Das alles half nichts: «Schon bald stießen sie auf Widerstand. Offenbar waren SS-Truppen aus der Umgebung alarmiert worden und hatten sie umstellt. Nachdem sich die Flüchtlinge in einer Scheune verbarrikadiert hatten, kam es zu einem heftigen Feuergefecht, in dessen Verlauf die Scheune in Flammen aufging. Das Feuer griff so rasch um sich, daß die Geflüchteten gezwungen waren, ihre Zufluchtsstätte zu verlassen und sich der SS im Freien zu stellen. Obwohl sie alle Waffen einsetzten, über die sie verfügten, waren die Kräfte zu ungleich verteilt; denn die SS-Leute waren in der Übermacht und durchweg mit Maschinengewehren und anderen Schnellfeuerwaffen ausgerüstet. So blieb den Kameraden nichts anderes übrig, als bis zur letzten Patrone zu kämpfen.»[43]

Das Sonderkommando hatte eigentlich vorgehabt, die eigene Aktion in einen allgemeinen Lageraufstand einzubetten. Aber die Widerstandsorganisation von Auschwitz winkte ab: Zugegeben, meinten die Widerständler, die Situation des Kommandos sei unerträglich, das Lager insgesamt aber sei nicht stärker bedroht als sonst. Und solange die Front noch nicht so nahe war, daß mit Hilfe von dort zu rechnen wäre, erschienen die Erfolgsaussichten eh wenig verlockend.

So trifft der ehemalige Auschwitz-Häftling Erich Kulka den Nagel auf den Kopf: «Der Aufstand war ein Verzweiflungsakt, ohne Aussicht auf Rückendeckung.»

Besatzung

«Laßt noch ein paar übrig. Wer soll denn später mal die Dreckarbeit machen?»
(Aus: Kurt Halbritter: Adolf Hitlers Mein Kampf)

Rot und Braun Hand in Hand

Polen wird geteilt

Die Polen haben sie noch nicht vergessen, die Zeit der Okkupation, wie sie die Jahre der deutschen Zwangsherrschaft zwischen 1939 und 1944 nennen. Kaum eine Familie im heutigen Polen, die damals keine Angehörigen verlor: im Krieg gegen die Deutschen, bei den Massakern der SS und der Wehrmacht, im Widerstand oder KZ. Die Bilanz: rund sechs Millionen tote Polen.

Entschieden hatte sich Polens Schicksal in Moskau, am 23. August 1939, dem Tag des Hitler-Stalin-Pakts. In einem geheimen Zusatzprotokoll vereinbarten die beiden Diktatoren: «Für den Fall einer territorialpolitischen Umgestaltung der zum polnischen Staate gehörenden Gebiete werden die Interessensphären Deutschlands und der UdSSR ungefähr durch die Linie der Flüsse Narew, Weichsel und San abgegrenzt.»

Nach der militärischen Niederlage Polens wurde das Land durch den deutschsowjetischen Grenz- und Freundschaftsvertrag vom 28. September wie geplant geteilt. Die Sowjets kassierten die überwiegend mit Ukrainern und Weißruthenen bevölkerten Ostgebiete, das polnische Kernland mit den Städten Warschau, Lublin, Krakau, Radom, Lodz und Posen blieb von deutschen Truppen besetzt.

Die sowjetischen Besatzer kehrten mit dem eisernen Besen: Sie deportierten über eine Million Menschen, erschossen Gutsbesitzer und ließen die so eingeschüchterte Bevölkerung Schein-Wahlen für Nationalversammlungen «Weiß-Rutheniens» und der «West-Ukraine» abhalten. Die sowjetisch beeinflußten Abgeordneten «baten» prompt um die Eingliederung ihrer Gebiete in die UdSSR – schon im November 1939 entsprach der Kreml dieser Bitte.

Schnell handelten auch die Deutschen. Sie verfolgten ähnliche Ziele wie die Sowjets. Ihre Parole hieß «Lebensraum»:

– Am 8. Oktober wurde der Westen des deutschen Teilgebiets (Grenzstädte Ostrolenka, Lodz, Sosnowitz und Bielitz) unmittelbar mit dem Reich verbunden. Daten der «Eingegliederten Ostgebiete», wie die Nazis ihren Landraub beschönigend umschrieben: 95 Tausend Quadratkilometer, knapp zehn Millionen Einwohner, davon 87 Prozent Polen, 6,5 Prozent Deutsche, 6,4 Prozent Juden.

- Das Restgebiet zwischen der neuen deutschen Reichsgrenze im Westen und der vorgeschobenen sowjetischen Grenze im Osten wurde von Hitler am 12. Oktober zum «Generalgouvernement» erklärt. Dieses «Nebenland» des Reichs erstreckte sich über 94 Tausend Quadratkilometer und zählte 12,1 Millionen Einwohner.

«Dieses Gebiet für die deutsche Kultur erobern»

Eine BdM-Führerin im «Warthegau»

Die einundzwanzigjährige Melita Maschmann machte Karriere. Kaum hatten sich die deutschen Soldaten nach ihrem Sieg über Polen in ihre Quartiere zurückgezogen, war sie zur Stelle. Im November 1939 übernahm die BdM-Maid die Presseabteilung der HJ im Reichsgau Posen (später «Warthegau»). «Das Angebot, im ‹Wartheland› zu arbeiten», erinnert sie sich, «war verlockend für mich, weil dort etwas Neues aufgebaut werden mußte.»[1]

Das Wartheland war Teil der annektierten Ostgebiete – gestern also noch polnisches Territorium gewesen. Melita Maschmann fühlte sich «freilich zu Hause und sah in den Polen nur ungern geduldete Eindringlinge».

Erstaunt stellte sie fest, daß «unter den Leuten, die einem begegneten», keine «Polen der Intelligenz oder des wohlhabenden Bürgertums» anzutreffen waren. Ihr Trugschluß: «das polnische Volk setze sich aus Proletariern, kleinen Bauern und ärmlichen Bürgern zusammen. Kein Wunder, so sagte ich mir, daß es in seiner Geschichte immer wieder lange Perioden der Fremdherrschaft erleiden mußte. Offenbar war es nicht imstande, eine dauerhaft tragfähige Führungsschicht herauszubilden.»

Wovon die junge BdM-Führerin damals nichts ahnte: Unmittelbar nach Beginn des Polenfeldzugs waren Geheimbefehle an die «Einsatztruppen der Sicherheitspolizei», die der kämpfenden Truppe folgten, ergangen: Die polnische Oberschicht sollte liquidiert, die Polen zum «führerlosen Arbeitsvolk» gemacht werden. Tausende – Professoren, Ärzte, Juristen, Kaufleute, Gutsbesitzer – fielen den Mördern zum Opfer.

Elend und Verwahrlosung bestimmten Melita Maschmanns Polenbild: «Während des ersten Kriegswinters wimmelte es in Posen noch von bettelnden Kindern ... Anfangs ging ich an keiner dieser Hände vorbei, ohne etwas hineinzulegen.» Ihre «unbedachte Mitleidigkeit» bereitete ihr allerdings ideologisches Bauchweh: «Die Polen bleiben, auch wenn sie militärisch besiegt sind, gefährliche Feinde; ihre Stärke liegt in ihrer biologischen Überlegenheit.» Der Rassenkundeunterricht, in dem sie gelernt hatte, daß den «nordischen» Völkern die Vernichtung durch die kinderreichen Slawen drohe, trug Früchte: «Es ist eine Art Selbstmord, wenn wir ihre Kinder vor dem Hunger zu bewahren versuchen.» Spontanes Mitleid unterblieb künftig.

Für den Rachedurst der «Volksdeutschen», der nationalen Minderheit, hatte Melita Maschmann «ein gewisses Verständnis»: «Viele von ihnen hatten den Sieg teuer bezahlen müssen. Ein erschreckend hoher Prozentsatz der Frauen um mich herum trug Trauerkleidung. Sie hatten ihre Männer,

Söhne oder Brüder am ‹Bromberger Blutsonntag› verloren. Gerade unter der Führungsschicht der Volksdeutschen mußten die Polen an diesem Wochenende ein Blutbad angerichtet haben. Wo immer man sich an einen Tisch setzte, um dem Gespräch der Leute zuzuhören, war von dem Schrekken der ersten Kriegstage oder von dem ‹Marsch nach Lowitsch› die Rede. Bei Kriegsausbruch hatten die Polen manche Deutschen, die ihnen besonders unbequem waren, nach Mittelpolen getrieben. In der Nähe von Lowitsch war der Elendszug von deutscher Wehrmacht befreit worden.»

Terrorakte hat's im anfänglichen Kriegschaos wahrhaftig genug gegeben, auch wenn polnische Historiker nur ungern drüber reden. Die Schuldfrage läßt sich allerdings kaum klären. Nicht zuletzt die Vorgänge in Bromberg sind heute noch umstritten.[2] Entscheidend ist, daß Polen und Volksdeutsche so verfeindet waren, daß ein paar Schüsse genügten, um ein wildes Morden auszulösen.

Daß sie einmal so etwas wie Freiwild polnischer Chauvinisten gewesen waren, konnten die fanatisierten Volksdeutschen nicht vergessen. Kaum hatte der Krieg einen Ort überrollt, da vereinigten sie sich zu Selbsthilfe-Organisationen, um gegen neue Übergriffe gewappnet zu sein. Aus dem «Selbstschutz» wurde schnell ein Instrument nationalistischer Rachsucht. Aussage des Polens Jan Topór über Mordtaten des Selbstschutzes in der Nähe von Lobsens, nordwestlich von Bromberg:

«Am 10. Oktober 1939 verhaftete mich der Selbstschutz ohne Angabe eines Grundes. Nach einiger Zeit wurde ich in das Kloster zu Górka Klasztorna im Kreise Lobsens gebracht und dort sechs Monate lang in einem Keller gefangengehalten. ... auf Fuhrwerken und Autos wurden noch einige Dutzend, vielleicht fast hundert Personen gebracht.» Alle wurden geprügelt. «Viele Personen wurden während der Prügelei bewußtlos. Sie wurden von den Deutschen in die ausgehobene Grube geworfen. Die übrigen, unter ihnen auch ich, mußten sich in die Grube stellen. In diesem Augenblick eilte der Bruder eines der Schinder herbei, Eduard Rux, und rief schon von weitem: ‹He, du Schnitzer, komm her!› und er zog mich aus der Reihe der Verurteilten.» Es stellte sich später heraus, daß den Deutschen ein geschnitzter Adler gefallen hatte, den Topór vor seiner Verhaftung für einen von ihnen hergestellt hatte. «Die übrigen Verurteilten ... wurden erschossen ... Ich sah, wie Harry Schulz ein kleines Kind mit der linken Hand bei den Füßen nahm und ihm mit einer Pistole in den Kopf schoß. Ich sah, wie eine Frau neben der ausgehobenen Grube ein Kind gebar. Harry Schulz ging zu ihr, stieß mit einem Fußtritt das Neugeborene in die Grube und erschoß dann die Mutter ... In der Nacht nach der Exekution bedeckte ich zusammen mit Rux, der mich vor dem Tode gerettet hatte, die Erschossenen mit Erde. Das Grab war eineinhalb Meter lang, zwei Meter breit und nur ein Meter tief.»[3] Melita Maschmann aber, ganz idealistische Mädelführerin, empfand «Stolz, Deutschland in diesem Gebiet zu vertreten»: «Meine Gefährten und ich empfanden es als eine Auszeichnung, daß wir mithelfen durften, dieses Gebiet für unser Volk und für die deutsche Kultur zu ‹erobern›. Wir hatten durchaus den hochmütigen Elan des ‹Kulturbringers›.» Typisch ist ein Erlebnis, von dem Melita Maschmann in einem Brief 1941 berichtet: «Am letzten Mittwoch fuhr ich in meiner Freizeit mit dem Rad über Land. Dabei traf ich auf die Reste einer Burg aus der Zeit der Ordensritter. Sie liegt auf einem Hügel am Wartheufer, von dem aus man den Strom in beiden Richtungen weit überblicken kann. Mit einer Erregung, als hätte ich etwas unerhört Kostbares entdeckt, lief ich zwischen diesen Mauerresten alter Torbögen und Türme umher. Hier ist vor siebenhundert Jahren Geschichte gemacht worden, an die wir anknüpfen müssen.»

Hänsel und Gretel nur für Deutsche

Betrifft: Märchenfilme für polnische Kinder.

Im *Ostdeutschen Beobachter* vom 18. Dezember 1943 wird in der Rubrik Lichtspieltheater im Anzeigenteil angekündigt, daß in Pabianitz um 14 Uhr 30 eine Jugendvorstellung für Polen: «Fuchs du hast die Gans gestohlen» stattfindet. Ebenso wird in der Nr. 356 vom 25. Dezember 1943 mitgeteilt, daß am 25. Dezember und 26. Dezember in Pabianitz für Polen der Märchenfilm ›*Hänsel und Gretel*‹ aufgeführt wird.

Da eine Vermittlung deutscher Gemütswerte durch Märchenfilme an polnische Kinder aus grundsätzlichen Erwägungen bedenklich erscheint und hier eine Assimilierung der Polen gefördert wird, die dem Grundsatz der Volkstumspolitik in unserem Gau widerspricht, wären wir dankbar, wenn eine Anordnung an die Lichtspieltheater herausgegeben werden könnte, daß Märchenfilme für Polen nicht mehr zuzulassen sind.

Schreiben des «Reichsstatthalters im Reichsgau Wartheland» vom 18. Januar 1944 an den «Gauleiter der NSDAP».

Aktion «Umsiedlung»

Im Frühjahr 1942 übernahm Melita Maschmann die Führung eines Arbeitsdienstlagers: «Ich war froh, daß ich ein kleines Osteinsatzlager bekam, weil diese Lager nur mit einem Dutzend Mädchen belegt wurden, die sich freiwillig für den Osten gemeldet hatten und auf seine besonderen Erfordernisse vorbereitet worden waren.»

Zu diesen «Erfordernissen» gehörte die Beteiligung an einer «Umsiedlungsaktion», gemeint war: Austreibung der polnischen Bauern und Ansiedlung volksdeutscher Familien auf den zwangsgeräumten Höfen: «Im ersten Morgengrauen brachte uns ein Pferdefuhrwerk in das Dorf, in dem die Polen während der Nacht den Räumungsbefehl bekommen hatten. Ein SS-Führer erklärte uns, wozu wir gebraucht wurden: Wir sollten die leeren Häuser putzen, um sie für den Einzug der deutschen Bauern vorzubereiten, die in der Regel noch am selben Tag erwartet wurden. Seit Monaten hatten die Polen damit gerechnet, daß man sie eines Nachts innerhalb weniger Stunden von Haus und Hof vertreiben würde. Begreiflicherweise hatten viele ihr Anwesen unter diesen Umständen verwahrlosen lassen, manche mögen diesen Prozeß mutwillig beschleunigt haben. Es gab Fußböden, auf denen der Schmutz in einem so harten und dicken Belag festgetreten war, daß wir ihn mit der Spitzhacke aufreißen mußten.

Vermutlich hätten sich unsere Mädchen geweigert, in einem deutschen Haus zu arbeiten, das so weit heruntergekommen war, und ich hätte es ihnen auch kaum zugemutet. Hier schien ihnen der Schmutz nichts anhaben zu können, mit Feuereifer machten wir uns an die Arbeit. Daß die meisten Häuser dreckig waren, bestätigte uns in unserem Hochmut: Hier herrschte eben die berüchtigte ‹polnische Wirtschaft›, und wir fanden, es sei an der Zeit, daß endlich ‹ordentliche deutsche Bauern das Land und die Höfe übernahmen› ...

Wenn wir uns ausmalten, wie unglücklich die Umsiedler über die schmutzigen Häuser sein würden, machte uns die Arbeit Freude. Sobald die Zimmer leidlich gereinigt waren, kochten wir ein Eintopfgericht und stellten es für den Empfang der deutschen Bauern bereit. Dann gingen wir an die feineren Putzarbeiten und setzten sie so lang fort, bis die neuen Hausbewohner eintrafen.»

Rund 350000 Volksdeutsche – aus dem Baltikum, aus Wolhynien, Bessarabien, der Bukowina und anderen osteuropäischen Landstrichen – wurden in die «eingegliederten Gebiete», vor allem in den Warthegau, umgesiedelt. Die Propagandisten erzählten ihnen, die Stimme des Bluts habe sie gerufen. In Wirklichkeit hatten die Herren des Regimes sie aus einem sehr materiellen Grund «heim ins Reich» geholt: Großdeutschland fehlten schon längst Arbeitskräfte, das Land mit dem vermeintlichen «Volk ohne Raum» besaß nicht genug Menschen, um seine Industrie und Landwirtschaft voll auszunutzen.

1941 mußte die Eindeutschungsaktion weitgehend gestoppt werden, der Rußlandfeldzug kam in die Quere. Mangel an Transportraum, ungenügende Versorgung und Unterbringung erschwerten den weiteren Bevölkerungstransfer.

Die Leidtragenden der «Umsiedlung» waren die Polen. Es war genau vorgeschrieben, was sie mitnehmen durften: «Pro Pole ein Koffer mit Ausrüstungsstücken, vollständiger Bekleidung. Pro Pole eine Decke, Verpflegung für vierzehn Tage. Es könne pro Person 20 Zloty auf Grund der Devisenbestimmungen mit in das Generalgouvernement mitgenommen werden. Nicht mitgenommen werden dürfen: Wertpapiere, Devisen, Sparkassenbücher, Wertsachen jeder Art, Gold, Silber, Platin, mit Ausnahme des Eheringes.»

Den Volksmord geplant

War es schon hart, die eigenen Höfe räumen zu müssen, so erwartete die Polen im Generalgouvernement noch Schlimmeres. Dieser Raum war für die Aufnahme solcher Menschenmassen – bis 1941 wurden ungefähr 365000 Polen zwangsevakuiert – weder vorbereitet noch, wirtschaftlich gesehen, geeignet; das Reich beutete die Nahrungsmittel und Rohstoffe seines «Nebenlandes» rücksichtslos aus.

Die Ankunft seiner vertriebenen Landsleute im Generalgouvernement schildert Stefan Tardeusz Norwid:

«Eines Morgens Anfang Dezember (1939) sprach der Bedienstete davon, daß auf der Bahnstation ein Güterzug mit Polen aus den dem Reich einverleibten Provinzen stände. Aus den zugesperrten Wagen könne man das Weinen der Kinder und das Rufen der Erwachsenen hören. Niemand interessierte sich für den Zug, der nun schon zwei Tage da stand. An jenem Tag zeigt das Thermometer minus 20 Grad ... Während der Nacht hatten die Einwohner der Gegend den unglücklichen Gefangenen mit Wasser und Essen helfen wollen, aber die SS-Posten ließen das nicht zu und schossen auf jeden, der dem Zug zu nahe kam. Zwei Bauern wurden getötet ... Meine Zählung ergab 36 Wagen ... Um die Wagen bewegten sich einige Figuren mit schußbereiten Gewehren. Nach zwei Stunden kam eine Abteilung des sogenannten ‹Selbstschutzes› ungefähr in Kompaniestärke an ... Der Führer der Abteilung erklärte etwas lang und breit, worauf die SS-Leute sich längs des Zugs verteilten. Vor jeder Wagentür blieben zwei Soldaten mit gezogenem Revolver und Gummiknüppel stehen. Sechs Wagentüren öffneten sich gleichzeitig, und mit Lumpen und mit Decken umhüllte Spukgestalten, weiß vor Frost, sprangen heraus. Einige warfen sich sofort auf die Knie und begannen, Schnee zu essen. Sie durften sich nicht vom Zuge entfernen. Viele Frauen drückten unter ihrem Schal Kinder an sich, die gar nicht mehr am Leben waren. Mit Tritten und Schlägen wurden sie gezwungen, die kleinen Leichen in den Waggon zu legen, der für diese Zwecke bereitstand. Dann wurden die steifgefrorenen Männer zum Verlassen der Wagen aufgefordert. Zuerst warfen sie ihre Taschen und Bündel heraus, dann verzerrte tote Körper, die auf einen Haufen gelegt werden mußten. Die Frauen und Kinder standen wie versteinert und resigniert dabei und schauten auf die Leichen, unter denen sich ihre nächsten Angehörigen befanden. Als eine von den Frauen sich aus der Gruppe löste und auf die Toten zusprang, ertönte ein Schuß; eine Leiche mehr wurde auf den Haufen gelegt ... Als der Zug ausgeladen und gereinigt war, hört man ein Pfeifensignal des Befehlshabers ... und die Kompanie marschierte zu der nahe gelegenen Station ab. Nach einer Weile kam eine Lokomotive, und der Gespensterzug verschwand ... Die zwischen den Schienen stehenden sechsunddreißig Menschengruppen (insgesamt etwa zweitausend Personen) rührten sich eine ganze Weile überhaupt nicht ... Man hielt es nicht für notwendig, ihnen zu sagen, wo sie jetzt waren und warum sie hierher transportiert worden waren.» In den umliegenden Dörfern fanden die Deportierten eine notdürftige Unterkunft. Viele überlebten die Strapazen des Transports nur für kurze Zeit.[5]

Die Arbeitsmaiden, die das Aussiedlerdorf so putzwütig auf Hochglanz brachten, kümmerten solche Schicksale nicht. Melita Maschmann: Selbst wenn «wir bis zu der Einsicht vorgestoßen (wären), daß es unmöglich genug freistehende Höfe für die Ausgesiedelten im Generalgouvernement geben konnte und daß viele von ihnen der Heimatlosigkeit und bittersten Armut preisgegeben wurden, so hätte uns wohl auch diese Feststellung nicht beängstigt. Die Polen waren unsere Feinde. Wir mußten den Augenblick, in dem wir mächtiger waren als sie, ausnutzen, um sie in ihrer ‹völkischen Substanz› zu schwächen. Solche Argumente bezeichneten wir als ‹Realpolitik›. Daß wir im Grunde einen ‹Volksmord› planten, habe ich mir niemals eingestanden.»

«... wird mit zwanzig Peitschenhieben bestraft»

Was den Polen im «Warthegau» verboten war

Die Nazis produzierten eine Vielzahl von Vorschriften, um die polnische Bevölkerung im «Reichsgau Wartheland» zu schikanieren. Eine Auswahl:

«1. Jeder Pole hat jeden uniformierten Deutschen durch Abnehmen der Kopfbedeckung zu grüßen; falls keine Kopfbedeckung vorhanden ist, durch Verbeugung zu grüßen. Ausgeschlossen sind Frauen und Mädchen.
2. Das Umherstehen auf Straßen und in Hausfluren ist verboten.
3. Das Halten der Hände in den Taschen ist verboten. Gegen den Verstoß dieser Anordnung wird der Schuldige mit 20 Peitschenhieben bestraft.
4. Weiter habe ich angeordnet, daß ab sofort alle Autos, Motorräder, Fahrräder und Radioapparate auf dem Polizeirevier abzuliefern sind. Zuwiderhandeln wird streng bestraft.
5. Sind alle Kohlen- und Holzbestände an die Fa. Konsum in Strelno abzuliefern.»

Der Bürgermeister von Strzelno an den Polizeiposten der Stadt, 17. Oktober 1939

*

«...
2. Das Tragen von Abzeichen irgendwelcher Art ist allen Polen verboten.
4. Es ist verboten, daß die Polen in Gruppen von drei oder vier Mann auf dem Bürgersteig promenieren. Es wird im Gegenteil verlangt, daß allen Deutschen, die durch Uniform oder Abzeichen erkennbar sind, auf dem Bürgersteig Platz gemacht wird, der ihnen als Deutschen gebührt.
5. Polen, die in Zukunft auf Bürgersteigen mit Fahrrädern oder Handwagen fahren, werden der Polizei zur gesetzlichen Bestrafung ausgeliefert.»

Aufruf der NSDAP-Kreisleitung Ostrów Wielkopolski an die polnische Bevölkerung. 10. Juni 1940

*

«Bekanntmachung

Ich verbiete mit sofortiger Wirkung für Polen das Betreten der Halbinsel sowie des dazugehörigen Badestrandes.

Meine Verfügung, wonach das Betreten obigen Geländes durch Polen für drei Tage in der Woche gestattet ist, wird hiermit aufgehoben.»

Anordnung des Bürgermeisters von Kruszwica (Kruschwitz), 20. Juli 1940

*

«Aus gegebenem Anlaß ordne ich hiermit an, daß im Dienstverkehr der Reichsuniversität mit Polen weder die Anrede noch die Anschrift ‹Herr› zu benutzen ist. In diesem Falle ist ausschließlich die allgemeine oder die besondere Dienstbezeichnung zu verwenden, zum Beispiel ‹Angestellter, Arbeiter, Hilfspförtner, Bote usw.›»

«Vertrauliche» Anweisung des Kurators der Universität Posen «für den inneren Dienstgebrauch», 4. Dezember 1941

*

«§ 1

Skigeräte einschließlich Ausrüstung, die sich im Besitz von Polen befinden, sind sofort bei dem Amtskommissar, in der Stadt Dietfurt bei dem Bürgermeister (Schutzpolizeiabteilung) abzuliefern. Jeder Pole ist ebenso zu einer Anzeige bei den gleichen Dienststellen verpflichtet, wenn er Kenntnis vom Vorhandensein von Skigeräten besitzt.

§ 2

Nach dem 6. Januar 1942 ist für Polen der Besitz von Skigeräten und Ausrüstungsgegenständen jeder Art verboten.

§ 3

Wer der Pflicht zur Ablieferung von Skigeräten und Ausrüstungsgegenständen nicht nachkommt oder gar vereitelt, wird auf das Strengste bestraft.»

Anordnung des Landrates des Kreises Znin (Dietfurt) aufgrund einer Verfügung des Reichsstatthalters, 3. Januar 1942

*

«In letzter Zeit wurde festgestellt, daß Polen Tanzabende in erheblichem Umfang veranstalteten, woran sich verschiedentlich auch deutsche Personen beteiligten. Diese Deutschen haben dann nicht nur mit anderen Deutschen, sondern auch mit Polen getanzt. Derartige Veranstaltungen unter Polen allein oder mit Deutschen zusammen, müssen mit allen Mitteln unterbunden werden.

In derartigen Fällen, in denen nicht besondere politische Gründe mein Einschreiten erforderlich machen, bitte ich, gegen die beteiligten Polen im Rahmen der Strafbefugnisse mit der Verhängung von Geldstrafen oder Straflager vorzugehen. Die benutzten Musikinstrumente werden zweckmäßig eingezogen. Die an diesen Veranstaltungen beteiligten Deutschen, bitte ich, mir unter Übersendung eines Vorgangs namhaft zu machen. Gegen sie werden von mir staatspolizeiliche Maßnahmen ergriffen.

In geringfügigen Fällen dürfte die Belegung mit einer Geldstrafe wegen Abhaltens einer verbotenen Tanzlustbarkeit ausreichend sein.

Soweit politische Beweggründe der Veranstaltung zugrunde liegen, bitte ich den gesamten Vorgang zur weiteren Erledigung nach hier abzugeben.»

Schreiben der Gestapostelle Posen an den Landrat des Kreises Grodzisk, die Oberbürgermeister von Inowroctaw und Gniezno und die untergeordneten Gestapodienststellen, 12. April 1944

*

Die deutsche Presse schlachtete Verstöße der Polen gegen die entwürdigenden Verbote oft genüßlich aus:

«Ein Theaterbesuch mit Folgen.

Dreiste Polinnen im Reichsgautheater

Immer nur ins Kino zu gehen, befriedigt auf die Dauer nicht. Man muß sich auch einmal etwas Besseres leisten. So dachten auch Halina und Zenona, als sie sich vor ein paar Tagen durch eine Bekannte Karten zu der Sonntagsnachmittagsvorstellung im Großen Haus besorgen ließen. Beide sprechen und verstehen zwar kaum ein Wort deutsch, aber das machte ihnen offenbar ebensowenig aus, wie die Tatsache, daß sie als Polinnen in einem deutschen Theater nichts zu suchen haben.

Ihre Hoffnung, dort ein gutes Ballet zu sehen, konnte allerdings nicht in Erfüllung gehen. Sie hatten sich zu sehr im Spielplan vergriffen. Es gab Iphigenie. Aber sie hatten noch mehr Pech. Nicht immer kann man im Theater die ungefährliche Rolle des stummen Zuschauers spielen. Sie jedenfalls mußten Rede und Antwort stehen, als ein anderer Besucher sie bat, den Platz mit ihm zu tauschen. Und da es mit der Sprache etwas stark haperte, fand der Theaterbesuch sein vorzeitiges Ende.

Am Montag morgen wurden die beiden Polinnen durch die Polizei bereits dem Amtsrichter vorgeführt.Sie erhielten für ihre dreiste Tat jede vier Monate Straflager.»

Bericht des «ostdeutschen Beobachters» von der Gerichtsverhandlung, 14. Januar 1946

Jeder dritte hinter Gittern

Die katholische Kirche unter der Nazi-Knute

Der katholischen Kirche widmeten die deutschen Besatzer in den «Eingegliederten Ostgebieten» besondere Aufmerksamkeit. Sie besaß in Polen traditionell eine starke Stellung und übte einen erheblichen Einfluß auf die Bevölkerung aus. Die Sorge, von ihr könne der Keim zum Widerstand gegen die Okkupanten beständig genährt werden, trieb die Nazis zu umfassender Aktivität gegen die Schwarzkittel. Nach der Ausweisung aus seiner Diözese Katowice (Kattowitz) schrieb Bischof Adamski im Juni 1941 einen Brief nach Rom, in dem er den Vatikan über die Schikanen der Deutschen und ihre Auswirkungen informierte[7]: «...

4. Ein Drittel der Priester der Diözese sind verhaftet oder ausgewiesen oder dürfen nicht amtieren. Der Verlust ist aber ersetzt durch Neuweihen, Rückkehr der Religionslehrer zur Seelsorge und Ordenspriester.

5. Die Andachten werden fast normal abgehalten, jedoch ist der Gebrauch der polnischen Sprache in Predigt, Gesang, Religionsunterricht *untersagt*.

...

7. Beichte und Kommunionunterricht der Kinder darf nur in deutscher Sprache erteilt werden. Kinder, die die Sprache nicht kennen, sind dessen Elberaubt. Unterricht in deutsch ist erfolglos und trifft auf Widerstand der Eltern und Kinder.

8. Beichte in polnischer Sprache wurde bisher *nicht* verhindert.

9. Priester und Kirchen sowie Diözese haben keinerlei staatlichen Einkünfte – sie leben von Meßstipendien und iura Stolae und freiwilligen Beiträgen.

11. Die Priester haben auf Anweisung des Bischofs, da sie im Diözesanbezirk geboren und für ihn geweiht sind und in ihm ihre Tätigkeit ausüben wollen, sich zum volksdeutschen Charakter bekannt und sind deshalb nicht allgemein ausgewiesen worden. Die Bischöfe haben sich zur polnischen Nationalität bekannt und wurden ausgewiesen. Die katholische Haltung der Gläubigen ist dadurch gestärkt worden, auch bei deutschen Katholiken.

...

15. Das Priesterseminar der Diözese Katowice, das in Krakau sich befindet, ist von der Polizei besetzt und geschlossen. Ungefähr fünfzig Kleriker studieren mit Einwilligung des Bischofs in circa acht Priesterseminaren im Reich. Der Nachwuchs von Priestern wird dadurch gestört. Neue Kandidaten werden von der geistlichen Behörde nach Priesterseminaren im Reich gesandt jedoch ad servitium dioecesis Katowicensis.

16. Ordinarius et Auxiliarius rechneten seit langem mit der Wahrscheinlichkeit ihrer Aussiedlung. Ordinarius [= Adamski] hat demgemäß die Verwaltung der Diözese vorbereitet, mit dem Generalvicar genau besprochen und ihm die nötigen Vollmachten erteilt. Man nahm an, daß eine Internierung im Reich beabsichtigt sei.

17. Den Bischöfen wurde nur gestattet, Handkoffer mitzunehmen, alles andere mußte zurückgelassen werden. Die Ausweisung erfolgte binnen einer Stunde. Alle Bücher in polnischer Sprache aus ihren Bibliotheken sind zerstört worden. Pastorale und Ring durften mitgenommen werden. Geld wurde abgenommen.»

Zwei Jahre unter Entrechteten

Eine deutsche Schülerin erlebt den Alltag in der «Hauptstadt des Generalgouvernements»

Hautnah erlebte sie die Entrechtung der Polen und das flotte Leben der Deutschen, die Anschläge der Widerstandskämpfer und die Rache der Besatzer: Monika S., Tochter eines hohen Beamten, kam als Vierzehnjährige mit ihren Eltern in das besetzte Krakau und blieb dort zwei Jahre. Ihre noch frischen Erinnerungen an den Alltag in der Hauptstadt des «Generalgouvernements» brachte sie gleich nach dem Krieg als Semesterarbeit einer Hamburger Schule zu Papier[8]:

«Wir wohnten in einem schlichten Vorstadthaus im Offiziersviertel der Stadt. – Drei merkbare Abstufungen der Bewohner fielen in unserer Straße auf als Beispiele für die Bevölkerungsschicht der ganzen Stadt. Dem durch die Höhe der Lebensmittelrationen festgesetzten Wert nach waren es: Reichsdeutsche, Volksdeutsche und Polen. Die Polen erhielten so wenig, daß sie von ihren Karten allein nicht existieren konnten. Sie waren auf den Schwarzen Markt angewiesen, der deshalb in vollster Blüte stand ...

Das Bemerkenswerte bleibt, daß keine allgemeine Notlage die Tiefe der Rationen rechtfertigte, sondern böser Wille, denn das nahe Ostgalizien und die Ukraine waren unabsehbar reich an Geflügel, Vieh und Korn. Die Deutschen konnten die Nähe dieser Gebiete spüren, während die Polen hungern oder zu ungeheuren Preisen Lebensmittel kaufen mußten. Sie kannten vor der deutschen Besetzung keine Margarine; als ich in Krakau war, bekamen sie nur die auf ihre Marken an Stelle von Butter oder anderen Fetten.»

Stimmt, die wirtschaftliche Lage der Polen war denkbar schlecht. Das «Generalgouvernement» wurde vom «Reich» als Lebensmittel- und Rohstoffquelle nach Strich und Faden ausgesaugt. Landwirtschaftliche Produkte gingen tonnenweise über die Grenze; was blieb, konnte den Polen die stets hungrigen Mägen nicht füllen. In Deutschland kam man bei Kriegsbeginn mit den Lebensmittelzuteilungen zurecht, in Polen dagegen waren besonders die Kontingente an Brot und Zucker viel zu knapp bemessen. Fett erhielt die polnische Bevölkerung auf Jahre hinaus nicht. Ohne den Schwarzen Markt gab's kein Überleben.

Kein Überleben ohne Schwarzmarkt

Seine Ware stammte aus Beständen, die die polnischen Bauern nicht an die deutschen Behörden abgeliefert hatten. Jedem Landwirt war ein bestimmtes Quantum auferlegt; was er mit den Überschüssen machte, war seine Sache, solange er sich an die von den Deutschen bestimmten Preisgrenzen hielt. Jedoch: Was knapp und begehrt ist, das ist auch teuer. Bauern und Händler schlugen drauf, was das Zeug hielt. Manch einer von ihnen verdiente sich auf Kosten seiner darbenden Landsleute skrupellos eine goldene Nase. Die hohen Preise für Lebensmittel strahlten auf andere Waren aus, auch bei ihnen wurde kräftig zugelangt. Erschwinglich für «Jurek Normalverbraucher» waren eigentlich nur jene Dinge, die es auf Bezugsschein gab, doch war die Verlockung für die Händler groß, möglichst viel Ware aus diesem legalen Markt in den Schwarzhandel abzuzweigen. Die Sache war lukrativ, der Gewinn bis hundertmal so hoch wie im Bezugsscheinsystem. Nicht nur Bezugsscheinware wechselte illegal die Besitzer, auch Bezugsrechte wurden mit enormen Gewinnen verhökert. An viele lebenswichtige Waren war legal überhaupt nicht ranzukommen, wieder konnte nur der Schwarzmarkt helfen.

Für die Polen rissen die Probleme nicht ab: Was ihnen die deutschen Arbeitsämter an Lohn auszahlten, richtete sich nach den Preisen, die vor dem Kriege galten. Damit konnten sie sich nur wenige Tage über Wasser halten, denn für die deutschen Behörden gab es offiziell den Schwarzmarkt mit seinem Preisgalopp nicht. Der Ausweg: Die Arbeitgeber verpflegten die polnischen Arbeiter und Angestellten in Werkskantinen oder teilten Waren an ihre Beschäftigten aus, die auf dem Schwarzen Markt gefragt waren. Und wer gar nichts anzubieten hatte, zahlte aus illegalen Kassen beträchtliche Vergütungen für Überstunden – quasi einen zweiten Lohn.

Monika S.: «Um ihre Lage zu bessern, arbeiteten viele Polen in Lebensmittelbetrieben, die jedem Angestellten eine, wenn auch oft nur kleine Prämie in Eßwaren zuteilten. Doch diesen geringen Vorteil genossen meistens die, die unsere Sprache beherrschten oder besondere Fähigkeiten besaßen. Es gab allerdings auch wohlhabende Polen, die ihre wertvolle Habe zu enormen Preisen verkauften oder vertauschten und sich dadurch erhielten.»

Die Behörden drückten vielfach ein Auge zu, obwohl ihnen die Schwarzmarktpraktiken geläufig waren. Wenn sich die Gestapo allerdings für einen Geschäftsmann «interessierte», über seine dunklen Geschäfte war er in der Regel kinderleicht zu fassen. Selbst deutsche Amtsstellen hatten nicht selten beim Schwarzhandel ihre Hand im Spiel: War zum Beispiel ein Wohnungsbauprogramm «kriegswichtig», das Baumaterial aber nicht ohne weiteres aufzutreiben, war man um eine Lösung nicht verlegen ... Wurden Deutsche bei einem besonders großen Schwarzmarktcoup erwischt, schlugen die Gerichte gelegentlich hart zu. Todesstrafen waren durchaus gängig, während polnische Komplizen meist mit wenigen Jahren Zuchthaus davonkamen. Die Deutschen, so argumentierten die Richter, hätten «höhere Verpflichtungen» gegenüber dem Deutschen Reich und müßten daher schärfer angepackt werden als die beteiligten Polen.

Fluchtautos für Beamte

Trotz aller Schwierigkeiten – die Polen ließen sich nicht unterkriegen.

Monika S.: «... bewohnten teilweise noch ihre großen, hellen Wohnungen oder Häuser. Einige dieser Polen wohnten in unserer Straße, während die übrigen die Stellungen der Hausmeister in deutschen Häusern innehatten und in den Kellern hausten. Beide aber bewahrten sie ihren Stolz, den kein Deutscher zu brechen vermochte. Wir fürchteten ihn eher.

«Wenn die Polen zum Beispiel ihren Nationaltag feierten» (den Gründungstag der Zweiten Polnischen Republik am 11. November 1918), «so stand ein großes Polizeiaufgebot bereit, um Ausschreitungen, vielleicht gar im Taumel des Festes auflodernde Empörungen zu unterdrücken.»

Schon im ersten Jahr der Besatzung hatten sich die Deutschen darauf eingestellt, daß die Polen diesen Tag zu Demonstrationen ihres Patriotismus nutzen würden. Generalgouverneur Hans Frank reagierte brutal, als Anfang November 1939 polnische «Hetzplakate» in «einigen Gegenden» auftauchten. Er ordnete an, «daß in jedem Haus, in dem ein Plakat angehängt bleibt, ein männlicher Einwohner erschossen wird».

Wie gefährlich die polnische Untergrundbewegung trotz schärfster Verfolgung durch Polizei und SS über Jahre hinweg blieb, illustriert eine Beobachtung von Monika S.:

«An diesen Tagen (um den 11. November) standen den höheren Beamten Autos zur Verfügung, damit sie bei einer Unruhe sofort das Generalgouvernement verlassen und sich in den Schutz des Reiches begeben konnten.»

Die Deutschen sorgten dafür, daß die Polen auf Distanz gehalten wurden:

«Es gab keine Häuser, in denen polnische und deutsche Familien zusammenwohnten, entweder waren es nur Deutsche oder nur Polen. Vom Standpunkt der Achtung aus gesehen, befanden sich die Volksdeutschen in der schlechtesten Lage. Sie konnten deutsche Vorfahren nachweisen, obwohl sie vor der Besetzung als Polen galten und polonisierte Namen trugen. Sie bekamen bessere Lebensmittelkarten als die Polen, wurden aber ihres Gesinnungswechsels wegen von ihnen und den Deutschen verächtlich angesehen. Viele dieser Menschen konnten gar kein Deutsch sprechen. Da man nie wußte, welcher Seite sie innerlich angehörten, so wurden sie allgemein gemieden.»

Täglich mußten die Polen die Erfahrung machen, daß sie in einem entrechteten Land lebten:

«Die Straßenbahn, mit der ich in die Schule fuhr, hatte eine Veränderung erlebt. Jeder Wagen war nämlich in der Mitte durch ein Seil in zwei Teile getrennt. Der vordere durfte nur von Deutschen, der hintere von Polen betreten werden. Ein Schild kündigte an der Wand die Teilung an: *tylkodła niemçow – dła polski.*»

Schikanen in der Straßenbahn

Die Straßenbahn war auch in den «Eingegliederten Ostgebieten» ein beliebtes Instrument der Nazis, wenn es galt, neue Schikanen gegen Polen zu ersinnen. Kurzerhand wurden Triebwagen Deutschen vorbehalten – die Wagen fuhren oft halbleer durch die Stadt. In den Anhängern – Vermerk «Für Nichtdeutsche» – drängten sich die Polen selbst auf den Trittbrettern. Die Posener Straßenbahn AG widmete der Sache zwei Anordnungen. Im «Ostdeutschen Beobachter» gab sie am 1. April 1941 bekannt: «Polen ist werktags in der Zeit vom 1. April 1941 bis 30. September 1941 die Benutzung der Verkehrsmittel der Posener Straßenbahn A.G. von 6 Uhr 30 bis 7 Uhr 30 verboten.

Ab 7 Uhr 30 ist Polen in allen Straßenbahnzügen die Benutzung des Triebwagens verboten. Dieses Verbot gilt werktags und sonntags.»

Ab Anfang Dezember galten weitere Beschränkungen[9]:

«Polen ist die Benutzung der Triebwagen der Linie 6 und 9 sowie der Einsatzwagen der Linie verboten. Während der Spitzenzeiten sind die Triebwagen der Linie 11 für Polen gesperrt. Diese Wagen werden durch besonderes Schild (‹Nur für Deutsche›) kenntlich gemacht.

Sind alle Sitzplätze besetzt, haben Polen auf Verlangen eines durch Uniform oder Abzeichen erkennbaren Deutschen ihren Sitzplatz zu räumen.»

«Täglich fuhr ich mit der Straßenbahn von der Schule nach Hause. Ein Tag wird mir immer in der Erinnerung bleiben.»

Ein Tag, an dem Monika S. mit eigenen Augen sah, wie der Terror im «Generalgouvernement» wütete:

«Von der Plattform sah ich auf den Verkehr hinaus. Plötzlich bemerkte ich in kleiner Entfernung eine Menschenmenge, die auf die andere Straßenseite hinüberschaute. Ich dachte an einen Brand oder ein Unglück und trat hinüber. Als wir näherkamen, sah ich auf dem Straßenpflaster zwei blutüberströmte Menschen liegen. – Im gleichen Augenblick war das Bild vorüber. Wie ein entsetzlicher Traum mutete es mich an, mir wurde übel, es waren wohl zwei deutsche Polizisten erschossen worden. Täglich kam das vor; Partisanen, Banditen, Aufrührer verübten die Anschläge, die in dem geknechteten, aber stolzen Polen unausbleiblich waren. Am Nachmittag ging ich in die Stadt. Abermals stand eine Menschenmasse an der Unglücksstelle. Warum? Die Leichen mußten doch schon abtransportiert sein? Verwundert trat ich näher – und erstarrte. Ein Schaudern kroch durch meine Adern und griff an mein Herz. Auf einem Rasenplatz, der an zwei Seiten von Häusern, an den übrigen von der Straße umgeben war, lagen nebeneinander, die Gesichter zur Erde gekehrt, vierzig Polen.

SS gegen Partisanen

Die Rache der Deutschen! Einigen der Toten quoll das Gehirn aus den Schädeln. Sie hatten beinahe alle einen Genickschuß bekommen, soweit sie das Maschinengewehr nicht gleich niedergestreckt hatte. Die polnische Bevölkerung ging an ihren Toten vorbei. Stumm oder weinend zogen die Menschen vorüber. Mit auf den Boden gestemmtem Gewehr stand ein SS-Soldat hinter den Leichen. Er verhinderte einen Tumult oder laute Trauer. Bald wurden die Ermordeten fortgebracht. Sowie das geschehen war, stürzten die Buben an die Mauer des einen Hauses, das die Einschläge der Kugeln aufwies und sammelten die winzigen Geschosse aus dem Rasen. Sie wurden aufbewahrt und wie Reliquien verehrt. Die anderen Menschen aber trugen Kränze und Blumen, die schönsten, die man sich denken kann, auf den Platz, der das Blut der Volksgenossen getrunken hatte. Da kam einer der Soldaten des Transportautos zurück. Er entfernte die Blumen und vertrieb die Leute.

Die Polen wußten, wer die Toten waren. Wenn eine derartige Rache genommen worden war, wurden auf den Plakaten an allen Anschlagsäulen die Namen der Erschossenen und die der noch Lebenden, aber demnächst dem gleichen Los verfallenden Opfer bekanntgegeben. Diese Plakate wurden sehr oft erneuert. Man forderte darauf die Angabe der Täter der verübten Mordtaten, da die nächsten Geiseln dann nicht erschossen würden. Kein

Der Distriktschef von Krakau

ANORDNUNG

Kennzeichnung der Juden im Distrikt Krakau

Ich ordne an, dass alle Juden im Alter von über 12 Jahren im Distrikt Krakau mit Wirkung vom 1. 12. 1939 ausserhalb ihrer eigenen Wohnung ein sichtbares Kennzeichen zu tragen haben. Dieser Anordnung unterliegen auch nur vorübergehend im Distriktsbereich anwesende Juden für die Dauer ihres Aufenthaltes.

Als Jude im Sinne dieser Anordnung gilt:

1. wer der mosaischen Glaubensgemeinschaft angehört oder angehört hat,
2. jeder, dessen Vater oder Mutter der mosaischen Glaubensgemeinschaft angehört oder angehört hat.

Als Kennzeichen ist am rechten Oberarm der Kleidung und der Überkleidung eine Armbinde zu tragen, die auf weissem Grunde an der Aussenseite einen blauen Zionstern zeigt. Der weisse Grund muss eine Breite von mindestens 10 cm. haben, der Zionstern muss so gross sein, dass dessen gegenüberliegende Spitzen mindestens 8 cm. entfernt sind. Der Balken muss 1 cm. breit sein.

Juden, die dieser Verpflichtung nicht nachkommen, haben strenge Bestrafung zu gewärtigen.

Für die Ausführung dieser Anordnung, insbesondere die Versorgung der Juden mit Kennzeichen, sind die Ältestenräte verantwortlich.

Krakau, den 18. 11. 1939.

gez. *Wächler*
Gouverneur

Szef dystryktu krakowskiego

ROZPORZĄDZENIE

Znamionowanie żydów w okręgu Krakowa

Zarządzam z ważnością od dnia 1. XII. 1939, iż wszyscy żydzi w wieku ponad 12 lat winni nosić widoczne znamiona. Rozporządzeniu temu podiegają także na czas ich pobytu przejściowo w obrębie okręgu przebywający żydzi.

Żydem w myśl tego rozporządzenia jest:

1) ten, który jest lub był wyznania mojżeszowego,

2) każdy, którego ojciec, lub matka są lub byli wyznania mojżeszowego.

Znamieniem jest biała przepaska noszona na prawym rękawie ubrania lub odzienia wierzchniego z niebieską gwiazdą sjonistyczną. Przepaska winna mieć szerokość conajmniej 10 cm, a gwiazda średnicę 8 cm. Wstążka, z której sporządzono gwiazdę, winna mieć szerokość conajmniej 1 cm.

Niestosujący się do tego zarządzenia zostaną surowo ukarani.

Za wykonanie niniejszego zarządzenia, zwłaszcza za dostarczenie opasek czynię odpowiedzialną Radę starszych.

Kraków, dnia 18. XI. 1939.

(—) *Wächler*
Gubernator

aus: Schoenberner, Der gelbe Stern, S. 38

Pole verriet seine Kameraden. So verlängerte sich die Reihe der Plakate stets. Der SS-General und Kommandant der Polizei Krakaus sah die Erfolglosigkeit seines Handelns und seiner Grausamkeit nicht.

Die Opfer rekrutierten sich aus Menschen, die einer Widerstandsbewegung angehört oder sich auf andere Weise illegal betätigt hatten. Sie kamen aus allen Schichten des Volkes, waren Priester, Handwerker, Ärzte, Bauern, Juristen, Arbeiter und Studenten.»

Wovon die meisten Deutschen im «Reich» nur gerüchteweise erfuhren – Monika S. sah es vor Ort: gedemütigte Juden im Getto, Häftlinge im KZ:

«Bald darauf fuhren wir nach Swojowien, einem Schwefelbad in der Nähe von Krakau. Mit der Straßenbahn beabsichtigten wir die Landstraße zu erreichen. Wir fuhren, wenn wir diese Linie benutzten, am Getto vorbei.

Die Wohnungen, in denen ursprünglich die Juden gewohnt hatten, waren gleich nach der Besetzung in private Hände übergegangen – selbstverständlich ohne Berechtigung der Enteigner, ohne Entschädigung für die Juden. Die Vertriebenen pferchte man auf engstem Raume im Getto zusammen und umgab es mit einer Mauer oder vielfachem Stacheldrahtzaun. Den Ein- und Ausgang bewachte ein Posten. So lebten die Juden von der Außenwelt scheinbar völlig abgeschlossen. Oft konnten wir die schmalen Gestalten und blassen Gesichter von Kindern und Erwachsenen auf den gewöhnlich einsamen Gettostraßen sehen, wenn die Bahn daran vorbeifuhr. Später, gegen Ende unserer Besetzungszeit, wurde das Getto für die polnische Bevölkerung freigegeben. Viele Polen mußten in den gesäuberten Stadtteil Plaszow oder Kasimierz ziehen, um ihre schöneren Wohnungen deutschen Familien zu überlassen. Wo waren die Juden geblieben? Die Frauen, die mit gelber Ölfarbe bestrichene Kleidung trugen, fegten die Straßen nicht mehr. Man sah sie nie wieder. Nur außerhalb der Stadt auf einem einsamen Hügel war ein abgeräumtes Lager, an dessen vier Ecken ein hölzerner Wachtturm stand. Es gab dort oben keine Baracken und Unterkünfte. Aus weiter Entfernung sah man die Posten auf den Plattformen der Türme stehen und Menschen im Lager umhergehen.»

Die Ausrottung der Juden ist die bekannteste Maßnahme der Nazis im Generalgouvernement. Viel weniger weiß man über das, was die Besatzer mit der polnischen Jugend machten. Monika S. spürte die Auswirkungen der NS-Schulpolitik:

«Von unseren Hausmeisterskindern hörte ich, daß sie nur dreimal in der Woche zur Schule gingen und dann für zwei oder drei Stunden. Praktisch lernten sie also sehr wenig.

Viele deutsche Bücher und Schriftwerke durften sie nicht lesen, unter anderem auch nicht den ‹*Tell*›. Oberschulen hatten die Polen offiziell nicht mehr, seitdem wir sie beschlagnahmt hatten. Die Universität durften sie nicht mehr besuchen. Sie war ausschließlich den Deutschen vorbehalten.

Die polnischen Kinder mußten sogar ihre Lernbücher abgeben – für die deutschen Schüler wurde dagegen viel getan:

«Unsere Schule lag kurz hinter dem Außenring in der Chandry. Sie war das modernste Schulgebäude der Stadt und sehr gut eingerichtet. Da es für mein Alter in Krakau noch keine Mittelschulklassen gab, kam ich in die Oberschule und bestand eine aufregende Prüfung. In meiner Klasse wurden Jungen und Mädel zusammen unterrichtet. Sehr verlegen stand ich vor ihnen, denn jeder Neuling wurde erbarmungslos, nicht immer taktvoll, kritisiert. Aber ich lebte mich schneller ein, als ich gedacht hatte, wenn auch ein gewisser Abstand immer bestehen blieb. Meine Klassenkameraden kamen aus allen Teilen Deutschlands und waren also ziemlich bunt zusammengewürfelt. Es gab zwei Kölner und zwei Hamburger, einige Berliner und Wiener, die übrigen kamen aus Hermannstadt, Schneidemühl, Reichshof, Salzburg, München, Krakau, Bunzlau, Bonn, Frankfurt a. M., Dresden, Pera, Berlin, Bremen und Hamburg, Mühldorf am Inn und anderen kleineren Orten. Sie lebten moralisch nicht alle einwandfrei. Ihre Eltern führten oft ein sehr freies Leben, meistens ging jeder der Gatten seinen eigenen Weg, so daß die Kinder keine Bindung an ein Zuhause fühlten.»

Moralisch tief gesunken

Als Deutscher brauchte man in Krakau auf nichts zu verzichten:

«Wir alle lebten in Krakau überhaupt wesentlich freier und ungebundener, als es im Reich möglich und üblich war. Es kam eben darauf an, diese Freiheit nicht zu gebrauchen, indem man in wilder Ausgelassenheit ein grenzenloses Genußleben führte, sondern seine Mittel, seine ungewöhnlich reichlichen Mittel, einem besseren Zweck und Ziel zuwandte.

Zu einem oberflächlichen Leben trug das hohe Taschengeld, daß wir von den Eltern bezogen, die vielen Vergnügungsstätten, die Soldaten und die Mahlzeiten in den verschiedenen Kasinos bei. Jede große Firma richtete für ihre Angestellten mindestens ein Kasino ein. Die Landwirtschaftliche Zentralstelle, in der mein Vater beschäftigt war, hatte zwei sehr nette, die wir oft aufsuchten. Viele meiner Klassenkameraden, deren Väter hohe Beamte waren, gingen in das nahe bei der Schule liegende Staatskasino, in dem die Schauspieler und Würdenträger der Regierung, Offiziere und einflußreiche Parteifunktionäre verkehrten. Oft kamen die Mädel mit ihnen zusammen und lernten dadurch eine für manche gefährliche Lebensart kennen. Die meisten von ihnen trugen wertvolle Pelzmäntel, alle Langschäfter. Äußerster Luxus der Lebensführung wurde verlangt, gegeben und genossen. Ab und zu fehlten diese und jene in der Schule, die mit ihren Eltern oder Freunden nach Zakopane oder ins Staatsbad Rapka gefahren waren. Es gab für sie in keinerlei Beziehung Skrupel. Viele verließen sich auf den Namen und die Stellung ihres Vaters, womit sie Erfolg hatten. In die uns nächsthöhere Klasse ging zum Beispiel die Tochter des Generalgouverneurs Dr. Frank, in eine tiefere sein Sohn. In meiner Klasse war die Tochter des maßgebenden Direktors und Oberregierungsrats der Stelle für Ernährung und Landwirtschaft, die des Parteiredners D., die des Reichsbahnobersekretärs B. und viele andere.

Unsere Lehrer waren zum größten Teil Volksdeutsche und deshalb bei uns verhaßt. Sie bevorzugten die volksdeutschen Schüler merkbar und erinnerten mit ihrem Singsang stets an die polnische Sprache. – Die reichsdeutschen Lehrer waren aber in meinen Augen noch schrecklicher. Sie brüsteten sich mit ihrer Stellung als Studienräte und benahmen sich höchst blasiert und herablassend den Schülern gegenüber. Bei ihnen herrschte die gleiche Unmoral wie überall. Ich vergesse einen Vorfall nie, der zwei von ihnen in recht traurigem Lichte zeigte. Wir hatten auf einem nahen Sportplatz Gymnastikunterricht. Unsere Turnlehrerin machte uns die Übungen vor und leitete durch ihre Rufe unsere Bewegungen. Plötzlich tauchte der Englischlehrer der Jungen auf, er hatte eine Agfa um den Hals hängen und näherte sich der Wiese. Als er herangekommen war und eine Weile zugeschaut hatte, kniete er nieder und begann Fräulein N. in vielen Stellungen zu fotografieren. Sie war, wie wir alle, der Hitze wegen recht leicht bekleidet, aber durchaus nicht verlegen. Warum auch? Wenn die großen Jungen Klassenfeste feierten und Lehrer einluden, war sie bestimmt mit dabei. Nach einem dieser Gelage geleitete sie dann eine Abordnung nach Hause, wo sie sich angeheitert verabschiedete. Unser Direktor galt allgemein als lächerliche Figur. Um sich wenigstens einigermaßen in Respekt zu versetzen, trug er täglich die schmucke Uniform der höheren Regierungsbeamten. Ab und zu kam er sogar in der des SS-Offiziers zur Schule. Da die Schülerzahl beständig wuchs, wurden Jungen und Mädel getrennt. Fortan gab es eine geteilte Lehrerschaft und verschiedene Direktoren. Der Mädchendirektor war Lübecker und den Töchtern maßgebender Männer gegenüber außerordentlich respektvoll. Natürlich war er erprobter Nationalsozialist, sonst wäre er nicht Direktor geworden. Er handelte auch ganz in diesem Sinne, als er eine Weihnachtsfeier mit unserer Klasse ausarbeitete. Sonst wurden wir in der Schule politisch nicht besonders geschult – außer den gewöhnlichen Hinweisen und Bemerkungen, die in den Unterricht einflossen. Wir veranstalteten sogar einmal einen Elternabend, der ganz unpolitisch war. Wir sangen bayrische Lieder, deren Dialekt die meisten von uns nicht richtig konnten, die aber gesanglich sehr schön gewesen sein sollen. Unsere Musiklehrerin brachte uns tatsächlich allerhand bei. Sie war eine Opernsängerin aus Wien und äußerst energisch. Auch unsere Erdkundelehrerin stammte aus Wien, sie war lustig, kameradschaftlich und verständnisvoll, im Gegensatz zu den anderen Lehrern.

Außerhalb der Schule wurden wir von der HJ sehr in Anspruch genommen. Zum Ärger meiner Vorgesetzten ging ich sehr selten zum Dienst. Ich tadelte daran, daß von Organisation und Planung bei unseren Mädelgruppen keine Rede war. Außerdem wurden die Mädel gezwungen, zum Dienst zu kommen – eine Anordnung, gegen die ich mich stets sträubte – sogar die, die volksdeutsch waren und oft kein Wort Deutsch verstanden. Andere sprachen während des Dienstes deutsch und hinterher polnisch. Diese Zustände waren unhaltbar und für alle Beteiligten eine Qual. Aber das durfte man höchstens sehen, nicht sagen. Es dauerte daher nicht lang, bis ich meines Postens als Führerin enthoben wurde. Die Trennung von meinen Mädeln wurde mir nicht schwer.

Zu Ostern wurde ich vor die Entscheidung gestellt: ‹Willst du dich konfirmieren lassen oder nicht?› Meine Eltern ließen mir vollkommen freie Wahl. Wie sollte ich mich zu dieser Frage äußern? Kein Mensch hatte mich in die Religion eingeführt oder mich gar damit vertraut gemacht. Zu Hause wurde nicht davon gesprochen, und da ich erst kurze Zeit in Krakau war, hatte ich keinen Konfirmandenunterricht genossen. Ich konnte mir von der Bedeutung dieses Festes in dem Leben eines jungen Menschen gar keine Vorstellung machen. Ich sagte mir, sehr viele Menschen lassen sich nur aus Tradition konfirmieren, eine Annahme, die ich später häufig bestätigt fand. Warum hatten diese Menschen keine Gedanken? Wenn ich sie fragte, weshalb sie zur Konfirmation gegangen waren, dann zuckten sie die Achseln. Sie hatten ihren Schulabschluß feiern wollen, auf die Geschenke verzichteten sie selbstverständlich auch nicht; andere taten es aus Tradition, weil die Eltern es befahlen, oder gegen ihren eigenen Willen, aber zu mutlos, um sich gegen das Vorurteil der Leute aufzulehnen. Ich wußte nicht, was ich tun sollte. Ich wollte nicht so unüberlegt handeln, wie es hundert andere Menschen vor mit getan hatten, glaubte aber auch, daß die Konfirmation einen tiefen und ernsten Sinn hätte, daß es einen Menschen geben mußte, der mir die Probleme klärte und mir hülfe.

So feierte ich Ostern keine Konfirmation. Kein Mensch kümmerte sich darum, keiner fragte mich nach Gründen für mein Verhalten, und ich habe meinen Entschluß bis heute, wo ich von den mir damals so geheimnisvollen Dingen erfahre, nicht bereut.

Dort, in Krakau freilich, war das unmöglich. Keiner der Deutschen, die ich kannte, war religiös. Sie waren moralisch tief, furchtbar tief gesunken. Es gab für sie in Krakau nichts Unerreichbares. Sie schoben, unterschlugen, unterdrückten und lebten so luxuriös wie nur möglich, während an der Front die Menschen starben, für sie geopfert wurden und die Armee sich ständig weiter zurückzog. Viele Hochzeiten wurden gefeiert; junge, sehr junge Mädchen ehelichten Männer, die ihre Großväter sein konnten, oder lebten ohne gesetzliche Bindung mit ihnen. Und das kam weit häufiger vor. Die Direktoren der großen Firmen hatten meistens Sekretärinnen, die ihnen mehr als nur das waren. Sie wechselten sie häufig und fühlten sich recht wohl dabei. Das Verächtliche daran war, daß die Mädchen nicht etwa aus Zuneigung so handelten, sondern nur nach der Stellung und dem Gehalt ihres Liebhabers sahen. Ein gutsituierter Mensch fand bald einen Partner. Viele der Männer hatten ihre Familien im Reich zurückgelassen, viele Frauen ihre Männer im Feld. Doch dieser Umstand bereitete niemand Gewissensbisse. Die Entfremdung zwischen Ehegatten wurde sogar gefördert; dadurch nämlich, daß auf einem Betriebsfest zum Beispiel die Angestellten der Firma allein eingeladen wurden, nicht ihre Männer oder Frauen. Das wäre maßgebenden Herren peinlich gewesen, weil sie dann an ihre Frauen gebunden wären, während sie anderes im Sinne hatten, als Gesellschafter der eigenen Gattin zu sein. Ach, es war schmutzig, entsetzlich niedrig und ein unwürdiges Schauspiel vor den Polen, den Polen, die uns ein Muster der Höflichkeit sein konnten. Sie gaben ihren Damen noch immer den Handkuß, nahmen beim Gruß den Hut vom Kopfe und boten in der Bahn einer Frau sofort ihren Platz an.»

Mitleid mit dem Tod bestraft

«Herrenmenschen» als Rechtsbeuger

Zwei deutsche Rechtsanwälte praktizierten während der Okkupation in Krakau – einer von ihnen war Günter Nollau. Jahre danach sollte er Boss der bundesdeutschen Verfassungsschützer werden, 1942 bis 1945 beobachtete er scharf die Justizszene im Generalgouvernement[10]:

«Ein dunkles Kapitel der deutschen ‹Rechtspflege› in Polen begann, als Dr. Frank, der ‹Generalgouverneur›, auf Wunsch der SS die ‹Standgerichte der Sicherheitspolizei› errichtete. Vor diese Gerichte kamen Polen, die in der Widerstandsbewegung tätig gewesen waren oder ‹Kriegswirtschaftsverbrechen› begangen hatten. Solche Standgerichte verdienten ihren Namen nicht: Sie arbeiteten geheim, kein Verteidiger war zugelassen, die Angeklagten nahmen an der ‹Verhandlung› nicht teil, sie erfuhren erst bei der Vollstreckung, daß ein Urteil gegen sie ergangen war. Ich habe mit Häftlingen gesprochen, die zum Tode verurteilt waren, ohne davon zu wissen …

Polizei-Standgerichte waren auch zum Schutz der sogenannten Ernteerfassung tätig. Durch drakonische Strafen sollte dabei eine höhere Ablieferung von landwirtschaftlichen Erzeugnissen erreicht werden. Schwarzschlachten von Vieh wurde mit der Todesstrafe bedroht. Ein Lehrer, der mehrere Kinder hatte, aber keine Fleischzuteilungen erhielt, schlachtete in der Weihnachtszeit ohne Genehmigung ein Ferkel. Er wurde zum Tode verurteilt. Auch ein Eisenbahner, der eine Ziege schlachtete, wurde zum

Tode verurteilt und hingerichtet. Der zweite Fall war selbst nach den Maßstäben der Besatzungsmacht fragwürdig. Ziegen fielen, was die Gesetzesverfasser als bekannt vorausgesetzt hatten, nicht unter die Verordnung, die sich mit dem Schlachten von ‹Vieh› befaßte. Die Hinrichtung war also ein Justizmord.»

Die polnischen Gerichte waren nur noch für juristischen Kleinkram zuständig. Wenn eine Erbstreitigkeit geschlichtet oder ein Diebstahl geahndet werden mußte, waren die Polen unter sich. Für politische Strafsachen aber oder «Wirtschaftsverbrechen» gab es das «Deutsche Sondergericht»; und wer SS-Angehörigen oder Polizeibeamten nicht den schuldigen Respekt erwiesen hatte, kam gar vors SS-Gericht. Dies waren die Domänen der beiden deutschen Advokaten.

Wie sehr die Polen Personen minderen Rechts waren, wenn sie in die Mühlen der deutschen Gerichte gerieten, beweist der Fall des Arztes Dr. Walczynski. Rechtsanwalt Nollau hatte die Akten von einem polnischen Kollegen übernommen, dem die Verteidigung wegen des Interesses der Gestapo zu gefährlich geworden war. Welchem Druck Nollau ausgesetzt war, wenn er den Nazi-Organen nicht willfährig war, aber auch, welchen Spielraum er hatte, gegen Unrechtsurteile vorzugehen, belegen seine Aufzeichnungen:

«Dr. Walczynski, ein angesehener Krakauer Arzt, war (im September 1942) von einer deutschen Luftwaffenhelferin aufgesucht worden, die ihn flehentlich gebeten hatte, ihre Schwangerschaft zu unterbrechen. Nach polnischem Recht war ein solcher Eingriff zulässig, wenn zwei Ärzte eine medizinische Indikation als gegeben ansahen. Daher hatte Dr. Walczynski seine Patientin zu einem zweiten polnischen Arzt geschickt, der bestätigt hatte, daß eine solche Indikation vorliege. Dr. Walczynski hatte schließlich den Eingriff vorgenommen. Seine Patientin hatte keinen gesundheitlichen Schaden davongetragen. Für das Honorar von 600 Złoty konnte Dr. Walczynski damals etwa drei Kilogramm Butter kaufen.

Irgendwie wurde die Sache aber ruchbar, und Dr. Walczynski und sein Kollege, der die Indikation bestätigt hatte, wurden angeklagt. Das Sondergericht Krakau verurteilte den Dr. Walczynski zu zwei Jahren Gefängnis, eine Strafe, die mir als Sühne für einen Einzelfall zu hoch erschien. In diesem Strafprozeß war als medizinischer Sachverständiger Dr. Beck, ein SS-Sturmbannführer, tätig gewesen. Ihn hatte die Regierung auch zum Hauptsachverständigen der Kommission gewählt, die die Morde von Katyn untersuchen sollte. Dr. Beck hatte Verbindung zu Obergruppenführer Krüger, dem Höheren SS- und Polizeiführer im Generalgouvernement, der der mächtigste Mann im Lande war. Krüger machte aus dieser kleinen Abtreibungssache nun eine politische Affäre. Er ließ verbreiten, die verurteilten Ärzte hätten durch die Abtreibung das deutsche Volkstum schädigen wollen. Deshalb sei die Strafe zu niedrig. Mit dieser Begründung drängte Krüger die Hauptabteilung Justiz bei der Regierung des Generalgouvernements, gegen das rechtskräftig gewordene Urteil außerordentlichen Einspruch einzulegen. Die Justizverwaltung übernahm Krügers Begründung, legte Einspruch ein und verwies die Sache zur nochmaligen Verhandlung an das Deutsche Obergericht in Krakau.

In diesem Stadium übernahm ich die Verteidigung von Dr. Walczynski. Ich besuchte ihn im Gefängnis, wo er die Behauptung zurückwies, er habe das deutsche Volkstum schädigen wollen. Er sei in Posen geboren und habe im Ersten Weltkrieg als deutscher Offizier gedient, wobei ihm das EK I verliehen worden sei. Zu der Abtreibung habe er sich durch die eindringlichen Bitten des Mädchens bewegen lassen. Ich gewann einen guten Eindruck von Dr. Walczynski. Seine Behauptungen erschienen mir glaubhaft.

Da ich wußte, daß der Befehlshaber der Sicherheitspolizei auf eine harte Verurteilung von Dr. Walczynski drängte, wollte ich mich absichern und fragte den Präsidenten des Deutschen Obergerichts, ob er gegen meine Tätigkeit in dieser Sache Bedenken habe. Er verneinte dies. Er erklärte sogar, es sei gut, daß sich ein deutscher Verteidiger dieser Angelegenheit annehme.»

Richter schärfer als der Ankläger

«Wenige Tage vor der Hauptverhandlung traf ich den Sachverständigen Dr. Beck. Er teilte mir mit, General Krüger habe sein Mißfallen darüber geäußert, daß ein deutscher Rechtsanwalt Dr. Walczynski verteidige. Dr. Beck riet mir ‹freundschaftlich›, das Mandat niederzulegen, um Schwierigkeiten von seiten der Gestapo zu vermeiden. Ich war betroffen und suchte den Obergerichtspräsidenten Bauer auf, um mir seine frühere Äußerung noch einmal bestätigen zu lassen. Doch dieser bestritt jetzt sein Einverständnis von ehedem und meinte, ob ich den Arzt verteidigen könne, müsse ich mit meinem Gewissen ausmachen, hier liege ein schwerer Angriff auf das Deutschtum vor, den ein Deutscher nicht in Schutz nehmen solle. Diese Sinnesänderung des Präsidenten hatte, wie ich später hörte, ein Oberrichter bewirkt, der Mitglied des Gerichts war. Er gehörte dem SD an und war von der Gestapo veranlaßt worden, den Präsidenten umzustimmen.

Ich suchte nun meinen Kollegen Dr. Markau auf. Er verteidigte in dieser Sache den zweiten polnischen Arzt, der die medizinische Indikation bestätigt hatte. Wir wogen ab: Wenn wir fest blieben, riskierten wir vielleicht unsere Position in Krakau. Legten wir die Verteidigung nieder, so ließen wir unsere Klienten im Stich, die auf unseren Beistand vertrauten. Einen Tag vor der Hauptverhandlung wäre es einem anderen Verteidiger kaum möglich gewesen, sich einzuarbeiten. Wir beschlossen, die Sache weiterzuführen.

Die Hauptverhandlung, bei der als einziger Zuhörer ein Gestapo-Offizier zugelassen wurde, endete für Dr. Walczynski, also auch für mich, mit einem Fiasko. Vergeblich wies ich nach, daß Dr. Walczynski aus Mitleid gehandelt habe. Vergeblich bat ich mildernd zu berücksichtigen, daß der Angeklagte im Ersten Weltkrieg als Arzt in der deutschen Armee gedient habe. Das Gericht wandte die sogenannte Volksschädlings-Verordnung an und verurteilte den Angeklagten zum Tode. Es überschritt damit den Antrag des Staatsanwalts, der erklärt hatte, eine höhere Strafe als fünf Jahre Gefängnis halte er nicht für zulässig.

Dieses Todesurteil versetzte viele Juristen Krakaus, Deutsche wie Polen, in Aufregung. Einer der beisitzenden Richter erzählte zu seiner Entschuldigung, der Präsident und der Oberrichter hätten ihn überstimmt. Viele Juristen waren damals davon überzeugt, daß hier das Recht auf Druck der Gestapo gebeugt worden sei. Den Angehörigen von Dr. Walczynski dieses Ergebnis mitteilen zu müssen war furchtbar. Zugleich beschämte es mich als Deutschen, zugeben zu müssen, daß meine Landsleute das Recht mit Füßen getreten hatten.

Nun, nachdem dieses Urteil vorlag, war ich nicht mehr um meine Position besorgt, sondern nur noch wütend. Ich machte ein Gnadengesuch, in dem ich darlegte, die Vollstreckung des Urteils würde einem Justizmord gleichkommen. Ich bestürmte den Oberstaatsanwalt Dr. Neeb, dieses Gesuch zu befürworten, was er auch tat. Dann sandte ich einen Bekannten zu Dr. Losacker, dem ‹Gouverneur› von Krakau, der trotz seiner Zugehörigkeit zur SS als einsichtig galt. Auch Dr. Losacker erkannte an, daß hier Unrecht geschehen war, und befürwortete ebenfalls mein Gnadengesuch. Nach einigen Wochen mußte Dr. Losacker seinen Posten verlassen. Ich erfuhr, daß er sich auf Betreiben Himmlers an die Front melden mußte, weil er als SS-Mann ‹pflichtwidrig› mein Gnadengesuch unterstützt hatte.

Dieses Gnadengesuch wurde in der Hauptabteilung Justiz der Regierung des Generalgouvernements bearbeitet. In dem Gnadenreferenten fand ich einen Mann, der tat, was er konnte, um dem Gesuch zum Erfolg zu verhelfen. Über das Gesuch hatte die beim Generalgouverneur Dr. Frank bestehende Gnadenkommission zu entscheiden. Mit Dr. Frank könne man reden, sagte mir der Gnadenreferent. Aber auch General Krüger war Mitglied dieser Kommission. Wenn er sich dagegen aussprechen sollte, würde das Gesuch nicht bewilligt werden. Und er würde, so glaubten wir, unter allen Umständen gegen die Begnadigung votieren. Der Gnadenreferent teilte mir mit, er beabsichtige, die Akte Dr. Walczynski zu jeder Sitzung mitzunehmen. Er wolle sie aber nur vortragen, wenn der SS-General nicht anwesend sei. Da er aber stets erschienen war, ist die Sache des Dr. Walczynski vom 18. Juni 1943 bis zum 18. Januar 1945, dem Tage des Einmarsches der Russen in Krakau, in der Gnadenkommission nicht verhandelt worden. So ist das Leben des unglücklichen Dr. Walczynski gerettet worden. Die Rote Armee hat ihn befreit.»

Verdummung mit System

Wie die Nazis das polnische Schulwesen verstümmelten

Der Reichsführer SS machte sich «Gedanken». Thema war «die Behandlung der Fremdvölkischen im Osten». Im Klartext: die endgültige Entrechtung der Polen und ihre Unterwerfung unter die deutsche Besatzung. Was Himmler ausbrütete, zielte auf die Vernichtung der Polen als Kulturnation. Entscheidender Punkt in seinem teuflischen Konzept war die Schule: «Für die nichtdeutsche Bevölkerung des Ostens darf es keine höhere Schule geben als die vierklassige Volksschule. Das Ziel dieser Volksschule hat lediglich zu sein: Einfaches Rechnen bis höchstens fünfhundert, Schreiben des Namens, eine Lehre, daß es ein göttliches Gebot ist, den Deutschen gehorsam zu sein und ehrlich, fleißig und brav zu sein. Lesen halte ich nicht für erforderlich.» Himmlers Weisung vom 15. Mai 1940 war in der Sache keineswegs neu, sie verschärfte allerdings, was eifrige deutsche Beamte im Generalgouvernement schon ein halbes Jahr vorher auf den Weg gebracht hatten: die Demontage des polnischen Schulwesens, die systematische Verdummung eines ganzen Volkes.

Bereits im November 1939, rund sechs Wochen nach dem Sieg der Wehrmacht, hatten die Deutschen ihren entscheidenden Streich geführt. Alle allgemeinbildenden höheren Schulen wurden dichtgemacht. Nur an polnischen Volksschulen durfte gelernt werden, und auch den Unterricht an den Berufsschulen ließen die Nazis zu – freilich mit Hintergedanken: Geschulte Arbeitskräfte waren in der deutschen Kriegswirtschaft gefragt wie nie zuvor. Dennoch war der dreijährige Besuch der Berufsschule für die Polen freiwillig – und Geld wurde ihnen dafür auch noch abgeknöpft. Im eigenen Interesse kümmerten sich die Deutschen um die polnischen Jugendlichen auch nach Abschluß ihrer Handwerkslehre, so erließen sie beispielsweise Vorschriften über die Weiterbildung von Lehrlingen in Metallwerken.

Ihr Hauptaugenmerk richteten die Nazis jedoch auf die Volksschule. Die jungen Polen sollten nur so viel schreiben, rechnen und – entgegen Himmlers späterem Radikalplan – auch lesen lernen, «um die Kinder zu befähigen, im deutschen Arbeitsleben verwandt zu werden, und damit der Arbeitgeber nicht genötigt ist, sich des Polnischen zu bedienen ...» wie das Rassenpolitische Amt der NSDAP im November 1939 formulierte.

Die von ihnen verordnete alleinige Unterrichtssprache Deutsch schien den Beamten nicht ohne Haken: «es muß unter allen Umständen vermieden werden, die Polen so weit zu bilden, daß es ihnen gelingen könnte, sich als Deutsche auszugeben.»

«Hauptwert» sollte dagegen – schon ganz im Sinne Himmlers – «auf Erziehung zu Ordnung, Sauberkeit, Disziplin und Anstand» gelegt werden.

Der Unterricht in Fächern «mit nationalen Problemen wie Geographie, Geschichte, Literaturgeschichte und auch Sport» wurde verboten. In welchen Bereichen des «deutschen Arbeitslebens» solchermaßen gebildete Heloten einzusetzen waren, war für die NS-Rassenpolitiker keine Frage: «Die Schule soll ... auf landwirtschaftliche oder forstwirtschaftliche sowie einfache Industrie- und Handwerksberufe vorbereiten.»

Nicht nur die Inhalte der schulischen Bildung wurden arg beschnitten, auch ihr Umfang schrumpfte zwangsweise auf ein belangloses Minimum: «Am Vormittag werden die Schulräume nach einander zweimal, am Nachmittag (außer Mittwoch und Sonnabend) einmal belegt, so daß jedes Schulkind am Tage etwa zweieinhalb Stunden schulische Betreuung erfährt.

Im Interesse der allgemeinen Beschulung der polnischen Kinder kann an einzelnen Orten, wo es an Räumen und Lehrkräften mangelt, dazu übergegangen werden, die Unterrichtszeit noch weiter zu kürzen, unter Umständen bis auf eine Stunde am Tage.» Noch eine weitere Maßnahme war vorgesehen: extrem hohe Klassenfrequenzen!

Oft genug strichen die Nazis für die polnischen Kinder außerhalb der Großstädte selbst das kleine 1 × 1 und zwangen sie statt dessen zu praktischen Arbeiten. Sie sammelten Heilkräuter und Kastanien, pflückten Beeren und pflanzten Bäume. Die Arbeitsnorm war festgesetzt, die Lehrer mußten die Kinder antreiben. Selbst in den Ferien war derlei «nützliche Arbeit» Pflicht. Ständige Verhaftungen schufen in den Schulen ein Klima des Terrors. Viele Kinder und Lehrer landeten in Konzentrationslagern oder mußten fern der Heimat Zwangsarbeit leisten.

Polnische Pädagogen waren entbehrlich, neue wurden nicht mehr ausgebildet. Allein das Lehrerseminar in Siedlce arbeitete bis zum Schuljahrsende 1939/40, alle anderen wurden schon vorher aufgelöst. Ende Februar 1940 waren alle polnischen Lehrer entlassen. Nur «deutsche Lehrkräfte und deutsche Hilfslehrkräfte (Laienkräfte vom achtzehnten Lebensjahr ab)» sollten künftig die polnischen Kinder beaufsichtigen. Ende 1939 hatten die Besatzer noch eine andere Lösung ausgeheckt: sie wollten auf «pensionierte und ausgediente Funktionäre der polnischen Polizei» zurückgreifen. Der Plan wurde fallengelassen, doch Qualifikation war auch jetzt nicht gefragt.

Die Verbitterung der Polen war beträchtlich. Trotz Gestapo- und SS-Terror organisierten sie ein Netz geheimer Schulen. Eltern und Lehrer arbeiteten bei diesem gewagten Unternehmen Hand in Hand, die Leitung übernahm eine illegale Lehrerorganisation. Da die Deutschen die Schulgebäude vielfach als Truppenquartier oder Getreidespeicher zweckentfremdet hatten, tagten die Geheimschulen in Privathäusern, auf dem Lande während des Sommers auch in Scheunen. Obwohl die Nazis Wind von der Sache bekamen und eine Welle von Verhaftungen durchs Land ging, lief der illegale Unterricht bis zum Ende der Okkupation weiter.

Kidnapping im Audimax

SS macht die Unis dicht

Der angekündigte Redner war ein Fachmann, allerdings mehr einer der Tat als des Geistes. Daß er dann doch bei seinen Leisten blieb, hatte auf den ersten Blick nicht so ausgesehen: SS-Obersturmbannführer Müller hatte alle Professoren, Dozenten und Assistenten der Universität Krakau und der Bergakademie für den 6. November 1939 in das Collegium Novum eingeladen, um ihnen einen Vortrag über «Das Verhältnis des Deutschen Reiches und des Nationalsozialismus zu Wissenschaft und Universität» zu halten. Die Sache war ein mieser Bluff: Redner Müller brauchte keine fünf Minuten, um das Verhältnis der Nazis zur polnischen Wissenschaft klarzumachen: allen 183 polnischen Forschern wurde ihre Verhaftung und Deportation angekündigt und auf die Schnelle in die Tat umgesetzt. Ein Ordinarius erinnert sich[11]:

«Als ich mich der Universität näherte, fiel mir die große Zahl von deutscher Polizei (SS) mit Karabinern und Stahlhelmen auf, die rings um das Collegium Novum aufgestellt war. Den Rektor traf ich sehr beschäftigt. Von der Ansammlung von Militärs wußte er nichts ... Pünktlich um 12 Uhr kam Müller ... zusammen mit sechs bewaffneten Polizeioffizieren in das Zimmer des Rektors ...Der Rektor begrüßte Müller und stellte mich als Professor der Jagiellonischen Universität und Mitglied der Akademie für Deutsches Recht vor. Müller fragte mich, ob ich auf einer Universität in Deutschland gewesen sei, worauf ich antwortete, daß ich als Doktor der Rechte etwa ein Jahr in Leipzig, Berlin und Göttingen verbracht hätte. Müller sagte ‹Schön› und forderte uns auf, mit ihm in den Vorlesungsraum zu gehen. Auf den Treppen und Fluren des Universitätsgebäudes standen schon Reihen von bewaffneten, behelmten Polizeisoldaten. Müller schritt mit seinen Offizieren in den vollbesetzten Hörsaal, nahm wie sie nicht den Helm ab und grüßte nicht, ging zum Katheder, wies auf einen sehr beleibten Herrn in Zivil hin und sagte, das sei der Dolmetscher, der, wenn nötig, seine Worte ins Polnische übersetzen könne, was aber wohl nicht notwendig sei, da bei dieser Versammlung alle deutsch verstehen müßten. Dann wandte er sich an uns mit folgenden Worten, die ich, wie ich glaube, fast wörtlich wiedergeben kann, da sie mir sehr gut im Gedächtnis blieben: ‹Die hiesige Universität hat ihr akademisches Jahr begonnen ohne die ausdrückliche Erlaubnis der deutschen Behörden. Das ist böser Wille. Ferner ist allgemein bekannt, daß die Dozenten der deutschen Wissenschaft gegenüber immer feindlich eingestellt waren. Deswegen werden alle Anwesenden mit Ausnahme dreier Frauen in ein Konzentrationslager überführt. Jegliche Diskussion und jede Äußerung zu diesem Thema ist ausgeschlossen. Wer bei der Ausführung meines Befehls Widerstand leistet, wird erschossen.› Die Belehrung war beendet. Müller befahl uns, hinauszugehen ...»

SS erwartete sie auf den Korridoren und an den Ausgängen. Die Gefangenen kamen in das KZ Sachsenhausen. Bis zur Jahreswende 1940/41 wurden mehr als hundert Professoren wieder freigelassen – ein Erfolg massiver internationaler Proteste gegen den brutalen Handstreich der SS.

Die deutsche Militärverwaltung wollte einen ganz anderen Kurs steuern als die Männer mit dem Totenkopf an der Mütze. Sie hatte die Bevölkerung in Krakau schon am 11. September aufgefordert, in allen Bereichen des öffentlichen Lebens wieder ihrer Arbeit nachzugehen. Das galt auch für die Universität, dessen Rektor nach Absprache mit den Militärs den Tag des Semesterbeginns auf den 6. November festsetzte. Drei Tage vorher meldete SS-Mann Müller seinen Vortragswunsch an. Sein Plan: Gemäß SS-Maxime sollte die polnische Intelligenz ausgeschaltet werden.

Auch in Lublin und später in Lemberg führte sich die SS ähnlich auf: am 9. November, drei Tage nach dem Coup in Krakau, wurden alle in Lublin anwesenden Hochschullehrer und einige Studenten verhaftet, die Uni geschlossen. «Zur Abschreckung» ließen die Nazis zwei Professoren erschießen, die meisten anderen verschleppten sie in verschiedene Konzentrationslager.

Die Einrichtungen der polnischen Universitäten wurden rücksichtslos geplündert. Kostbare Bibliotheken wanderten ebenso nach Deutschland wie das Inventar zahlreicher Universitätsinstitute. Das Warschauer Institut für Experimentalphysik beispielsweise, mit einer 50000-Dollar-Spende der Rockefeller-Stiftung sehr gut ausgestattet, ging zu 95 Prozent ins Reich. Sein Schicksal teilte die große Mehrzahl qualifizierter Forschungslaboratorien.

Geheimer Treff bei Dr. Wrzosek

Auch nachdem die Besatzer die Universitäten zugemacht hatten, mußten Professoren und Studenten nicht ganz auf Vorlesungen und Seminare verzichten: Forschung und Lehre gingen weiter, in bescheidenem Maße, unter strenger Geheimhaltung und der ständigen Furcht, von den allgegenwärtigen Nazi-Schnüfflern entdeckt zu werden. Zofia Kowalska-Stegawska erinnert sich an ihr Medizinstudium an der geheimen Universität in Warschau 1942 bis 1944[12]:

«Im Mai 1942 bestand ich auf einer geheimen Zusammenkunft des Königin-Hedwig-Gymnasiums in Warschau die Reifeprüfung ... Seit langem dachte ich daran, Medizin zu studieren, aber die Bedingungen unter der Okkupation schienen alle Träume zunichte zu machen ...

Seit einiger Zeit hörte man in Warschau von dem Bestehen einer geheimen Universität, aber es gelang mir nicht, Kontakt zu dieser Unterrichtsanstalt anzuknüpfen. Schließlich gelang es, wir wurden in den sogenannten Null-Kursus aufgenommen. Erst nach Jahren erfuhren wir, daß dies der erste Kurs der medizinischen Fakultät war, der im Rahmen der ‹Geheimen Universität der Westgebiete› organisiert wurde.

Akademischer Tradition getreu, begannen die Vorlesungen in den ersten Tagen des Oktober. Mit dem Gefühl der Unruhe, aber auch voller Stolz, daß ich jetzt Medizinstudentin war, ging ich zur ersten Vorlesung zur angegebenen Adresse, Ulica Madalińska 15. Dort war eine einstöckige Villa, die in einem großen Garten stand. An der Pforte sah ich ein Arztschild mit der Aufschrift ‹Dr. Adam Wrzosek›. Wir benutzten den Seiteneingang durch die Küche. In einem Zimmer hatte man einen großen Tisch und etwa zehn Stühle aufgestellt; hinter einer provisorischen Trennwand befand sich das Schlafzimmer. Der Kurs zählte neun Personen ... Mit gewaltiger Spannung erwarteten wir die Ankunft des Professors und die erste Vorlesung. Schließlich kam Professor Adam Wrzosek, der sich uns als Dabrowski vorstellte. Nachdem er sich mit uns bekannt gemacht hatte und nach einer kurzen Einleitung, in der er die Notwendigkeit hervorhob, auf dem Wege zu den Vorlesungen äußerste Vorsicht walten zu lassen und ebenfalls tiefstes Geheimnis über die Tatsache der Existenz des geheimen Studiums zu bewahren, begann er mit der Vorlesung über die Geschichte der Philosophie der Medizin ... Bei einer der folgenden Vorlesungen nahm Professor Wrzosek uns einen Eid ab, Zeit, Ort und Inhalt der Vorlesungen unbedingt geheim zu halten und den akademischen Behörden zu gehorchen ...

Die Arbeit der Professoren war in dieser Zeit ungewöhnlich anstrengend. Die täglichen Fahrten zu den Vorlesungen zu den in der ganzen Stadt verstreuten Kursen, die Verkehrsschwierigkeiten, die Gefahr der Razzien und Ausweiskontrollen auf der Straße, alles das erschöpfte ihre Kräfte. Besonders am Anfang der Vorlesungen tauschten Professoren und Studenten politische Nachrichten aus sowie Neuigkeiten aus dem akademischen Leben, und sie besprachen aktuelle Maßnahmen der Besatzungsmacht ... Diese gemeinsamen Gespräche ... schufen ein festes Band zwischen Professoren und Studenten ... Die Studenten waren bei den Vorlesungen fast immer hundertprozentig anwesend ... Wir lernten ebenfalls in großem Maße aus Büchern, besonders aus deutschen Atlanten, die in den deutschen Buchhandlungen zu haben waren ...

Ende Juni 1944 begannen die Ferien. Wir blieben aber fast alle in Warschau, und zwar wegen der großen politischen Veränderungen (Rückzug der deutschen Armee an der Ostfront), wegen der Gerüchte von der geplanten Evakuierung der Stadt und mit Hinblick auf die verstärkte konspirative Tätigkeit. Der Ausbruch des Aufstands (1. August 1944) traf uns auf lange vorbereiteten Posten. Ich erfüllte die Funktion einer Sanitäterin ...

Erst einige Monate nach dem Aufstand erfuhr ich das Los der Kollegen:

Irena Koreywo wurde auf der Straße während eines Waffentransports nach Prag verhaftet. Ihre Spur blieb verschwunden. Jurek Krakowiecki starb mit der Waffe in der Hand in Mokotów, als er in einer Abteilung der Aufständischen kämpfte. Andrzej Klepa fiel am ersten Tag des Aufstands beim Angriff auf das Rathaus, er verschied in den Händen seines Vaters, der der Führer seiner Abteilung war. Kollege Boleslaw Pieńkowski, seit langem in Haft, wurde noch vor dem Aufstand erschossen ...»

Ihr Auftrag: Menschenjagd

Aus dem Alltag der «Einsatzgruppen»

Auf der Flucht vor der Roten Armee ließ ein bis heute unbekannter Gestapo-Mann Anfang 1945 in dem zerschossenen Haus einer deutschen Dienststelle irgendwo in Polen sein Fotoalbum zurück. 384 Bilder dokumentieren den mörderischen Alltag deutscher «Einsatzgruppen der Sicherheitspolizei», die im Spätsommer 1939 entstanden, zum Beispiel in Allenstein. In dieser ostpreußischen Kleinstadt wimmelte es in den letzten Augusttagen nur so von Mitgliedern der SS und der Gestapo, von Beamten der Kriminalpolizei und Männern des Sicherheitsdienstes (SD). In allen Teilen des Reiches hatte sie der Marschbefehl ihrer Vorgesetzten erreicht – zu einem «Sondereinsatz», den SD-Chef Heydrich und der Reichsführer SS Himmler ausgebrütet hatten. Die Männer erhielten SS-Uniformen mit der SD-Raute am linken Unterarm und machten sich an ihre Aufgabe: Menschenjagd.

«Die sieben schwarz uniformierten Männer auf dem ersten Foto im Album gehören zum Kommando 3 der Einsatzgruppe V. Sie werden in Allenstein am 13. September in Marsch gesetzt und erreichen schon vier Tage später, im Rücken des Panzerverbandes ‹Ostpreußen›, einen kleinen Ort nordwestlich von Warschau: Plonsk. Hier quartieren sie sich ein.

Die ersten Tage nach der Besetzung dieses Städtchens werden auf den nächsten Seiten des Albums illustriert. Über der Zeile ‹Einrichten der Dienststelle› sieht man, wie die neuen Herren, breitbeinig in ihren Reitstiefeln, ‹slawische Untermenschen› in schäbiger Kleidung beaufsichtigen, die Möbel für die Dienststelle in das Schulhaus schleppen. ‹1. Wache in Feindesland›: Schon wird Organisation sichtbar. Auf der Wandtafel im Klassenzimmer steht:

Wache: 17./18. 9. 39
Wachführer SS-O-Sch. Baltruschat
1. Posten SS-U.Sch. Pauls
2. Posten SS-U.Sch. Wagner
3. Posten SS-U.Sch. Castendyk

«Sie suchen ihre Männer» steht, knapp und zynisch, unter einem der nächsten Bilder. Zwei Frauen, polnische Bäuerinnen, gedrungen und mit breiten Hüften, eine hält ein Baby im Arm, zwei Kinder. Sie haben sich vorgetraut zu den drei uniformierten Deutschen vor dem Eingang des Schulhauses. Radebrechend fragen sie nach ihren Männern und Vätern. In den Gesichtern der drei Gestapo-Beamten keine Regung.

Auf den folgenden Seiten wird deutlich, was passiert ist, warum polnische Frauen so oft fragen mußten. Überschrift: ‹Das polnische Untermenschentum, das 60000 Volksdeutsche ermordete!› Man sieht Gruppen von Männern, die auf Feldwegen zusammengetrieben und bewacht werden, schwarze Limousinen halten vor Haustüren, Polen werden abtransportiert. Bildunterschriften: ‹Gefesselte Banditen› oder ‹Hart war die Sühne, aber gerecht!›

Das Auswärtige Amt in Berlin hatte eine ‹Dokumentation› über polnische Ausschreitungen an Volksdeutschen in den Wochen und Monaten vor dem Krieg zusammengestellt. Danach sollen 5437 Volksdeutsche getötet worden sein. Die NS-Propaganda hatte daraus kurzerhand 58000 Tote gemacht – und unser Gestapo-Mann hatte das natürlich geglaubt.

So fügt sich schlüssig auch die nächste Seite an: fünf Portäts von jungen Polen, darunter, genau auf Mitte: ‹Sie mordeten 1939 Volksdeutsche in Polen! (Todesurteil).›

Kriegsgericht im Klassenzimmer

Wir kennen keine Einzelheiten über dieses namenlose Tableau des Todes. Die folgenden Fotos zeigen aber, wie es zu den Urteilen kam. ‹Kriegsgerichtssitzung›: In einem Klassenzimmer des Plonsker Schulhauses numerierte Kleiderhaken an der Wand, die Sitzung ist vorbereitet. Man ‹verhandelt›: Ein junger Pole steht vor dem Richtertisch, flankiert von zwei Soldaten mit Stahlhelm und Karabiner.

Darunter ein größeres Foto: Vor dem Eingang der Schule der junge Pole mit zwei anderen Opfern, alle drei stehen stramm. Um sie herum, lose gruppiert, Deutsche in Uniform. Dazu die Bildunterschrift wie eine Regieanweisung: ‹Vor der Exekution.› Daß die Polen nach einem Schnellverfahren hingerichtet wurden, reicht nicht. Man stellte sie vorher noch in Positur – nicht nur Ordnung mußte sein, auch Zeremoniell und Präsentation des Machtgefühls ...

Die Einsatzgruppen arbeiten perfekt. Ihre Berichte, die bis Ende September zweimal täglich nach Berlin telegrafiert werden mußten, geben mit ihrer Amtsstuben-Sprache und Auflistungs-Akkuratesse schon in den ersten Tagen des Krieges einen Vorgeschmack auf die Mord-Buchhaltung von Auschwitz.

Die Einsatzgruppen-Leute unseres Albums melden unter anderem aus Plonsk nach Berlin:

- ‹acht Festnahmen, darunter drei weibliche Personen, zwei Pfarrer, ein Lehrer und ein Postagent. Zahlreiche Durchsuchungen von Gebäuden und Dienststellen. Es wurden 1997,94 Zloty beschlagnahmt.›
- ‹Festnahme von 140 Personen. Es wurden zwei polnische Soldaten aufgegriffen. Sie hatten eine Pistole, Munition und ein Rasiermesser bei sich. Beide wurden sofort an Ort und Stelle erschossen.›
- ‹In Przasnysz und Ciechanow wurden zahlreiche Wohnungen durchsucht. Größere Bestände an Wäsche, Stoffen, 187 Sack Roggen, Weizen, Reis und Hülsenfrüchte wurden sichergestellt, außerdem 182 Brieftauben eines polnischen Brieftaubenvereins.›
- ‹Die Erfassung der Juden in Raciac, Kreis Plonsk, ist durchgeführt. Von 6000 Einwohnern in R. etwa 1600 Juden, in deren Händen sich fast sämtliche Geschäfte befanden.›

Was in dem letzten Bericht nach schlichter Volkszählung klingt – im Album sieht man die böse Wirklichkeit, über die unser Fotograf die Zeile schrieb: ‹Aktion gegen 6000 Juden in Plonsk.›

Fast ein ganzer Film ist hier am 27. September 1939 verknipst worden; die 27 Fotos und ihre Anordnung beweisen Sinn für Dramaturgie: aus allen Blickwinkeln an der langen Reihe der aufgestellten Juden entlang; Ausschnitte, wie sie an den Tisch treten zum Erfassen in Listen. Frauen, auf der anderen Seite des Platzes zusammengetrieben. Zweimal konzentriert sich die Kamera auf einen, der so aussieht wie die Karikaturen, mit denen die Nazis den «typischen Ostjuden» verhöhnt haben. Und dann, hervorgehoben auf der Mitte der Seite, ein Bild, das eine verzweifelte junge Frau zeigt, die vor einem hünenhaften Deutschen in Uniform gestikuliert.

Dann die Fotos von den Juden, denen sie Reisigbesen in die Hand drükken, die sie aufreihen und über das Kopfsteinpflaster scheuchen und sie den Platz fegen lassen – als wolle man ihnen vor dem Abtransport ins Lager die Chance geben, etwas Ordentliches zu lernen: deutsche Sauberkeit.

Und dann noch das Bild von dem Gestapo-Mann, der einem Juden eine Schnapsflasche in den Hals rammt und ihn zwingt, sie auf einen Zug zu leeren.

Mit der Überschrift ‹Neuer Abschnitt› wechselt auch unser Chronist den Schauplatz. Himmler hatte am 20. November die Auflösung dieser Einsatzgruppen befohlen, knapp einen Monat vorher hatte der Führer die besetzten Gebiete Polens ‹eingegliedert›. In den neuen Gauen Danzig–Westpreußen und Posen wurde die deutsche Verwaltung aufgebaut. Das Wichtigste war das dichte Netz von Staatspolizei-Stellen.

Diese Dienststellen wurden mit Beamten besetzt, die sich in den Einsatzgruppen bewährt hatten. Unser Mann mit dem Album landet in Hohensalza. Er fotografiert das Ortsschild, das Schild mit dem umkränzten Reichsadler und der Aufschrift ‹Staatspolizei-Stelle›, die weiße dreistöckige Dienstvilla mit dem Säuleneingang in der Adolf-Hitler-Straße 41.

In dieser kleinen Kreisstadt im neuen Reichsgau ‹Wartheland›, 30 Kilometer südwestlich von Thorn, wurde im Frühjahr 1940 der Dienstbetrieb aufgenommen. Die Amtsräume für die verschiedenen Referate und die Außendienststellen Gnesen, Konin, Leslau sowie das Grenzpolizeikommissariat Kutno wurden eingerichtet.

Der Alltag wird in vielen Bildern festgehalten: zwei Beamte an ihren Schreibtischen, drei vor einem schwarzen Dienstwagen, einem Wanderer-Cabriolet, noch mal ein Schreibtisch, man erkennt die Marmorplatte mit den Rillen für die Bleistifte, einen Briefständer, einen Totenkopf auf einem abgeschrägten Sockel. Davor ein kleines Tischchen mit Spitzendecke und einem ovalen Tablett für Rauchutensilien – kleinbürgerliche Behaglichkeit ...

Zwinger «Polenschreck»

Auf den nächsten Seiten des Albums die Erlebnisse unseres Gestapo-Mannes in Hohensalza: ‹IV A feiert!› – reihenweise Bilder über ein Besäufnis des ‹Vollzugsreferats› mit Schifferklavier, alle Mann versammelt um einen großen Holztisch, gute Laune, einige singen. Dann eine Inspektionsfahrt mit einem Kübelwagen durch meterhohen Schnee. Unter dem Foto, das die Rückkehr auf den Hof der Dienststelle zeigt: ‹Das war eine tolle Fahrt!›

Danach heißt es kurz und bündig: ‹Im Lager Hoza.› Man sieht helle Holzbaracken zwischen mannshohen Drahtzäunen, Männer mit kahlgeschorenen Schädeln in Häftlingskleidung, in Zweierreihe angetreten. Da hat sich auch unser Album-Mann wieder von Kameraden knipsen lassen. In Reithosen, Tweedjacke und Hut steht er neben einer Tür mit dem Schild ‹Lagerführer›. Er noch einmal, mit zwei anderen in Zivil, Bildunterschrift: ‹Die schwarze Hand.› Und dann ein Foto vom Drahtverhau für die Hunde. Darauf steht in weißer Ölfarbe: ‹Zwinger Polenschreck.›

Was war Hoza? Als Konzentrationslager wird es in keiner Dokumentation genannt. Eine Verfügung des Amtschefs von Hohensalza, Friedrich Hegenscheidt, vom 28. November 1941 gibt Aufschluß. In das ‹Übergangslager der Staatspolizei-Stelle Hohensalza›, von den Beamten ‹Hoza› genannt, werden die Polen ‹überstellt›, die nach Osten ins Generalgouvernement abgeschoben worden waren und nun unerlaubt in ihre Heimat zurückkehrten. Solche ‹Hoza›-Häftlinge wurden einem ‹Konzentrationslager zugeführt mit dem Antrag auf Sonderbehandlung›. ‹Sonderbehandlung› konnte vieles bedeuten: die Benzinspritze in die Armvene, Auspuffgas in der Vernichtungsbaracke, Gewehrsalven vor der Exekutionswand, Menschenversuche – eines bedeutete es immer: den Tod.

Dann wird unser Mann nach Kutno versetzt. Wieder das Ortsschild, das Schild der Dienststelle ‹Grenzpolizeikommissariat Kutno›, noch steht der polnische Straßenname darüber (bald heißt sie ‹Graf-Spee-Straße›), die weiße Dienstvilla mit riesiger Hakenkreuz-Fahne über der Balkonbrüstung.

Auch in Kutno gibt es zunächst noch Kurzweil und nette Menschen: ‹Richtfest der neuen Autogarage› – die Beamten um den weiß gedeckten Tisch, geöffnete Bierflaschen, einer singt zur Klampfe. Auch ein Schäferhund ist mit von der Partie, macht ‹Platz› auf einem Stuhl in der fröhlichen Runde – Kameradschaftsabend unter zu hoch gehängten Landschaftsbildern in Kleinformat. Schließlich ‹Unsere Köchin Frieda› beim Entschuppen eines Fisches.

Doch dann ist Schluß mit der Mischung von Greuel und Gemütlichkeit. Auf den restlichen Albumseiten nur noch Willkür, Grauen und Ausrottung. Die Bildunterschriften werden immer knapper. Die Vernichtung ‹polnischer Untermenschen› wird nur noch abgehakt.

‹In Leslau› steht unter den vier Fotos von einer Hinrichtung: schäbig gekleidete Männer, den Judenstern auf der Brust, beim Aufbau des Galgens. Die gleichen Männer beim Abhängen des Toten. Dann die Henker, lächelnd, regelrecht aufgebaut vor der Kamera.

So kann man den Mord als ‹Vorgang› dokumentieren – nichts anderes war er im Bewußtsein dieser Herrenmenschen ...

Für Mehl und Zucker an den Galgen

Zehn Stunden lang haben sie den wegen Mehlschieberei verurteilten Abram-Hersz Kantorowicz auf dem Marktplatz Leslau hängen lassen, mit dem scharfen Knick hinten am Hals, als Warnung für die Bevölkerung: Verstoßt nicht gegen Recht und Ordnung der neuen Herren!

Was konnten die nach der NS-Propaganda charakterlich minderwertigen und zivilisatorisch primitiven Polen anderes erwarten als Sonderrecht. Seit Anfang 1941 bekamen die Polen in den neuen Reichsgauen kaum noch Mehl, Obst und Gemüse. Was blieb der hungernden Bevölkerung anderes übrig, als Lebensmittel auf dem Schwarzmarkt zu organisieren. Für die Stapo-Leute von Kutno war es bald Routine-Arbeit, ‹volksschädliche Krisenschieber› zu schnappen und zu exekutieren. Bis zum 23. Dezember 1941 ergingen in diesem Gebiet ‹Im Namen des Deutschen Volkes› 45 Todesurteile, im darauffolgenden Jahr 800 und von Anfang 1943 bis Kriegsende weitere 695 Todesurteile.

Diesen ‹mit unerbittlicher Härte geführten Volkstumskampf› (Hitler) dokumentiert unser Chronist. Gleich drei Seiten klebt er voll mit Bildern über eine ‹öffentliche Exekution›, die ein paar Stunden nach der Leslauer Hinrichtung am 9. Juni 1941 in Kutno ablief. Es sollte ein Exempel statuiert werden – und genau das wiederholte unser Gestapo-Mann mit seinen Fotos und der Anordnung der Bilder im Album: ‹Aufbauen der Galgen› – wieder werden sie von zerlumpten Gestalten mit Schlägermütze und Judenstern errichtet. Das nächste Bild, aus größerer Entfernung aufgenommen, zeigt den menschenleeren Platz, still, fast feierlich.

Die nächste Seite: die Polizeifotos der drei, darunter ihre Namen. Und dann: Sie hängen. Unser Fotograf ist ganz nah rangegangen mit seinem Apparat, hat jeden in voller Größe erwischt, mit den von den Schultern weggeknickten Köpfen, den auf den Rücken gebundenen Händen, den zusammengeschnürten Beinen. Und er hat die Galgenbilder unter das jeweilige Porträtfoto geklebt. Auf der dritten Seite der letzte Akt: Die abgeschnittenen Toten, die Schlinge noch um den Hals, werden auf einen Pferdewagen geworfen.

Wir wissen, daß die Schergen die Ermordung nicht nur fotografiert haben: Sie haben sie auch gefilmt. Die Kamera lief sogar noch, als die Henker mit der Schnapsflasche in der Hand und der Zigarette im Mundwinkel nachher auf den Terasse der Dienststelle feierten.

Neben den Bildern dieses Tages steht ‹Perkowski, Sand, Charnecki wegen Mehl- u. Zuckerverschiebung vom Sondergericht Leslau zum Tode verurteilt.› Der Vorsitzende des Sondergerichts, der Landgerichtsrat Dr. Mühl, brauchte immerhin siebzehn Seiten, um die Todesurteile gegen den ‹polnischen Zugabfertiger Perkowski›, den ‹Juden Kantowowicz› und andere zu begründen. Denn die Deutschen waren gründlich beim ‹Exempel statuieren› ...

Schließlich auf den letzten Seiten zweimal in fetten Lettern ‹Juden raus!› Siebzehn Bilder: Möbelhaufen vor den Häusern, Menschen werden durch die Straßen getrieben, klauben aus einem geplatzten Sack Kartoffeln zusammen, ein ‹Ausreißer› wird geschnappt. Dann die aus der Stadt rollenden Pferdefuhrwerke mit dem wenigen Hab und Gut, das die Juden mitnehmen dürfen, Hakenkreuz-Fahnen an den Häusern. Zum Schluß ein Haufen Lumpen an einer Straßenecke, darunter steht: ‹Zurückgelassener Judendreck.›

Was Mitte 1941 geschah, als die 12000 Juden binnen Stundenfrist aus ihrer Stadt getrieben wurden, nennt unser Chronist schlicht ‹Evakuierung der Juden in Kutno›. Sie kamen in das nahe gelegene Getto Zychlin.

Die letzten beiden Fotos des Albums zeigen, was dann geschah. Abfälle und Lumpen werden verbrannt. Es sieht aus wie eine menschenleere Müllkippe. Darunter schrieb unser Chronist: ‹Im Getto Zychlin nach dem Abzug der Juden.›

Abzug – das hieß: Abtransport in die Gaskammern und Öfen der Vernichtungslager.»[13]

Auftakt in Kattowitz

Die Jagd auf Juden in Polen hatte SD-Chef Heydrich anderswo schon viel früher eröffnet, mit seinem Auftrag an die «Einsatzgruppe z. b. V.», als er sie unter ihrem Chef SS-Obergruppenführer von Worysch im Gefolge der Wehrmacht in die frisch eroberten Gebiete Polens schickte. Schon in den ersten Septembertagen machten sich die SS-Männer auf den Weg, und als deutsche Soldaten noch vor Warschau kämpften, packte die Sondereinheit ihre wahre Aufgabe bereits an: die planmäßige Verdrängung der polnischen Juden, zunächst aus dem Gebiet um Kattowitz und Krakau.

Hier leitete die SS einen neuen Abschnitt ihrer «Ostpolitik» ein: rund 500000 Juden aus den Gebieten, die die Nazis dem Reich einverleiben wollten, sollten ins Innere Polens verfrachtet werden. Betroffen waren Danzig, Westpreußen, das Wartheland um Posen und Oberschlesien. Weil die SS dabei auch zu brutalen Massenerschießungen griff, protestierte die Wehrmachtsführung – Ende September stoppte Himmler die Vernichtsungsaktion. Inzwischen hatten Hunderte polnischer Juden bereits ihr Leben lassen müssen. Nach nur kurzer Pause ging der wilde Terror weiter: als Hitler (am 25. Oktober 1939) die Militärverwaltung im westlichen Polen beendete, hatte die SS freie Bahn, ihre «Umsiedlungs»- und Vernichtungspläne an den polnischen Juden Schritt für Schritt zu vollstrecken.

Gelegentlich machten sich auch Soldaten die Hände schmutzig. Nachdem die Deutschen in das Städtchen Wieliczka einmarschiert waren, trieben sie alle Männer zusammen, befahlen ihnen, sich auszuziehen und nackt durch die Straßen zu laufen. Ada Lichtman war Augenzeugin der Aktion[14]: «Jeder, der stehenblieb, um Luft zu schnappen, wurde mit dem Bajonett in den Rücken gestochen. Fast alle jüdischen Männer kamen blutüberströmt nach Hause, unter ihnen auch mein Vater.» Es kam noch schlimmer. Am 12. September 1939 erreichte die SS-Einheit Wieliczka. «Die Deutschen», berichtete Ada Lichtman, «holten die jüdischen Männer heraus, ganz wahllos, ohne sich um das Alter zu kümmern ... Sie wurden alle auf dem Marktplatz aufgestellt, und man befahl ihnen, die Hände auf den Kopf zu legen ... Zweiunddreißig jüdische Männer wurden abgeholt.» Die Deutschen führten sie zusammen mit polnischen Intellektuellen über den Marktplatz. Sie mußten rufen: «Wir sind Volksverräter.» Schon standen Lastwagen bereit, die mit den Gefangenen vor die Stadt fuhren. «Ich lief dem Auto nach», erinnerte sich Ada Lichtman, «... bis zu einem kleinen Wäldchen. Dort lagen bereits alle Männer, die abgeholt worden waren, tot auf dem Boden.»

Auch Ada Lichtman fürchtete jetzt um ihr Leben. Sie floh nach Mielec (Mielitz), weil sie glaubte, die Greuel in Wieliczka habe sich ein besonders blutrünstiger SS-Führer ausgedacht. Doch auch in Mielec sah es nicht anders aus. Das Mädchen zog weiter nach Osten – überall das gleiche Bild:

«In Dubinka trieben die Deutschen zwanzig fromme orthodoxe Juden zusammen, die man zu dem Zeitpunkt aus den Häusern geholt hatte, als sie ihre religiösen Kleidungsstücke trugen. Man zwang sie, religiöse und Betlieder zu singen und betend die Hände gen Himmel zu heben. Dann gingen deutsche Offiziere auf sie zu, übergossen sie mit Petroleum und Benzin und zündeten sie an. Ich sah dies alles mit meinen eigenen Augen», beteuert Ada Lichtman, «ich war dort selbst, denn es geschah vor unserem Fenster.»

Ähnliche Szenen spielten sich in vielen Orten des besetzten Polen ab. «In Sanok steckten die Deutschen als erstes die Synagoge in Brand», berichte Jacob Gurfein, «ein Jude, der eine Thorarolle retten wollte, wurde an Ort und Stelle erschossen und noch lebend in die brennende Synagoge geworfen. Dann wurden viele Juden gesucht ... denen wurde zur Last gelegt, daß sie angeblich Kommunisten gewesen waren. Oder man suchte nach Leuten mit ähnlichen Namen, nahm sie fest und erschoß sie.»

An eine besonders niederträchtige Variante der «Umsiedlung» aus den ersten Tagen der Besetzung Polens erinnert sich Zwi Pechter: «Wir mußten auf die sowjetische Grenze zumarschieren. Die Deutschen töteten Menschen Stunde um Stunde ... ein fünfzehnjähriger Junge beugte sich nieder, um ein Stück Brot aufzuheben, und wurde von dem Kommandeur des Marsches an Ort und Stelle erschossen. Sie holten Leute aus den Kolonnen heraus und erschossen sie am Straßenrand. Nach drei Tagen erreichten von den zweitausend, mit denen der Marsch begonnen hatte, nur etwa hundert verwundete und verhungerte Leute die Brücke über den Bug – die Sowjetgrenze ... Sie befahlen uns, auf die Brücke und hinein nach Rußland zu marschieren. Die sowjetischen Wachen ließen uns nicht hinein.»

Drei Liter Wodka für Verräter

Antisemitismus in Polen

KZ Auschwitz. Polnische Häftlinge planen einen Fluchtversuch. Sie kennen die Schwierigkeiten, kalkulieren sie. Doch sie haben ein Handikap, das sie nicht einschätzen können. Schuld daran sind ausnahmsweise nicht die Männer der SS, Sorgen machen vielmehr die eigenen Landsleute: «Mit einer Frau, noch dazu mit einer so gebrechlichen wie Mala ... werden wir nicht weit gehen können», beschreibt Wieslaw Kielar seine Gedanken vor der Flucht, «Sie schafft es nicht. Kann man denn auf eine mögliche Hilfe der Leute draußen bauen, wenn man in ihr eine Jüdin erkennt?»

Die Sorge war berechtigt. Der polnische Antisemitismus hatte eine lange Tradition; ihm fehlte allerdings der rassistische Akzent, meist blieb es bei der konfessionellen, wirtschaftlich und national begründeten Judenfeindschaft. Zu Recht vertrauten die Nazis darauf, daß viele Polen ihren jüdischen Mitbürgern kaum helfen würden, wenn die deutschen Besatzer ihre Vernichtung betrieben.

Polnische Juden mußten deshalb nicht nur gegen die Deutschen ums Überleben kämpfen. Antisemitische Landsleute sahen gelegentlich die Chance, sich auf Kosten der Juden zu bereichern. Der Historiker Emanuel Ringelblum, der aus dem Warschauer Getto fliehen und sich in der Stadt verstecken konnte, berichtet[15]:

«Antisemitismus wurde in den langen Schlangen an der Weichsel demonstriert, wo Wasser an die Stadtbewohner ausgegeben wurde. Auf die Aufforderung antisemitischer Hooligans hin wurden extra Schlangen für Juden und Arier geschaffen. Für fünfzig Arier wurden fünf Juden ans Wasser gelassen. Juden, die mit dem Wasser zurückkamen, wurden niedergeschlagen, getreten und ihr Wasser vergossen. Das Ergebnis war, daß nach einem langen Tag in der Schlange der Jude verletzt und ohne Wasser nach Hause kam. Bereits im Oktober 1939 gab es eine beträchtliche Anzahl antisemitischer Elemente, die mit den Deutschen in ihrem Krieg gegen die Juden zusammenarbeiteten ... Die antisemitischen Gefühle verstärkten sich nach der Rückkehr Tausender Polen aus den Gebieten, die zuerst von den Sowjets besetzt wurden ... mit ihren Geschichten über die Grausamkeiten des NKVD (der natürlich als jüdisch beschrieben wurde). Massenplünderungen jüdischer Geschäfte begannen. Banden deutscher Soldaten gingen von einem Raum zum anderen und räumten alles aus. Ein Ortskundiger war hier vonnöten, der die Rolle des Vermittlers spielen könnte. Diese lobenswerte Rolle spielte der antisemitische Mob, der als Informant diente, indem er angab, welche Wohnungen und Geschäfte reichen Juden gehörten.»

Verstecke jenseits der Gettomauern waren für die Juden mehr als unsicher und nur zu Wucherpreisen zu haben. Die szmalcowniki, eine Gruppe halbstarker Banditen, stöberten systematisch verborgene Juden auf und versuchten, sich eine goldene Nase durch Erpressungen zu verdienen. Weigerte sich ein Jude zu zahlen oder konnte er nicht, schwärzten ihn die Bandenmitglieder bei der Gestapo an – und kassierten dort, nicht selten stattliche Belohnungen. In Krakau boten die Deutschen zum Beispiel pro Jude 500 Złoty und ein Kilo Zucker, in Wolhynien lockten sie mit drei Litern Wodka, Schwarzmarktpreis rund 500 Złoty!

Auch die polnische (blaue) Polizei, die die Deutschen zum Teil aus Kriminellen gebildet hatten, beteiligte sich schwungvoll an der Hatz auf Juden und selbst in Widerstandsorganisationen waren geflohene Juden nicht durchweg gern gesehener Zuwachs.

Traum aller polnischen Juden war ein sicherer Unterschlupf, in dem man eines Besserung der Lage abwarten konnte. Gute Freunde oder Verwandte, die bereit waren, Kopf und Kragen zu riskieren, hatten die wenigsten.

Jeder wußte: Entdeckung bedeutete den Tod. Die Nachfrage war groß, das Angebot gering – klar, daß die Preise in den Himmel wuchsen. Ringelblum bezeugt, daß in Warschau ein Jude pro Nacht 200 Złoty berappen mußte, um für ein paar Stunden seinen Häschern zu entgehen. Zum Vergleich: Ein legales Monatseinkommen betrug durchschnittlich 300 Złoty, doch den Juden hatten die Nazis schon 1939 alle Einkünfte verboten. (Auf dem schwarzen Markt kostete ein Pfund Butter 1939/40 ca. 30, 1942/43 ca. 100 und Anfang 1945 etwa 300 Złoty.) So hatten nur die wenigsten das Glück, sich ein Versteck leisten zu können. Auch Eltern, die zumindest ihr Kind retten wollten, wurden kräftig geschröpft: Im Sommer 1942 kostete ein Quartier täglich 100 Złoty. Schlimmer noch: der Preis war für sechs Monate im voraus auf den Tisch zu legen. Kaum einer schaffte das.

Natürlich gab es auch Polen, denen Menschlichkeit vor Geschäft ging, die halfen, wenn sie konnten und dabei ihr Leben riskierten. Zum Beispiel Karol Klimczak[16]:

«In einer Frühlingsnacht 1943 klopfte jemand leicht an das Fenster meines Hauses (in Drohobycz). Ich öffnete und wunderte mich gar nicht, als vor mir eine erschrockene Frau mit einem vielleicht acht- bis neunjährigen Kind stand. Ich brauchte keine Erklärungen, nach ihrem Aussehen und der elenden Kleidung erkannte ich, daß es eine Jüdin war ... Aus ihren Erzählungen erfuhr ich, daß sie bisher in Drohobycz beim Müller Sydoryk versteckt war, aber der hatte Angst, daß die Gestapo sie finden würde und befahl ihr, das bisherige Versteck zu verlassen ... Es fügte sich gut, daß ich in dieser Zeit über ein gesondertes großes Zimmer verfügte, das sich auf der gegenüberliegenden Seite unserer Wohnung befand, durch einen Korridor getrennt. Das einzige große Fenster tarnte ich mit Stroh, den Eingang blokkierte ich auch mit gebündeltem Stroh, unter der Decke errichtete ich ein Holzgerüst ... mit Hilfe der Familie und der Versteckten baute ich einen engen Tunnel vom Zimmer zu einem entsprechenden Erde-Unterstand im Garten.

Und es gab auch Polen, die in der Ausnahmesituation, in der sich ihr Land und besonders die polnischen Juden befanden, von ihrem langjährigen Antisemitismus abrückten, wie zum Beispiel der Friseur Rulczyński aus Katowice. Vor 1939 war er Nationaldemokrat, der es für eine Selbstverständlichkeit hielt, an die Tür seines Geschäftes ein Schild mit der Aufschrift zu hängen: «Christliche Firma – Juden Eintritt verboten.» Mit einer Gruppe von Nationaldemokraten stand er »sogar als Posten vor dem jüdischen Handelslager ... und oft hat mich die Polizei auf das Kommissariat genommen. Ich habe veranlaßt, daß etwa 30 jüdische Mitglieder der Friseurinnung ausgeschlossen wurden, sie bildeten dann eine eigene jüdische Innung.»

Rulczyński sah 1940 in Lublin, wie die Deutschen Juden mißhandelten: Ich schaute mit meiner Familie mit Bedauern diesem Vorgehen zu, meine

Frau Jadwiga sagte: «Heute behandeln die Hitleristen *sie* so, morgen sind *wir* an der Reihe ...» Durch eine Denunziation kam er als Häftling Nr. 1084 nach Auschwitz, wo sich die Erwartungen seiner Frau bestätigten und der vormalige Antisemit sich wandelte: «Als Friseur und Sanitäter half ich unter anderem auch Juden, die dort ohne irgendwelches Mitleid behandelt wurden, wo ich konnte, half kranken Juden im Lagerhospital, wo ich beschäftigt war, denn das diktierte mir mein christliches Gefühl ... Die Lebenserfahrungen ... haben vollständig meine Einstellung zum jüdischen Volk geändert ...»

Zwangsverschickt auf deutsche Höfe

Überall im Reich jammerten die Bauern seit Jahren: «Uns fehlen Knechte.» Durch die Einberufungen zur Wehrmacht verschärfte sich die mißliche Lage noch, nicht selten ruhte die ganze Arbeitslast auf den Schultern der Bäuerin.[17]

Etwas gemildert wurde das Problem durch den Einsatz ausländischer Arbeitskräfte. Die meisten stammten aus Polen: Mehr als eine Million halfen seit 1942 auf deutschen Höfen aus.

Zu Kriegsbeginn hatten die Nazis noch geglaubt, die polnischen Zivilarbeiter würden freiwillig ins Feindesland strömen. Im Generalgouvernement – in Hitlers Augen «Arbeiter-Ausleihzentrale» – starteten sie Anfang 1940 eine aufwendige Kampagne: Flugblätter wurden verteilt, Aufrufe in die Zeitungen eingerückt, Werber über Land geschickt. Das Ergebnis war enttäuschend. Kaum mehr als 80000 Polen ließen sich anlocken. Zu trübe erschienen ihnen die Aussichten: geringer Lohn, Verpflichtung zu unbegrenzter Arbeitsleistung, kein Urlaubsanspruch.

Nach dem Reinfall mit der Freiwilligen-Werbung griffen die Nazis zu Zwangsmaßnahmen. Nachts wurden die Städte und Dörfer durchkämmt und Arbeitstaugliche aus den Betten geholt; tagsüber wurden wahllos Kirchen- und Kinobesucher eingefangen. Ständig mußten die Arbeiter und Bauern des Generalgouvernements damit rechnen, zwangsverschickt zu werden.

Hans Frank, Chef der Besatzer in diesem Gebiet, beschrieb die Folgen: Die «rigorosen Methoden bei der Arbeitererfassung» hätten eine «ungeheure Haßstimmung» erzeugt und die Polen scharenweise in die Arme der Widerstandsgruppen getrieben.

Todesurteil aus dem Untergrund

Mit illegalen Plakaten, im Schutz der Dunkelheit eilig an Hauswände oder Laternenpfähle gekleistert, oder auf Handzetteln informierte die Widerstandsbewegung ihre Landsleute über Urteile polnischer Untergrundgerichte – meist gegen Polen, die als Verräter galten, besonders aber, wenn ihnen ein Deutscher in die Hände gefallen war. Einer von ihnen: der Leiter des Arbeitsamtes in Warschau. Auszüge aus seinem Todesurteil[18]:

«Im Namen der Republik Polen!

Am 12. Februar 1942 hat das Sondertribunal Warschau in Sachen des Hermann Gneist ...

geboren am 2. Juli 1901 in Berlin, angeklagt 1942 in Warschau:

a) als Leiter des Arbeitsamtes Hauptorganisator der Straßenrazzien und einer der Haupttreiber bei der Aktion zur Verschickung polnischer Bevölkerung nach Deutschland zu sein, in Ausübung seiner Obliegenheiten gegenüber Polen sich grausam verhalten zu haben,

b) sich unter Ausnutzung seiner Stellung durch Drohungen gegenüber Personen, die nach Deutschland deportiert werden sollten, persönliche Vorteile verschafft zu haben, folgenden Spruch gefällt:

Hermann Gneist ...

ist der angeklagten Verbrechen schuldig und wird mit dem Tode bestraft.»

Die Deutschen reagierten in der Regel mit brutaler Vergeltung. Massenerschießungen waren keine Seltenheit. Die Opfer – fast durchweg Männer – hatte die SS im Morgengrauen willkürlich aus ihren Wohnungen direkt vors Standgericht geschleppt.

Bekanntmachung

Durch Polizei-Standgericht wurden nachstehende Personen zum Tode verurteilt:

CZESLAW BIALOBRZESKI
wegen Nichtablieferung versteckt gehaltenen polnischen Heeresgutes,

LEIB MICHEL HOCHMANN
wegen Arbeitsverweigerung und Fluchtversuch,

CZESLAW WOLOWSKI
wegen Hetzreden gegen die deutsche Ordnungspolizei,

ADOLF KRYSKIEWICZ
wegen verbotenen Besitzes von Schusswaffen und Munition,

LUCJAN KOZLOWSKI
wegen verbotenen Besitzes von Handgranaten,

WACLAW GOLOMBIEWSKI
wegen verbotenen Besitzes von Schusswaffen und Munition,

JAN KARPINSKI
wegen Mordversuches gegenüber einer Frau und verbotenen Besitzes von Schusswaffen und Munition.

Die Vollstreckung der Urteile ist erfolgt.

Warschau, den 16.II.1939.

DER KOMMANDEUR
DES POLIZEI-REGIMENTS WARSCHAU

Obwieszczenie

Przez Sąd Doraźny Policji zostały następujące osoby skazane na karę śmierci:

CZESŁAW BIAŁOBRZESKI
za nieoddanie schowanej własności polskiej armji,

LEIB MICHEL HOCHMANN
za odmowę wykonania pracy i ucieczkę,

CZESŁAW WOŁOWSKI
za podżeganie przeciw niemieckiej policji porządkowej,

ADOLF KRYŚKIEWICZ
za zatrzymaną wbrew zakazowi broń i amunicję,

LUCJAN KOZŁOWSKI
za zatrzymane wbrew zakazowi granaty ręczne,

WACŁAW GOŁOMBIOWSKI
za zatrzymaną wbrew zakazowi broń i amunicję,

JAN KARPIŃSKI
za usiłowane zabójstwo kobiety i zatrzymaną wbrew zakazowi broń i amunicję.

Wyroki wykonano.

Warszawa, dnia 16.II.39.

KOMENDANT
PUŁKU POLICJI WARSZAWY

Was erwartete die Arbeiter, die ins Reich verschleppt wurden? Bis 1943 hatten die Nazis einen ganzen Berg von diskriminierenden Vorschriften aufgehäuft[19]:

«1. ... Alle Zivilarbeiter polnischen Volkstums (sind) zum Tragen des Kennzeichens ‹P› auf sämtlichen Kleidungsstücken verpflichtet ...
2. ... Für Polen (besteht) Aufenthaltszwang am Arbeitsort. Nur mit besonderer polizeilicher Genehmigung ist ausnahmsweise das Verlassen des Arbeitsortes zulässig. Dadurch ist für die auf dem Lande wohnenden Polen die Möglichkeit der Beschaffung von Bedarfsgegenständen begrenzt.
3. Im Zusammenhang hiermit steht das Verbot der Benutzung von öffentlichen Verkehrsmitteln. Die Haltung von Fahrrädern ist Polen nicht erlaubt. Soweit sie in den Besitz von Fahrrädern gelangt sind, haben sie diese wieder zu veräußern.
4. Jegliche Teilnahme an Gottesdiensten für die deutsche Bevölkerung, wie überhaupt der Besuch von Kirchen, ist den Polen untersagt ...
5. Der Besuch von öffentlichen Schaustellungen wie Kino, Theater und dergleichen ist den Polen untersagt. Abgesehen von vereinzelten Sonderveranstaltungen, die gewerblichen Arbeitern bei gruppenweisem Einsatz geboten werden, besteht für die in der Landwirtschaft beschäftigte Masse der Polen keine Unterhaltungsmöglichkeit dieser Art.
6. Durch das Verbot der Eheschließungen von Polen im Reich ist die Verheiratung sehr erschwert, weil die gleichzeitige Beurlaubung der Partner in die Heimat vielfach nicht oder erst nach längerer Zeit möglich ist ...
8. Die Verpflegung der Polen im Reich ist im allgemeinen der der übrigen Ausländer angeglichen. Eine Abweichung besteht bei polnischen Deputanten in der Landwirtschaft, die gegenüber anderen Ausländern eine geringere Menge an Brot und Nährmitteln erhalten.
9. Die Versorgung der Polen mit Kleidung besteht, nachdem die frühere verkürzte Kleiderkarte fortgefallen ist, nur noch aus einer sehr begrenzten Ausgabe von Bezugscheinen für Arbeitskleidung. Da die Bekleidung der arbeitenden polnischen Bevölkerung von jeher ärmlich war und während des Krieges Ersatz des Verschleißes im Reich nur beschränkt und in der Heimat wegen der hier herrschenden Stoffknappheit und Notlage noch weniger möglich war, hat sich eine bedenkliche Bekleidungslage der Polen im Reich entwickelt.
10. Für die Beschaffung von Rauchwaren erhalten die Ausländer im Reich Raucherkarten, die für Polen auf die halbe Menge reduziert sind.
11. Im Falle des Todes ist ... die Überführung der Leiche in die Heimat für ausländische Arbeitskräfte untersagt. Bei der Inaussichtsstellung einer späteren Überführung sind Polen ausgenommen ...»

Einen besonderen Pik hatten die Nazis auf Polen, die es wagten, deutsche Frauen anzurühren; Geschlechtsverkehr galt als Todsünde. Als Andryz Szablewski, Landarbeiter aus der Gegend von Lodz, auf dem Gut Hohenbuchen nahe Hamburg ein Bauernmädchen kennen und lieben lernte, blieb die «unerlaubte Beziehung» der Gestapo nicht lange verborgen. Im Juni 1941 wurde das Paar verhaftet. Die Strafe für das Mädchen, das «die deutsche Frauenehre in den Schmutz gezogen» hatte: drei Jahre Zuchthaus, anschließend «Überstellung» in das Frauen-KZ Ravensbrück.

An Szablewski wollten die Nazis ein Exempel statuieren: Am 13. März 1942, einem Sonntag, brachten sie zunächst etwa achtzig bis neunzig Polen auf den Gutshof, die auf der Durchreise zu ihren Arbeitsstätten im Hamburger Hauptbahnhof aufgegriffen worden waren. Bis zur Mittagszeit hatte man ein etwa 200köpfiges Publikum zusammengetrieben. Um 13 Uhr stiegen zwei SS-Männer aus einer schwarzen Limousine, zwischen sich den gefesselten Polen, der nur noch Haut und Knochen war. Einer der Uniformierten verlas in polnischer Sprache das Todesurteil, laut genug, daß alle Umstehenden auch ja mitkriegten, was sich da ein «Fremdvölkischer» herausgenommen hatte. Dann wurde der junge Pole von den beiden SS-Männern an einer Eiche aufgeknüpft.[20]

Meist gut mit ihnen ausgekommen

Eine Pastorentochter erinnert sich

In Bentwisch, einem Dorf im Nordwesten Brandenburgs, trafen die ersten polnischen Zivilarbeiter im Sommer 1940 ein. Ursula Barow, Pfarrerstochter, blickt zurück[21]: «Zum großen Teil kamen die Bauern gut mit ihnen aus. Wo es schlecht ging, war es auch mit deutschen Arbeitern schlecht gegangen, nur mußten die Polen bleiben. Frau Heinke war als Drachen im ganzen Dorf bekannt, selbst ihr Mann hatte nichts zu lachen. Sie schikanierte ihren Polen so, daß er tätlich wurde. Daraufhin erschoß ihn die Feldgendarmerie. Beim Einmarsch der Russen hatten die Heinkes dafür zu büßen. Sie mußten sich selber ihr Grab hinter der Scheune ausheben und wurden dann erschossen.

Wichmanns konnten ihren Polen einmal auswechseln, danach hatten sie eine Ukrainerin, Oxana, sehr fleißig und sehr verschüchtert. Sie hatte eine große Angst vor Luftangriffen und rettete sich dann stets zu uns und klammerte sich an meinen Vater, dem sie wohl irgendwelche wunderwirkenden Kräfte zuschrieb.

Mein Vater kam überhaupt mit allen Fremdarbeitern sehr gut aus, weil er sie behandelte wie alle anderen Menschen auch. Er redete sie auf der Straße an, fragte nach ihrem Ergehen, teilte manchmal seine spärlichen Zigaretten mit ihnen und saß auch mit ihnen auf der großen Waschküchentreppe, wenn sie auf die bei Opa Köhler bestellten Holzpantinen warteten. Als er dann mit ihnen zum Friedhof ging, um am Grab ihres erschossenen Landsmanns ein Vaterunser zu sprechen, und Mutti erlaubte, daß sie den halben Flieder abrissen für Grabsträuße, waren wir für sie unantastbar. Als die Russen kamen und meinem Vater als Pastor durchaus nicht wohlwollten, stellten sie sich geschlossen vor ihn, was den Kommissaren gar nicht gefiel. Vielleicht hat ihm das das Leben gerettet und nicht die Bitten meiner vor ihnen knieenden Mutter. Lange Jahre nach dem Krieg kamen einige Polen wieder, um ihre alten Arbeitgeber zu besuchen. Mein Vater war tot, aber sie gingen zum Friedhof und legten Blumen auf sein Grab.

Frau Dierke hatte ein sehr gutes Verhältnis zu ihren beiden Polen. Anna und Franz wollten nach dem Krieg bei ihr bleiben und dann heiraten. Das durften sie damals nicht. Frau Dierke verteidigte ihre Haltung standhaft vor der Partei und erklärte dem Ortsgruppenleiter zu Weihnachten: «Wer in meinem Haus zu Weihnachten unter dem Tannenbaum sitzt oder nicht, das bestimme ich und kein anderer. Es sind doch Menschen wie wir, und wer weiß, was wir noch mal durchmachen müssen.»

Als im Sommer Dolfi Schmidt, Herrn Kantors Schwiegersohn, wieder einmal auftauchte in brauner Uniform als Lehrer an einer Napola, machte er Dierkes ebenfalls auf ihr falsches Verhalten gegenüber ihren Polen aufmerksam. Jetzt hatten wir schon mehrere Jahre Krieg, Rußland hatte ungeheure Opfer gefordert, es gab kaum noch junge Männer im Land. Man kann daher die Reaktion von Franz Dierke verstehen, wenn er sagte: ‹Wenn du fettes Schwein nicht in zwei Minuten vom Hof bist, mache ich den Hund los. Unsere Jungs lassen sich die Knochen kaputtschießen, und so einer wie du will uns noch vorschreiben, was wir zu tun haben?› Tagelang zitterte das ganze Dorf vor einer Anzeige, aber es rührte sich nichts.

Martha Timm kam zuerst mit ihrem Polen überhaupt nicht zurecht, aber es lag weniger an ihr als an ihm. Stefan war Lehrer und fand sich schwer in die Landarbeit und litt unter dem unwürdigen Zustand seines Lebens und seiner Heimat. Mit ihm hatte mein Vater die meisten Gespräche, um ihn vor unüberlegten Handlungen zu bewahren. Es genügte ihm ein erschossener Pole. Stefan merkte schließlich, daß es für manche Deutsche auch nicht immer leicht zu leben war. Als der Sohn Martha Timms fiel, nahm er sich ihrer sehr an. Sie war völlig verzweifelt, er war das einzige Kind, der Mann war tot. Als in den letzten Kriegsmonaten nach einem Luftangriff der Hof in Flammen stand, sprang sie ins Feuer, aber Stefan rettete sie. Danach beratschlagte sie lange mit meinem Vater, ob es möglich wäre, ihn an Kindes Statt anzunehmen und ihm den Hof zu vererben. Niemand wußte ja, wie sich alles nach dem Zusammenbruch entwickeln würde, nur daß man durch Schreckliches hindurch müßte, das glaubte jeder. Doch die Fremdarbeiter wurden dann alle sofort zurückgeschickt.»

Quellenhinweise und Anmerkungen

Wir danken den Verlagen der benutzten Sekundarliteratur für die uns freundlicherweise erteilte Genehmigung. Wir zitieren die Quelle bzw. die Sekundarliteratur vollständig stets nur bei ihrer ersten Erwähnung. Die Herausgeber

Widerstand

1. Timpke, Henning: Dokumente zur Gleichschaltung des Landes Hamburg 1933, Frankfurt: Europäische Verlagsanstalt 1964, S. 299f
2. Broszat, Martin u. a. (Hg.): Bayern in der NS-Zeit I, München: Oldenbourg Verlag 1978, S. 209
3. Klein, Herbert: Arbeiterwiderstand im Faschismus, Münster 1979, S. 93f
4. Vgl. Bahne, Siegfried: Die KPD und das Ende von Weimar, Frankfurt/New York 1976
5. Die Gespräche mit Anita Sellenschloh und Emmi Biermann wurden im März und April 1979 geführt
6. Timpke, a. a. O., S. 303f
7. Ebd., S. 254ff
8. Vgl. Das Ende der Weimarer Republik (I), Papen-Staatsstreich, Gewerkschaften und Arbeiterparteien, Ergebnisse Nr. 2, Hamburg 1978
9. Eine kritische Einschätzung der SPD-Politik gibt Hoegner in seinem Buch Flucht vor Hitler, 2. Aufl., München 1978
10. Broszat, Bayern, S. 223
11. Sopade-Berichte Nr. 9/September 1936, S. A 1ff
12. Weisenborn, Günther (Hg.): Der lautlose Aufstand, Reinbek: Rowohlt Taschenbuch Verlag 1962, S. 138
13. Runges Bericht ist erschienen in: Werkkreis Literatur der Arbeitswelt (Hg.): Der rote Großvater erzählt, Frankfurt: Fischer Taschenbuch Verlag 1974, S. 175ff
14. Vgl. Focke, Harald/Uwe Reimer: Alltag unterm Hakenkreuz, Wie die Nazis das Leben der Deutschen veränderten, Rowohlt Taschenbuch Verlag, 4. Aufl. Reinbek 1980, S. 42
15. Das Gespräch mit Elsa Jacobs wurde im April 1979 geführt
16. Eberhard, Fritz: Arbeit gegen das Dritte Reich, Berlin 1979. Eberhard führt seinen Namen seit 1933, als gegen ihn Haftbefehl erlassen wurde; geboren wurde er als Helmut von Rauschenplot
17. Vgl. Focke/Reimer, a. a. O., S. 133f
18. Broszat, Bayern, S. 221
19. Bericht des Arbeitsamts Rosenheim (Oberbayern) für Mai 1934, zitiert nach Broszat, Bayern, S. 223
20. Gamm, Hans Jochen: Der Flüsterwitz im Dritten Reich, München: Paul List Verlag 1972, S. 93
21. Broszat, Bayern, S. 246
22. Monatsbericht der Bayerischen Politischen Polizei, ebd., S. 246
23. Vgl. Focke/Reimer, a. a. O., S. 135ff
24. Vgl. z. B. den Monatsbericht des Regierungspräsidenten von Oberbayern, 9. 6. 1936, Broszat, Bayern, S. 253

25. Monatsbericht der Polizeidirektion Augsburg für Juni 1936, ebd., S. 254
26. Ebd., S. 256
27. Ebd., S. 257
28. Aus dem politischen Lagebericht des Reichstreuhänders der Arbeit für das Wirtschaftsgebiet Bayern für Februar 1937, ebd., S. 262f
29. Aus dem Monatsbericht des Regierungspräsidenten von Ober- und Mittelfranken, 8. 4. 1938, ebd., S. 272
30. Aus dem Monatsbericht der Wehrwirtschaftsinspektion XII/Nürnberg, 15. 6. 1939, ebd., S. 284
31. Bericht des Regierungspräsidenten von Oberbayern, 8. 6. 1940, ebd., S. 293
32. Bericht der Rüstungsinspektion VII/München für Oktober 1939 bis Juni 1940, ebd., S. 293
33. Ebd., S. 302f
34. Ebd., S. 309
35. Ebd., S. 294
36. Vgl. dazu ausführlich Focke/Reimer, S. 166ff
37. Zassenhaus, Hiltgunt: Ein Baum blüht im November, Bericht aus den Jahren des Zweiten Weltkriegs, 2. Aufl. Hamburg: Hoffmann und Campe 1976
38. Vgl. Focke/Reimer, a. a. O.,S. 25f
39. Das Gespräch mit Karl Ludwig Schneider wurde im Juni 1979 geführt
40. Klönne, Arno: Gegen den Strom. Ein Bericht über die Jugendopposition im Dritten Reich, Hannover–Frankfurt: Norddeutsche Verlagsanstalt O. Goedel 1959, S. 107.
41. Ebd., S. 111f
42. Billstein, Aurel: Der eine fällt, die andern rücken nach. Dokumente des Widerstandes und der Verfolgung in Krefeld 1933–1945, Frankfurt: Röderberg-Verlag 1973, S. 280f
43. Finkelgruen, Peter: Ehrung vor makabrem Hintergrund, Frankfurter Rundschau vom 18. 10. 1978
44. Ebd.
45. Der Spiegel, Nr. 50/1979, S. 55, 57
46. Die Zitate stammen aus einer Schulfunksendung des Westdeutschen Rundfunks unter dem Titel «Sippenhaft, Schicksale der Familie Stauffenberg». Erstsendung am 2. 5. 1977.
47. Vgl. Teich, Hans: Hildesheim und seine Antifaschisten, Hildesheim 1979, S. 123f
48. Billstein, a. a. O., S. 310ff
49. Schilderung entnommen aus der Urteilsbegründung des Landgerichts München 1948, zitiert nach: Rüter-Ehlermann, Adelheid L./C. F. Rüter (Hg.): Justiz und NS-Verbrechen. Sammlung deutscher Strafurteile wegen nationalsozialistischer Tötungsverbrechen 1945–1966, Bd. III, Amsterdam 1969, S. 71–77 zit. nach Broszat, Bayern, S. 322ff

Juden

1. Deutschkron, Inge: Ich trug den gelben Stern, Köln: Verlag Wissenschaft und Politik 1978, S. 12ff

2. Neumann, Siegfried: Nacht über Deutschland. Vom Leben und Sterbe[n der] Republik, München: Paul List Verlag 1978, S. 84ff
3. Vgl. Focke/Reimer, a. a. O., S. 152f
4. Broszat, Bayern, S. 452
5. Ebd., S. 91
6. Ebd., S. 462
7. Ebd., S. 466f
8. Ebd., S. 129
9. Staff, Ilse (Hg.): Justiz im Dritten Reich. Eine Dokumentation, Frankfurt: Fischer Taschenbuch Verlag 1978, S. 161ff
10. Broszat, Bayern, S. 436f
11. Hahn, Fred: Lieber Stürmer! Briefe an das NS-Kampfblatt 1924 bis 1945, Stuttgart: Seewald Verlag 1978
12. Broszat, Bayern, S. 446
13. Ebd., S. 446f
14. Staff, S. 163f
15. Ebd., S. 177, 175
16. Zitiert nach: Materialien zur Geschichte des Nationalsozialismus in Niedersachsen, Sonderdruck aus Meyer, Enno: Dreizehn Tage deutscher Geschichte in Niedersachsen 1932–1955, Hannover: Niedersächsische Landeszentrale für politische Bildung 1976, S. 23f
17. Neumann, a. a. O., S. 105ff
18. Freimark, Peter/Wolfgang Kopitzsch: Der 9./10. November 1938 in Deutschland. Dokumentation zur «Kristallnacht», Hamburg: Landeszentrale für politische Bildung 1978, S. 75
19. Freeden, Herbert: Frankfurter Rundschau 7. Juli 1979
20. Ebd.
21. Ebd.
22. Monatsbericht des Regierungspräsidenten von Niederbayern und der Oberpfalz vom 8. 12. 1938, zitiert nach Broszat, Bayern, S. 473
23. Als die Synagogen brannten, Frankfurt: Röderberg-Verlag 1978, S. 74
24. Deutschkron, a. a. O., S. 42f
25. Zitiert nach Enno Meyer, S. 26f
26. Freeden, Herbert, a. a. O.
27. Ebd.
28. Deutschkron, a. a. O., S. 28ff, 51, 56, 60ff, 85, 88
29. Helmut Eschwege, Kennzeichen J. Frankfurt: Röderberg-Verlag 1979, S. 162, 164
30. Wohnungen des Todes. Jüdisches Schicksal im Dritten Reich, Dokumente und Texte zusammengestellt von Hermann Glaser und Harald Straube, Bamberg: C. C. Buchners Verlag 1961, S. 32
31. Ursula von Kardorff: Berliner Aufzeichnungen aus den Jahren 1942 bis 1945. München: Nymphenburger Verlagshandlung 1976, S. 37f
32. Ilse Rewald: Berliner, die uns halfen, die Hitlerdiktatur zu überleben, Berlin: Informationszentrum 1975, S. 6ff
33. Melita Maschmann: Fazit. Mein Weg in der Hitler-Jugend, München 1979 (zuerst Stuttgart: Deutsche Verlagsanstalt 1963), S. 89f
34. Die Quellen dieses Teilkapitels sind entnommen aus: Josef Wulf: Lodz. Das letzte Getto auf polnischem Boden, Bonn: Bundeszentrale für politische Bildung 1962

…ucifer ante portas, Stuttgart: Deutsche Verlagsanstalt 1950, S.

…en zur Politischen Bildung, Nr. 123, Bonn 1976, S. 23

…, S. 15f

…chert, Ernst: Der Totenwald, Zürich 1946, S. 75ff (auch München: Albert Langen-Georg Müller Verlag 1979)

5. Vgl. Pingel, Falk: Häftlinge unter SS-Herrschaft. Widerstand, Selbstbehauptung und Vernichtung im Konzentrationslager, Hamburg 1978, S. 48
6. Vgl. Emmerich, Wolfgang (Hg.): Proletarische Lebensläufe, Bd. 2, Reinbek 1975, S. 340f; Roter Großvater, S. 138ff
7. IG Metall (Hg.): Fünfundsiebzig Jahre Industriegewerkschaft 1891 bis 1966 Frankfurt 1966, S. 311
8. Emmerich, S. 340f
9. Grossmann, Kurt: Ossietzky, ein deutscher Patriot, München: Kindler Verlag 1973, S. 389
10. Burckhardt, Carl Jacob: Meine Danziger Mission, 1937–1939, München: Verlag Georg D. W. Callwey 1960, S. 54, 58–61
11. Billinger, Karl: Schutzhäftling Nr. 880, München: Rogner & Bernhard Verlag 1978 (zuerst 1935), S. 121–123, 126f
12. Pingel, a. a. O., S. 107
13. Kogon, Eugen: Der SS-Staat. Das System der deutschen Konzentrationslager, München: Kindler Verlag 1974 (zuerst 1945), S. 210f
14. Broszat, Martin: Nationalsozialistische Konzentrationslager 1933–1945. In: Anatomie des SS-Staates, Bd. 2. München: Deutscher Taschenbuch Verlag 1979 (zuerst 1965), S. 87
15. Pingel, a. a. O., S. 73f
16. Broszat, Martin (Hg.): Kommandant in Auschwitz. Autobiografische Aufzeichnungen des Rudolf Höss, München: Deutscher Taschenbuch Verlag 1963, S. 71f
17. Vgl. Streit, Christian: Keine Kameraden. Die Wehrmacht und die sowjetischen Kriegsgefangenen 1941–1945, Stuttgart 1978, S. 221ff
18. van den Poel, Albert: Ich sah hinter den Vorhang. Ein Holländer erlebt Neuengamme, Hamburg: Moelich-Verlag 1948, S. 22
19. Bakels, Floris Bertold: Nacht und Nebel. Der Bericht eines holländischen Christen aus deutschen Gefängnissen und Konzentrationslagern, Frankfurt: S. Fischer Verlag 1979, S. 188
20. Schnabel, R.: Macht ohne Moral. Eine Dokumentation über die SS, Frankfurt: Röderberg-Verlag 1957, S. 203
21. Broszat, Konzentrationslager, S. 114
22. Pingel. a. a. O., S. 279
23. Ebd., S. 280
24. Ebd., S. 284
25. Nach «Der Spiegel», Nr. 6/1980, S. 104f
26. Nach Pingel, a. a. O., S. 162
27. Die Zitate in diesem Kapitel stammen aus Gryn, Edward und Zofia Murawska: Das Konzentrationslager Majdanek, Lublin 1966; benutzt wurde auch Marszaek, Jósef und Anna Wińiewska: Majdanek, Majdanek 1976

28. C. Heubner u. a.: Lebenszeichen. Bornheim-Merten. 1979, S. 69
29. Ebd., S. 49
30. Ebd., S. 72
31. »Der Spiegel», 5/79
32. Ebd., 6/79
33. »Stern», 6/79
34. Kogon, S. 114
35. Ebd., S. 94f
36. Pingel, S. 163
37. Ebd., S. 304
38. Konzentrationslager Buchenwald, Bericht des internationalen Lagerkomitees Buchenwald, Weimar: Thüringer Volksverlag o. J., S. 134
39. van den Poel, S. 29f
40. Rings, Werner: Leben mit dem Feind, München: Kindler Verlag 1979, S. 350ff
41. Broszat (Hg.): Höß, S. 128f
42. Aus: Das Buch des Alfred Kantor, Wien, München, Zürich: Molden Verlag 1972, S. 60
43. Müller, Filip: Sonderbehandlung. Die Jahre in den Krematorien und Gaskammern von Auschwitz, München: Steinhausen Verlag 1979, S. 257

Besatzung

1. Maschmann, Melita, Fazit. Mein Weg in der Hitler-Jugend, München: Deutsche Verlags-Anstalt 1979, S. 65ff, 126ff
2. Es gibt Zeugenaussagen sowohl für die polnische These, Volksdeutsche hätten auf zurückweichende polnische Truppen geschossen, als auch für die meist von Volksdeutschen vertretene Auffassung, polnische Soldaten hätten im Chaos des Rückzugs Schüsse abgegeben und das Gerücht verbreitet, es sei von Deutschen geschossen worden, vgl. Kleßmann, Christoph: Die Selbstbehauptung einer Nation, NS-Kulturpolitik und polnische Widerstandsbewegung im Generalgouvernement 1939–1945, Düsseldorf 1971, S. 192
3. Przeglad Zachodni, Poznań, XIX 5, 1963, S. 147f
4. Zitiert nach Hauptkommission zur Untersuchung der Naziverbrechen in Polen (Hg.): Verbrechen an polnischen Kindern 1939–1945, München, Salzburg/Warszawa 1973, S. 185
5. Norwid, Stefan Tadeusz: Martyrium eines Volkes, Stockholm 1945, S. 50ff, Zitat nach Meyer, Enno (Hg.): Deutschland und Polen 1914–70, Stuttgart: Ernst Klett Verlag 1971, S. 47, S. 290
6. Zitiert nach Verbrechen, S. 203, 206f, 209, 211, 213
7. Actes et documents du Saint Siège relatifs à la Seconde Guerre Mondiale 3: Le Saint Siège et la situation religieues en Pologne et les Pays Baltes, Première Partie, Vatikan 1967, S. 411f, Zitat nach Meyer, S. 58f
8. Stahl, Erna (Hg.): Jugend im Schatten von gestern. Aufsätze Jugendlicher zur Zeit, Hamburg: Hans-Köhler-Verlag 1948, S. 50ff
9. Verbrechen, a. a. O., S. 207f
10. Nollau, Günter: Das Amt, München: C. Bertelsmann 1979, S. 76
11. Zitiert nach Kleßmann, S. 54f

12. Kowalenko, Wladyslaw: Tajny Uniwersytet Ziem Zachodnich, Poznań, S. 184ff, Zitat nach Meyer, S. 67f
13. »Stern» 47/79, S. 104ff
14. Hausner, Gideon: Die Vernichtung der Juden. Das größte Verbrechen der Geschichte, 2. Aufl. München: Kindler Verlag 1979, S. 55ff
15. Ringelblum, Emanuel: Polish-Jewish Relations During the Second World War, New York: Jerusalem 1976, S. 36ff zit. nach: Meyers, Peter u. Dieter Riesenberger (Hg.): Der Nationalsozialismus in der hist.-pol. Bildung, Göttingen 1979, S. 179f
16. Wroński, S./M. Zwolakowa (Hg.): Polacy-zydzi 1939–1945, Warszawa 1971, S. 354ff zit. nach Meyers/Riesenberger, S. 179f
17. Vgl. Focke/Reimer, a. a. 0., S. 157ff., 173ff
18. Krannhals, Hanns von: Der Warschauer Aufstand 1944, Frankfurt: Bernard & Graefe 1962, S. 344
19. Denkschrift des Generalgouverneurs Frank vom 21. 11. 1943, zitiert nach Broszat, Nationalsozialistische Polenpolitik, Stuttgart 1961, S. 111f
20. Vgl. Meyer, Gertrud: Nacht über Hamburg. Berichte und Dokumente 1933–1945, Frankfurt 1971, S. 160
21. Frau Barows Erinnerungen befinden sich im Privatbesitz der Verfasser.